口絵1　桜ヶ丘団地の風景（2003年撮影）
閑静な住宅街の風景．1筆あたり平均100坪の大きな住宅が建ち並ぶ．

口絵2　桜ヶ丘コミュニティセンター「ゆう桜ヶ丘」（2003年撮影）
1991年に設立されたコミュニティセンター．桜ヶ丘や近隣の住民がサークル活動に利用する．

口絵3　桜ヶ丘団地の坂道からの眺め（2017年撮影）
地区全体が丘陵地形であり，急峻な坂道が続く．

口絵4　聖蹟桜ヶ丘駅へ向かう京王バス（2017年撮影）
桜ヶ丘団地から駅まではバスで10分程度．奥には新たな住宅開発工事の様子が見える．

口絵5　南大沢駅前の様子（2017年撮影）
大規模なショッピングモールと飲食店が広がる．奥は首都大学東京のキャンパス．

口絵6　多摩ニュータウン南大沢地区にあるベルコリーヌ南大沢（2017年撮影）
「美しい丘」という名を冠したベルコリーヌ南大沢．1990年代に人気を博した．

口絵7　八王子市が委託する南大沢の業務施設（2007年撮影）
土地信託方式により民間企業に貸し出している．公共施設と収益施設を併設．

口絵8　協働事業の様子（2007年撮影）
S社が八王子市から受託する花壇整備．

都市郊外のジェンダー地理学

空間の変容と住民の地域「参加」

関村オリエ

古今書院

Gender Geography and Changing Suburban Spaces

Orie SEKIMURA

ISBN978-4-7722-5315-4
Copyright © 2018 Orie SEKIMURA
Kokon Shoin Ltd., Tokyo, 2018

まえがき

　著者は,「女性」という役割やその規範がもたらす生きづらさなど,身近で日常的な問題を通じて「ジェンダー」に興味をもつようになった。「なぜ男の子はわんぱくさをよしとする一方で,女の子はいつでもおとなしさが求められるのか」,「なぜ男子は代表である一方で,女子は副代表なのか」,「なぜ男性は〈食べる人〉で,女性は〈つくる人〉なのか」,「なぜ男性たちは〈会社一筋〉である一方,女性たちは家のことにかかりきりなのか」,………。ジェンダーへの気遣いがもたらされた契機は,ジェンダー地理学をはじめとする諸領域のジェンダー研究に初めて触れたことであったが,これまで著者自身が漠然と抱いていた疑問に対して,答えを見出すヒントを与えてれる「ジェンダー」という言葉に出会ったときは,まさに衝撃を受けたような感覚だったことを覚えている。
　その後,さまざまな社会的・文化的な事象を解明するために,積極的にジェンダーを分析軸として選んだ。ジェンダー視点の有効性は,日常に埋め込まれた男／女の線引きや,そのバリエーションについて掘り起こし,私たちの意図する,または意図しない行動原理について(再)確認すること,さらには世の中において既に「当たり前」とされているものを問い直し,追い続けるところにあると考えている。ジェンダー視点を導入することにより,長い間,個人的に抱き続けていた疑問や違和感の一つひとつが,社会的・文化的な価値体系として浮かび上がり,また,無自覚のうちに「当たり前」としていたような事柄も実は「思い込み」としてあらわになる。「ジェンダー」概念について考えることは,同時に異なる世界や社会で生きる人々を「他者化」して切り離すことに用心深くなるということでもあり,日々展開される多様な生活にさらに深く迫りたいと願う著者にとって大変頼もしいものに感じられた。
　研究活動を重ねていくにつれ,ジェンダーに起因する問題に,自らが学ぶ学問領域(ディシプリン)がどのようにアプローチできるのかという志向性が生まれた。男性／女性(あるいは,そのどちらでもない)ということは,あらゆ

る空間や場所で生きていく人間にとってどのような影響を及ぼすのか，また，社会・文化事象の構築物としての空間や場所は，ジェンダーという分析軸によりどのように腑分けされるのか，そこに地理学はどのようにかかわっていけるのかという問題関心である。実際に空間や場所，具体的な地域の探究を目指す地理学とジェンダーの接合は，なかなか容易なものではなかったが，ジェンダー視点の導入により，著者は地域住民による日常的実践の展開ということに留意し，地域住民というものが必ずしも一様ではなく，地域へのかかわり方が男性／女性というジェンダーにより大きく異なってくることを明らかにすることができたと自負している。また，「ジェンダー」を介した問題の追究は，ときには当事者すら自覚していなかった不平等を可視化し，彼／彼女らによって創り出される空間・場所の姿を，これまで以上に鮮明にしたと実感している。

　本書の目的は，二つある。まず，一つ目の目的は，職住分離構造のもと，計画的空間として都市郊外に生み出された郊外空間の変容と，そこに展開される住民の日常的な実践を，ジェンダーの視点から考察することである。都市を扱う人文科学・社会科学においては，これまで存在してきた都市空間の固定的なジェンダー秩序を，「所与のもの」とした研究が多く展開されてきた。そのため，空間や場所，そして地域を構築してきた主体である住民たちの生活や営み，そしてそこに生じている「生産＝男性／再生産＝女性」といった既存の社会的・文化的役割を越える，新しい空間構築の可能性をもつ住民の新たな動きが見過ごされてきた。こうした背景には，これまでの研究が住民をまるで「一枚岩」のような集合体として扱ってきたこと，また彼／彼女たちは同じ価値観や常識のもとで行動するはずであるという固定的な認識に囚われてきたことがある。少子高齢化，グローバル化，そして新自由主義経済の波の中，これらに伴うリストラクチャリングにより転機を迎える都市空間の変容は，実際に「一枚岩」のような集合体に起きているのではなく，地域社会や家庭，そして身体を中心とした個の単位で起きている。そこで，このような新たな動きを捉えるためには，個としての住民を浮き彫りにするジェンダー視点を組み込んだアプローチが不可欠であると考えた。

　そして二つ目の目的は，住民による地域への「参加」について，新たに捉えなおす視点を提供することである。近年，郊外空間においては，少子高齢化や

行財政の緊縮化などによっても転機を迎え，大都市郊外であっても存続が危ぶまれる状況が生まれている．こうした中で，郊外空間に暮らす住民たちが，職住分離の構造を支えてきた空間秩序，とりわけジェンダー秩序に対して，従来とは異なる姿勢で地域に参加する動きをみせている．郊外空間において住民たちの舞台となる地域という場は，彼／彼女らにとってどのような意味をもつのだろうか．また，そこへの「参加」過程は，ジェンダーによりどのような相違をもつものなのだろうか．本書で注目する住民の地域「参加」は，郊外空間の変容過程において，住民と地域との関係性の変化およびその意味を考える上で，非常に重要なキーワードとなっている．それは，住民の地域への「参加」をめぐっては，「住民主体のまちづくり」という視点から積極的に評価する議論がある一方で，都市空間のリストラクチャリング下において，「公共領域の貧困化を埋め合わせる道具」として巧みに利用されているという批判的な議論もあるからである．これは，先に述べたような都市郊外空間が経験しつつある新たな現実にも当てはまり，本書が問題提起していこうとする中心的なテーマの一つとなっている．

　なお，本書は2008年度に提出した博士論文をもとにまとめられており，都市郊外空間における状況は，2018年現在の状況とは大きく変ってきている部分もある．加筆・修正を加えてはいるものの，議論の手がかりとなった資料が古くなってしまったことは否めない．しかしながら，少子高齢化や人口減少，グローバル化という変化の中で行われている都市空間のリストラクチャリング傾向，これに伴う地域「参加」は，過去10年あまりの時間において止まるどころかむしろ加速度的に進んできた．近年，その傾向はあまねく全国的に認められるものではないだろうか．本書で扱うのは，2000年から概ね10年間の状況であるが，「官から民へ」というスローガンのもとに構造改革が始まった2000年はじめからの変化の過程をみることは，今後を考えていく上でも，意義深いものであると考える．本書は，当該の研究領域のみならず，広く地域活動やボランタリーな活動に向けても問題を提起し，それらのよりよい発展のために多少なりとも貢献するものであればと願っている．

目　　次

まえがき ………………………………………………………………… i

第Ⅰ部　序　　論 ……………………………………………………… 1

第1章　問題関心の所在と研究目的 ………………………………… 3

1.1　問題関心の所在 ………………………………………………… 3
1.2　研究目的 ………………………………………………………… 4
1.3　研究手法 ………………………………………………………… 9
1.4　本書の構成 ……………………………………………………… 11

第2章　都市空間をめぐるジェンダー地理学の視点と課題 …… 15

2.1　フェミニスト地理学の関心 …………………………………… 15
2.2　英語圏諸国におけるフェミニスト地理学の研究動向 ……… 17
　2.2.1　都市空間の二項対立的構造に関する実証的研究 ……… 17
　2.2.2　都市空間の主体間の差異に関する理論的研究 ………… 20
2.3　日本における都市空間をめぐる
　　　地理学・ジェンダー地理学の研究動向 ……………………… 24
　2.3.1　就業・生活行動の実証的研究 …………………………… 24
　2.3.2　ジェンダー概念の導入と都市住民の可視化 …………… 26
2.4　都市空間をめぐるジェンダー地理学の視点と課題 ………… 29

第3章　都市郊外空間の変容と住民の参加をとりまく問題 …… 33

3.1　高度経済成長期における職住分離と郊外空間の誕生 ……… 33
　3.1.1　高度経済成長期における都市人口の増大 ……………… 33
　3.1.2　職住分離構造と郊外空間の誕生 ………………………… 35
3.2　郊外空間の形成とその問題点 ………………………………… 37

3.2.1	日本の職住分離構造における家族の役割	37
3.2.2	「男性稼ぎ手モデル」に基づく日本の社会保障制度	39

3.3 職住分離を支える前提の崩壊と郊外空間の変容 …… 41
   3.3.1 職住分離を支える前提の崩壊 …… 41
   3.3.2 近年における郊外空間の高齢化 …… 44
   3.3.3 郊外空間と縮小化する行政機能 …… 46
3.4 郊外空間の変容と住民参加 …… 48

第Ⅱ部　郊外空間における高齢化と退職者による地域参加… 55

第4章　社会関係の構築機会としての地域への参加 …… 57

4.1 退職者と地域との関係 …… 57
4.2 桜ヶ丘団地の成り立ちと地域コミュニティの高齢化問題 …… 61
   4.2.1 事例地域の概要 …… 61
   4.2.2 地域コミュニティの高齢化問題 …… 65
4.3 多摩市におけるサークル活動 …… 67
4.4 男性住民によるサークル活動への参加 …… 69
   4.4.1 サークル活動の参加者属性 …… 69
   4.4.2 活動場所で取り結ばれる社会関係 …… 72
   4.4.3 就業状況別にみた活動の状況 …… 75
4.5 男性たちの地域参加〈在職者と退職者との比較〉 …… 77

第5章　男性退職者のサークル活動参加プロセス …… 83

5.1 桜ヶ丘団地近隣のサークル活動団体 …… 83
5.2 地域参加プロセスの類型 …… 85
5.3 男性退職者によるサークル活動の組織化 …… 87
   5.3.1 単独実行型の場合 …… 87
      （1）卓球クラブを設立したAさん …… 88
      （2）教育に関するNPOを設立したBさん …… 92
      （3）男声合唱団に参加したCさん …… 98

5.3.2　近所支援型の場合……………………………………………102
　　　　（1）歴史勉強会に参加したDさん　………………………………103
　　　　（2）コミセン運営協議会に参加したEさん　……………………106
　　　　（3）合唱・合奏グループに参加したFさん　……………………109
　　5.3.3　妻支援型の場合　………………………………………………113
　　　　（1）福祉ボランティアに参加したGさん………………………113
　　　　（2）テニスクラブを設立したHさん　……………………………117
　5.4　男性退職者の地域への参加とその意義………………………………122

第Ⅲ部　「縮小化」する郊外空間と主婦による地域への参加… 129

第6章　「都市の縮小化」と自治体の民営化 ……………………… 131
　6.1　公的部門のリストラクチャリングと「都市の縮小化」……………131
　　6.1.1　郊外化の終焉と東京大都市圏の「縮小化」……………………131
　　6.1.2　主婦に関する研究動向と主婦をめぐる新たな活動……………133
　6.2　開発主体・東京都によるアウトソーシングの経緯 …………………137
　6.3　八王子市における協働の受け皿の拡大 ………………………………140
　　6.3.1　南大沢地区における女性の就業…………………………………140
　　6.3.2　八王子市のアウトソーシング概要………………………………145
　　6.3.3　協働事業の内容の多様化…………………………………………148
　6.4　非営利セクターの活動と協働における問題点 ………………………150

第7章　多摩ニュータウン南大沢地区における主婦の起業…… 157
　7.1　非営利セクターの活発化と主婦による地域の起業活動 ……………157
　7.2　S社の事業展開とパートナーシップ …………………………………158
　　7.2.1　ニュータウンのアウトソーシングとS社の誕生 ………………158
　　7.2.2　民間企業とのパートナーシップ…………………………………163
　7.3　スタッフのライフコースからみる主婦の仕事と家庭 ………………165
　　7.3.1　S社スタッフの労働環境…………………………………………165
　　7.3.2　出産・結婚から再就業まで………………………………………166

　　　　7.3.3　事業の継続と家事の両立……………………………………… 174
　　7.4　住民による新たな空間形成と起業活動の継続性について ……… 181

第Ⅳ部　結　　論 ……………………………………………………… 187

第8章　ジェンダーの視点からみた郊外空間の変容と住民による地域への参加 ……………………… 189

　　8.1　再生産領域としての郊外空間の限界とジェンダー関係の再編 … 189
　　8.2　ジェンダーの視点からみた住民の差異 ……………………………… 191
　　　　8.2.1　男性退職者のサークル活動を通じた地域への参加…………… 191
　　　　8.2.2　主婦の起業活動を通じた地域への参加……………………… 193
　　8.3　郊外空間における地域参加の〈可能性と課題〉…………………… 195
　　　　8.3.1　郊外空間をとりまく環境の変化……………………………… 195
　　　　8.3.2　地域への住民参加の可能性…………………………………… 198
　　　　8.3.3　郊外空間における住民参加の課題について………………… 200

　　あ と が き ……………………………………………………………… 205
　　参 考 文 献 ……………………………………………………………… 209

口絵写真・図表一覧

【口絵写真】

口絵 1　桜ヶ丘団地の風景 ……………………………………………… 1
口絵 2　桜ヶ丘コミュニテイセンター「ゆう桜ヶ丘」……………… 1
口絵 3　桜ヶ丘団地の坂道からの眺め ………………………………… 2
口絵 4　聖蹟桜ヶ丘駅へ向かう京王バス ……………………………… 2
口絵 5　南大沢駅前の様子 ……………………………………………… 3
口絵 6　多摩ニュータウン南大沢地区にあるベルコリーヌ南大沢 … 3
口絵 7　八王子市が委託する南大沢の業務施設 ……………………… 4
口絵 8　協働事業の様子 ………………………………………………… 4

【図表一覧】

図 3-1　多摩ニュータウンにおける開発の過程 ……………………… 34
図 3-2　京王帝都電鉄（現・京王電鉄）による桜ヶ丘団地の開発 … 35
図 3-3　入居者を迎えた多摩ニュータウンの様子（初期開発地区）… 37
図 3-4　本書の事例研究における対象地域 …………………………… 43
図 4-1　日本における少子高齢化の推移（1990-2015 年）………… 58
図 4-2　研究対象地域：多摩市桜ヶ丘 ………………………………… 61
図 4-3　多摩市における 1 世帯あたりの延べ床面積 ………………… 63
図 4-4　桜ヶ丘団地における住居の種類 ……………………………… 64
図 4-5　桜ヶ丘団地における高齢化 …………………………………… 65
図 4-6　桜ヶ丘団地における人口と世帯人員の推移 ………………… 66
図 4-7　2010-2015 年における桜ヶ丘のコーホート変化率 ………… 67
図 4-8　多摩市におけるおもな活動施設 ……………………………… 68
図 4-9　サークル活動の参加と継続 …………………………………… 71
図 4-10　自宅からの空間レベル ……………………………………… 74
図 4-11　各空間レベルにおける社会関係 …………………………… 75
図 5-1　男性退職者によるサークル参加プロセスの類型 …………… 86

図 5-2	Aさんのライフコース	88
図 5-3	Bさんのライフコース	93
図 5-4	Cさんのライフコース	98
図 5-5	Dさんのライフコース	103
図 5-6	Eさんのライフコース	106
図 5-7	Fさんのライフコース	110
図 5-8	Gさんのライフコース	114
図 5-9	Hさんのライフコース	118
図 6-1	東京におけるNPO事業所の分布	135
図 6-2	NPOが担う地域的役割	136
図 6-3	研究対象地域：多摩ニュータウン	139
図 6-4	八王子市南大沢とその周辺	141
図 6-5	2010-2015年における南大沢のコーホート変化率	142
図 6-6	八王子市の決算に占める民間委託事業費の推移	147
図 6-7	区分別にみた八王子市の協働事業の件数	148
図 7-1	S社スタッフのライフコースと就業	169

表 4-1	桜ヶ丘団地造成に関する年表	62
表 4-2	参加者の年齢とサークル活動への参加	70
表 4-3	サークル活動の開始年齢	70
表 4-4	サークル活動の分類	73
表 4-5	各空間レベルにおけるサークル活動の内容	74
表 4-6	就業状態別の参加者の活動場所と頻度	76
表 5-1	桜ヶ丘団地近隣のサークル活動一覧	84
表 5-2	サークル活動に参加する男性退職者の属性	87
表 6-1	南大沢地区における兼業主婦と専業主婦	143
表 6-2	働く女性のおもな職場（東京都の場合）	144
表 6-3	非営利セクターに分類される団体一覧と八王子市における団体数	145
表 6-4	2005年度における八王子市の協働事例一覧	149
表 6-5	分野・年次別にみる協働事業の件数	150

表 6-6	非営利セクターと協働事業	151
表 7-1	起業以降の S 社のパートナーシップ	160
表 7-2	S 社の事業内容	161
表 7-3	1 カ月の S 社のスケジュール (2007 年)	164
表 7-4	S 社スタッフの属性	168

第Ⅰ部　序　　論

第1章　問題関心の所在と研究目的

　本書における関心は，高度経済成長期に誕生した計画的な都市郊外空間[1]の変容と，そこで展開される男性・女性住民の日常生活における実践とその課題を，ジェンダーの視点から検討し考察することである。本章では，まず本書の背景となる問題関心の所在と，研究の目的について述べていきたい。

1.1　問題関心の所在

　現代の日本の都市空間は大きな変貌の過程にある。本書が問題にする都市郊外空間は，高度経済成長期に居住地化が進行し，職住分離の構造の下で，いわば労働力の再生産のために形成されてきた計画的空間である。しかし，人口・都市機能の都心回帰，少子高齢化の進行に加え，住居・施設などの建造環境の老朽化，さらに近年では行政機能の縮小化，民営化に伴う自治体・公的部門のリストラクチャリングの波によって，都市空間そのものの存続が危ぶまれる状況が生まれている。

　筆者がこれまで注目してきたのは，こうした状況下で郊外空間の住民たちが，新しい形で地域に「参加」する動きをみせていることである。そこで明らかにされたのは，男性退職者や主婦たちの地域における活動が，職住分離の構造を支えてきた郊外空間の秩序，とりわけその前提となってきた近代核家族と家庭内のジェンダー役割分業の仕組みと規範を乗り越える志向性をもつことだった。すなわち，郊外空間の再編とその変化を明らかにするためには，行為主体としての住民たちの活動をジェンダーの視点から解き明かすことが有効であり，さらには，こうしたことが研究の分析視角として不可欠になると考えている。

これまで郊外空間については，都市空間をめぐる地理学的研究，都市社会学や地域社会学，都市計画学等の分野において，実証的な研究が積み重ねられてきた。しかし，こうした研究においては，近年の郊外空間の変容に伴う住民主体の意識，およびその活動をめぐる変化のダイナミズムは十分に捉えられてこなかったように思われる。一方で，近年，欧米では，フェミニスト地理学者によって，既存の都市空間の捉え方とそのイデオロギーを批判的に再構築する研究がなされている。これらの研究においては，これまでの地理学研究が生産労働の担い手である「健康な，成人の，異性愛主義的な」（そして家族を養いうる十分な賃金を得ている）男性を「中心的な主体」として捉えてきたことが批判され，女性や移民，低所得者など見過され続けてきた存在への認識をあらためて問い直し，ジェンダーの視点から都市空間の権力関係を浮き彫りにしようとする意欲的な試みが行われてきた。

こうしたフェミニスト地理学においては，ジェンダー概念の導入により，これまで「他者」として扱われてきた多様な主体の分析・考察が可能となり，都市空間をめぐる新しい研究の成果が生まれつつある。しかし，これまでの日本の都市研究や，都市空間をめぐる地理学研究においては，郊外空間や再生産労働の問題をジェンダーの視点から実証的に扱った研究はまだ少ない。こうした中で，本書が目指そうとするのは，郊外空間の変容を，これに対応する主体としての住民の日常的な実践に着目しながら描き出すことである。

1.2 研究目的

本書のおもな目的は，近年の日本における都市郊外空間の変容と，これに対応する住民の日常的実践の検討を通して，郊外空間における新たなジェンダー再編の可能性と課題を考察することである。これに関連して，本書ではジェンダーの視点を取り入れることによって，これまで均質な存在としてとらえられてきた郊外住民が，地域への参加と日常的な実践を通じて，いかに多様化しているのかを明らかにし，郊外空間の変容のなかに生きる住民たちの新しい姿を提示したいと考えている。

住民の多様性は，従来の郊外空間において，問われるべきテーマとしては存

在してこなかった。なぜなら，住民の「多様性」というものは，既に十分な形で彼／彼女たちにもたらされている，という誤認があるためである。「多様性」，「多様な生き方」を主張した議論もいくつか散見される。だが，これらの議論は，ジェンダーの視点を欠いているゆえに，結局，いずれの議論も「企業に勤める夫を基盤とした近代家族モデル」の範疇にとどまっている。例えば，袖川ほか（2005）は，「家族の一員であっても，個人としての自由な活動や家族から逃れて個人になれる，場所や時間が保障される家族モデル（袖川ほか，2005：62）」を提唱しているが，家族モデルを維持するためのライフスタイルの創造や模索が，とくに女性たちに強く求められていることを見落としている。さらに三浦（2005）は，近代家族モデルを体現してきた世代である団塊世代を検討しているが，都市空間構造，とくに職住分離の文脈のなかでジェンダー役割分業とその固定化が，いかにして彼／彼女らの多様性を制限してきたのかについては，とくに問題視していない。この背景には，計画空間としての郊外空間においては，彼／彼女らは同一世代，同一階級に属し，ユニットとしての家族という形態などの属性をもつことを「条件」として，住むことを許された集団であるという認識がある。そしてまた，郊外空間そのものが，同じ地域・行政地区に暮らす彼／彼女らの生き方や行動，ふるまいを，秩序のあるものとして現出させるようなフィジカルな空間として，機能してきたのである（西川，2002，2003；Kimura，2008）。

　アンリ・ルフェーブル（2000）は，フィジカルな空間とは，それ自身が時間，リズム，象徴を含むと指摘する。彼によれば，このような空間は国家や公共の権力（政治権力）によって支配され，内に住まう住民を「操作」するという。このような空間は，ある階級のための分類の空間となり，特定の社会階級をほかと分割し，収納する。その中では，労働の分割（分業），欲求と物（事物）がすべて空間内で位置づけられ，押込められて，諸機能の究極の分離にまでゆきつくと，住民と物はこの空間領域にすっかり身を落ち着ける状態になる（ルフェーブル，2000：528-535）。こうして郊外空間の住民は，生きる領域や価値観，規範や利害を一致させ，あるいは一致させるべきものとして，その利害を共有する集団となってきた。

　しかし，郊外空間の変容に伴って，彼／彼女らが郊外に暮らすことで得てき

た集団的アイデンティティや価値規範は，もはや自明なものでも，手放しで肯定され擁護されるべきものでもなくなってきている。近年のこうした状況において，郊外空間は住民の価値観や利害の一致する均質的な空間から，多様な価値観や認識，アイデンティティを有する人々が暮らし，さまざまな場面において利害関係のせめぎあう空間へと様変りしてきている[2]。

また，郊外空間における利害関係は，既存の近代核家族を形づくる主流派の住民の間でも，必ずしも合致しなくなってきている。郊外空間の成立と継続の前提とされてきた，家庭内のジェンダー役割・規範の揺らぎのなかで，女性住民の生産領域への進出や，男性住民の再生産領域への関与という新たな動きも起こりつつある。そこでは，地域の維持・形成を担う行為自体が，もはや特定の人々により，一様な目的に向かってなされるべきものではなくなっていることも伺えよう。そこで本書においては，郊外空間の変容に向き合う住民たちとその活動の多様性に焦点を当て，個々の事例を通じてこれを明らかにすることを目指す。

本書のもう一つの目的は，住民たちの郊外空間への「参加」について，新たに捉えなおす視点を提供することである。地域への「参加」は，郊外空間の変容のなかで，彼／彼女たちと地域との関係性の変化およびその意味を考える上で，重要なキーワードとなる。中野（1999）は，経済のグローバリゼーションが進展し，これに伴う国民国家自体の揺らぎと相対化に関する議論が急速に進むなかで，国家の機能とその方向付けをめぐって新たな対峙と分岐が生じていることを指摘する。その上で彼は，このようなポスト国民国家（あるいはポスト福祉国家）という時代の要請に対し，「コミュニティの再発見」をもって応じようとする国家の主張に対して批判を加えている。

国や自治体が推し進める政策の中には，「市民による国家からの自立」や「人間主体の自立」を目指し，これを達成するためのボランティア活動への参加，地域参加の促進が盛り込まれている。このようなボランタリーな活動と国家システムの動態的な関連は，自分自身を高めるためのもの，または国家への依存を乗り越えるため[3]のものというよりは，むしろ国家システムにとってコストを削減し，実効性の高い巧妙な動員の形態になっているのである（中野，1999）。

また，渋谷（1999）は，同じく「コミュニティの再発見」を「参加」や「コミュニティ（市民）」といった概念が，ネオリベラリズムによって促された公共領域の貧困化を，かつての国家的あるいは政治的な方法とは別の方法で埋め合わせるものであることを指摘する。それゆえ，ポスト福祉国家として構想される工業先進諸国の政策は，市民の「受動的」な態度を変更させ，「自律的」で「アクティブ」な市民の創出を狙っているという。そして，「再発見」されたコミュニティ（市民社会）は，市場原理に抗するというよりは，むしろそれを補完し得るものであるとする(4)。

「参加」に潜む動員の落とし穴は，グローバル化と新自由主義経済の中でますます拡大し，国家や市場といった公的領域と私的領域の境界を攪乱し続けている。このような状況をつくりだしている「参加」は，これをめぐる「ボランティア」，「コミュニティ」，そして「自己実現」といった諸概念が一体となったものである。こうした「参加」をめぐる言説が，経済的，社会的なもの，すなわち労働と社会的活動の区別を曖昧にさせてきた（渋谷，1999，2005：40-43）。近年の日本では，政策や行政の中で，市民社会理論によって「参加」が「自己実現」ないし「生きがい」といった言葉と接合され，労働や福祉供給を同じレベルで語ることを可能にさせている。この結果，公的／私的領域における人々のフレキシブルな配置転換や移動が，抵抗なく実現しているのである。

その中で，国家の福祉役割の後退が所与とされ，個人の地域コミュニティへのボランタリーで，無償の「参加」が自己実現あるいは生きがいの一環として称揚されている。そして，都市空間においては，私的領域あるいは再生産領域として成立してきた郊外空間は，公的領域（生産領域）との接合を図ろうとする中で，「参加」の必然性が生じている。この場合，住民たちを地域へと誘う「参加」において，彼／彼女たちが取り組むものは，「労働」ではなく「活動」であることを見逃してはならない。このとき，大義名分として掲げられる私的な「自己実現」は，公的とみなされてきた「義務」と同じレベルに流し込まれている（渋谷，2007）。そこでは，フレキシブルな低賃金労働が，地域を支えるための「活動」と称され，さらにはこれに耐えることが「善」とされる(5)のである（仁平，2003；渋谷，2004）。

中野（1999）や渋谷（1999）の議論は，確かにこのような「参加」のもつ危

険性について，新たな視点を提供するものであったが，これらの議論の問題点も指摘しておかなければならない。それは，上野（2003a）が指摘するように，市民や住民というもの自体がまるで「一枚岩」的な存在とされ，これまで市民というカテゴリーから排除されつつ，さらには動員の犠牲になってきた多くの女性たちの存在が見えないことである。「参加」の当事者は誰なのか，そこにはどのような個別具体的な問題が潜んでいるのかということが，これまでの議論では見落とされてきた。すなわち，「参加」をめぐる議論に，ジェンダーの視点が欠落していたのである。

こうした点を考察する上で，示唆を与えてくれるのが，フェミニスト政治学者のナンシー・フレイザー（2003）の議論である。フレイザー（2003）は，ジェンダーをめぐる「正義」（justice）の実現にとって，「再分配」（redistribution），「承認」（recognition）という二つの基軸が必要であるとする。ポスト社会主義の時代においては，経済的・社会的不公正を是正する「再分配」から，文化的な不公正を是正する「承認」を求める闘争へのシフトがみられる（フレイザー，2003：19）。ジェンダーという二価的（bivalent）集合体において，両者は一見すると対立する。有給労働と無給労働，生産労働と再生産労働の二分法がジェンダーに特有の搾取を生み出しているという認識は，社会経済的不公正の是正を目指す「再分配」の問題であるが，ジェンダー公正の実現のためにはそれだけでは十分ではない。すなわち，女性が男並みの働き方をすることが，男性中心主義の価値観を強化してしまうという問題があり，またセクシュアリティのように，経済的公正とは異なる「承認」を求める運動が存在するからである（フレイザー，2003：30-32）。この「平等」と「差異」をめぐるジレンマを乗り越えるため，フレイザーは複数の異なる規範原理の組み合わせという形で，ジェンダーの公平を実現するための脱工業化福祉国家モデルの検討を行っている（フレイザー，2003：63-103）。

日本においても上野（2003b）などが，既存の資源の「再分配」や「承認」の問題に対して，女女格差[6]を問題視しながら，「（ジェンダーの）正義と経済効率は両立する」（justice and efficiency go together）のかどうかについて議論を展開している。本書において，フレイザーの議論におけるジェンダー公正への視点と評価基軸を援用して参照することは，住民の地域参加を検討する際，

彼／彼女らの実践のなかで生まれてきた「参加」がもつ新たな可能性を明らかにするとともに，これまで無条件に肯定されつつ，擁護されてきた住民による「参加」のもつ課題や問題点を析出する上で，きわめて有効であると考えられる。

1.3 研究手法

　本書では，郊外空間における変容や住民たちの日常実践に関して，ジェンダーの視点からアプローチし，さらにここで浮き彫りにされる問題を検討していくための手法として，量的調査手法と質的調査手法とを併せて用いる。具体的には，量的調査としてアンケート調査，質的調査としては聞き取り調査および参与観察を行った。前者に関しては，都道府県や行政区，属性ごとの集合体などマクロな地域分析をするにあたり，量的な分析手法は意義をもつ。本書においても，アンケート調査によって得られたデータ，国や自治体によって公表されている統計資料等の収集・加工を行うことで，対象地域における概要や郊外空間の地域的性格をより広範囲にわたり把握する。

　量的調査は，本書におけるアンケート調査やおもな研究手法となる質的調査が，マクロレベルの空間的構造にどのように位置づけられるものなのかを確認するために，非常に有効である。だが，分析を行うために得られた既存の統計には，「中立性」や「客観性」によってカテゴライズされている過程があり，カテゴリーによって否定されがちな個々の経験的存在やそのバイアス自体を追及しようとするフェミニスト地理学およびジェンダー地理学にとっては，統計のもつ性質は，問題の多いものとされている（Mattingly and Falconer-Al-Hindi, 1995）。

　地理学全般の知識の探求は，もっぱら量的調査の方法に求められていた傾向がある。しかし，量的調査における統計のカテゴリーは，実証主義的認識論において，調査者の関心を調査の過程・分析・結論などから除外したものである場合が多い（Katz, 1996）。さらには，こうした量的調査手法は，これまで「客観的」とされてきたが，カテゴリーの固定化，単純化によって特定の人種・性別・階級以外の人間の経験を取捨選択してしまう危険性も高い（桜井編，2003：7；桜井・小林編，2005：13-14）。裏を返せば，取捨選択されるその中には，多く

の少数者（マイノリティ）が含まれ，同様に女性たちの存在も考慮されることが少なかったのである。統計調査などから，世帯やそのなかにおける家族人員，地域における権力関係など，これらに密接に関連した女性の制約を明らかにすることは難しい（McLafferty, 1995 ; Wolf, 1996）。

　これに対して，後者である質的調査は，カテゴリーを流動化させたり，文脈化したりすることによって主体の偏りを明らかにしようとする（佐藤，2006：12）。さらにこの質的な分析手法は，バイアスさえも研究対象を表現するものとして提示し，「客観性」を最大限に追求するものである（Moss, 1995）。これは，地域や家庭など個人がかかわるミクロな空間における諸問題，とくに再生産を担ってきた女性の生活のリアリティを示し，女性を可視化する上ではより適した方法といえる。地理学においては，これまでもっぱらマクロな空間分析・属性や集合体などを解明の対象とした量的なデータ分析により，研究対象の地域性や空間的変動を捉えてきた。だが一方で，地域内における人々の差異やジェンダーやエスニシティなどをめぐる関係が見えにくくなっていたことは否めない（Kobayashi, 1994 ; McLafferty, 1995 ; 熊谷，2013 ; Yoshida, 2016）。

　一方で質的調査は，必ずしも全体的・鳥瞰図的な視点から空間構造を把握しようとしないという意味で，実証主義的な調査手法とは異なる性格をもつ。しかし，これまで人々を除外し，無力にさせてきたカテゴライズ（中野・桜井編，1995：12-13）を疑問視し，これまで見逃されてきた空間的不平等，権力関係を浮き彫りにする上で非常に有効であると考える。そこで，本書ではマクロで量的な統計調査と併用して，独自に行ったアンケート調査のデータ，参与観察やライフストーリーから抽出されたミクロで質的なデータを使用することとしたい。

　最後に，本書で使用するライフストーリーについて説明を加えておきたい。ライフストーリーとは，人生や過去の経験をインタビューすることにより，人々のアイデンティティや生活世界，さらには文化や社会を理解するための手法である。桜井編（2003）は，ライフストーリーを用いた研究について，調査者がインタビューを通して被調査者一人ひとりの人生における文脈を構築することに参与し，それによって語り手や社会現象を理解・解釈する共同作業に従事することであると述べている（桜井編，2003：11-15）。本書はこのような手法を厳密に踏襲するものではない。だが，量的調査によって把握されるマクロな像

からこぼれ落ちてしまう（または，不可視になってしまう）個々の住民のミクロな像を，より詳細に提示し分析するために，桜井をはじめとする分析手法を参考にしながら，データの収集・分析を行った[7]。

1.4 本書の構成

上述したような目的のもとに，本書では以下のような構成により，郊外空間の変容と地域への住民参加をめぐる議論を進めていく。

まず，第Ⅰ部第1章では，事例研究の分析に先立って，本書の枠組みを提示する。続く第2章では，本書の有効な枠組みとなる先行研究について，欧米のフェミニスト地理学研究と，日本における都市空間をめぐる地理学研究およびジェンダー地理学研究に焦点を当て，両者を比較しながら，整理・検討する。その上で，そこから見えてきた都市空間をめぐる新たな研究課題と，ジェンダーをめぐる視点の有効性と課題について提示する。第3章では，第1章，第2章の議論をふまえ，日本における都市郊外空間の誕生経緯について述べ，これを支えてきたジェンダー規範や社会政策のあり方について既存研究をもとに概観する。それにより，本書が課題とする郊外空間の変容の背景を明示したい。

事例部分となる第Ⅱ部，第Ⅲ部では，都市郊外空間の変容とそこで生じている住民の地域への「参加」を，現地調査から明らかにし，その具体的な社会的文化的状況をジェンダーの視点から分析・考察した。

第Ⅱ部では，近年深刻化しつつある人口の少子高齢化問題を背景とした，郊外空間の変容と地域への住民参加について，東京都多摩市桜ヶ丘団地における事例研究をもとに検討していく。第4章では，桜ヶ丘団地で住民に実施したアンケート調査の分析・検討を行う。そこでは，高齢化する地域コミュニティにおいて，新たなメンバーとして住民参加に関心を寄せ始めた男性退職者に着目し，社会関係構築機会としてのサークル活動への参加の特徴を考察する。続く第5章では，聞き取り調査による質的なデータをもとに，地域への参加を遂げようとする男性退職者の個々の参加プロセスを分析する。ライフコースの進展による郊外空間への関与についての，男性個人の具体的事例を明らかにすることで，退職者としてサークル活動を通じた地域への帰還を果たそうとする彼ら

の，「参加」をめぐる可能性と問題について指摘する．

　第Ⅲ部では，東京都の多摩ニュータウンを事例として，自治体財政の逼迫に伴う行政機能の縮小化，これに伴う行政サービスの民営化の問題を背景にした，主婦たちの新しいコミュニティビジネスの出現と，その可能性と課題を論じる．第6章では，郊外の「縮小化」傾向と行政サービスのアウトソーシングをめぐる動向を，東京都八王子市の例を通じて紹介する．その中で，自治体公共サービスの新たな担い手となる住民（とりわけ，主婦や高齢者）に着目し，地域形成において行政と個人とをつなぐ中間的な存在として影響力をもつようになった彼／彼女らの実態を，行政資料およびサービスを担っている住民の聞き取り調査から分析する．続く第7章では，行政サービスの民営化に伴う自治体との連携事業をきっかけとする，ビジネスチャンスを生かした主婦たちの起業活動に着目する．コミュニティビジネスの成功事例として，S社の事業の内容を紹介するとともに，担い手である女性たちのライフストーリーの聞き取りを通じて，その人生経験において，彼女たちが職場と家庭での自らのジェンダー役割をどのように意識し，変化させながら活動に従事しているのかを考察する．その中で，女性たちが郊外空間の中で担ってきた再生産役割が，彼女たちの活動にどのように資源として生かされ，また同時に制約となっているのかについても検討する．

　最後に第Ⅳ部第8章では，本書で得られた知見を整理し，総括を行う．ここでは，郊外空間をとりまく最近の新たな状況を付け加えるとともに，郊外空間の変容と住民主体の実践が生み出す新たな可能性と課題を，ジェンダー関係・秩序の変容と，地域への「参加」の抱える課題に焦点を当てながら，本書でみてきた複数の事例について今一度批判的に検討を行いたい．

（注）
(1) 本書では，都市郊外を，国家・自治体や資本によって，ある意図のもとに計画的に創造されてきた空間として捉える．その空間の均質性や画一性が，そこに生きる住民の生活を規定し，またそこで生きる住民の実践によって改変される可能性をもつ「生きられた空間」であるという意味を付与しつつ，おもに戦後，都市郊外に計画・開発された空間を「郊外空間」という用語で表現したい．

(2) 現に，郊外空間を支えるこれまでの制約的な価値観に基づいた家族のあり方や，安定的な人口構造などの前提の崩壊とともに，国籍や世帯構成など郊外空間の入居条件や転入制限は緩和されつつある．これを機に，さまざまな属性をもつ人々の居住を妨げてきた郊外空間への門戸は開放され，単身者や低所得者，外国人などの住民が新たに郊外空間に生きる場所を求めはじめるようになった．

(3) 中野（1999）は，「国家から自立した普遍性」と「ナショナリズム」は，水と油のような相容れない関係ではなく，実はいつでも入りまじる可能性のある危ういものであるとしている．そうした状況の中で，ボランティアは「これまでのアイデンティティから自立した個人を承認したうえで，その行動を現状の社会（国家）システムに適合するように方向づける方策」であることを指摘している．

(4) 渋谷（1999）は，英ブレア政権下の国家主義的なオールド・レフトと市場主義的なニュー・ライトとの失敗によりつくりだされた「第三の道」を例に挙げ，これが政治的文脈と接合された「コミュニティ」であると定義する．この「コミュニティ」は，労働市場から排除された個人に，労働市場で通用するスキルとやる気（活力）を身につけさせる「スプリングボード」としても機能するとしているが，それは必ずしも労働市場に接続する個人のための職業訓練的なものではなく，あくまで「市場原理に対するサポート」機能であることを説明している．

(5) ボランティア参加者の意識ベクトルに関しては，新自由主義に対する対抗軸（特定の属性や経済的資源が露骨に入り込まないもの）として捉える仁平（2003）に対して，新自由主義との親和性を強調する渋谷（2004）のような見解もある．だが，いずれも道徳的志向性については否定していない．

(6) 日本においては，学歴やこれによって再生産された社会階層などを通じて，「女女格差」（女性間での格差）が広がっているために，諸分野での一部女性集団の過小代表性については，ジェンダーの正義と経済効率を考える上で注意が必要であることを指摘している（上野，2003b）.

(7) 女性研究者である筆者は，このような調査手法を通じて，主婦や女性のみならず，男性，サラリーマン退職者をも対象として研究を行った．そのなかではインタビューを通じて，語り手の社会的・空間的な現象の解釈に努めた．その結果，彼／彼女らの多くに共通していたのは，生産／再生産労働に振り分けられたジェンダー役割分業を越えたところに，自らのアイデンティティ構築を求めようとしていることであった．ここで重要なのは，（調査者つまり筆者にとって）調査対象者が同性であるか異性であるかではなく，自らの置かれたジェンダー役割にどこまで自覚的であり，これをいかに乗り越えて生きていこうとするかという点である

と考える．このような意味において，著者は本書において扱った女性のみならず，男性インフォーマントに対しても共感をもって理解できる対象であると捉えている．

第2章　都市空間をめぐる
ジェンダー地理学の視点と課題

2.1　フェミニスト地理学の関心

　本章では，近年の都市空間を分析・考察するためのジェンダー視点が，郊外空間の変容とそこにかかわる主体の問題を検討する上で有効であることを指摘する。また，英語圏諸国や日本における地理学研究の動向を通じて，都市空間をめぐるジェンダーの課題を検討することを目的とする。これらを通じて，日本における新しいジェンダー都市地理学研究の可能性を提示することを目指す[1]。
　まず，フェミニスト地理学[2]（feminist geography）の展開について，おもに2010年代前半までを概観したい。これまでの社会科学のグランドセオリーは，男性中心的なものであったが，地理学もこうしたグランドセオリーに知の基盤を置く分野の一つであった（吉田，1996）。覇権的な存在である男性によって，「男性的／女性的」なものを価値付けする背景には，地理学において扱う市民というものが「男らしさの特徴を付与された人間，合理的な行動をする人間，公的領域への所属を許された人間」（ローズ，2001：18）に限定されていたためである。これに付随して，地理学の知の生産に関しても，もっぱら男性（研究者）の役割とされてきた（Berg and Longhurst, 2003；Brown and Staeheli, 2003）。
　一方で，市民以外の人間は「他者」とみなされた。この中には女性や子ども，高齢者や障がい者などが含まれ，とくに女性は「主観的」で，「極めて私的」で，「取るに足らない存在」として，地理学の領域において排除され続けてきたのである（ローズ，2001：91-96）。このような現状の中で，ごく「自然」な対象として，家庭や世帯の中に押し込められた女性の問題を起点に，現実の生活全般にわたり認められるジェンダーに基づく不平等や抑圧に関しての疑問や異議申し立て

を行い、そこに着眼点をおく地理学として誕生したのが、フェミニスト地理学であった（Tivers, 1978；ローズ, 2001）。フェミニスト地理学では、女性の身体やその存在自体がいかに文化的に構築され、国家など政治的なシンボルとして発展してきたのかということに大きな関心を置いた（Domosh, 1997）。また同時に、女性を含む特定の主体が研究対象として無視しながら、知の生産を確立させていく男性中心的な地理学の認識論、方法論を厳しく批判し、問い直していった（Monk and Hanson, 1982；Bondi, 1998；マッシー, 2000：310-311）。

フェミニスト地理学は、1970年代後半から欧米諸国において誕生し展開した。その背景には、社会におけるフェミニズム運動（第二波フェミニズム）の展開に加え、地理学内部においてはそれまでの計量的地理学隆盛の批判から生まれ、人間主体に注目した人文主義地理学（humanistic geography）の影響も指摘できる。フェミニスト地理学者たちは、公的／私的空間の二項対立的構造の中で、生産／再生産労働の二重労働を強いられた既婚女性が、生活空間において不利な状況にあることに焦点をおき、対象化した[3]。1980年代～1990年代前半におけるフェミニスト地理学の功績は、人間活動と空間の構築を探究してきた学問領域における地理学において、ジェンダーという変数が、経済活動などを通じ、空間の構築を決定する重要な役割を果たしていることを、はっきりと示したことであったといえる。

しかし、1980年代後半から1990年代に入ると、フェミニスト地理学の議論は転機を迎える。その背景には、労働市場における女性の地位向上や、多様な家族形態の増加などの社会的変化に伴い、古典的な二元論、つまり男性＝公的領域／女性＝私的領域という二項対立的な構図が、対応しきれなくなってきたことがあった（Bondi, 1992；影山, 1998；Longhurst, 2001など）。これにより、1990年代から2000年代に入り、人種・階級・ライフステージなどの違いに着目した、女性の多様性に関する議論、そもそも「女性性」（feminity）とは何かというテーマなどが掲げられて、フェミニスト地理学のなかで活発化したのである。

これらの研究は、地理学的コンテクストにおいて、アイデンティティの構築に関する検討が、重要な課題になりつつあることを示している。当然視されていた男性中心主義に対する「異議申し立て」として、女性に焦点を当てていた

初期に比べて，ジェンダーを基軸としながらも，空間についての多元的な把握がなされるようになったことも指摘されている（Bondi, 2004）。以下では，このような研究関心に基づきアプローチされたフェミスト地理学が，近年どのような実証的・理論的展開をみているのかを，筆者の関心である都市空間をめぐる研究を中心に検討したい。

2.2 英語圏諸国におけるフェミニスト地理学の研究動向

2.2.1 都市空間の二項対立的構造に関する実証的研究

1970年代後半以降の先進国で進展したポストフォーディズム体制下では，フレキシブルな蓄積に基づく新たな産業立地の再編や，経済のリストラクチャリングに対応するための，多元的で柔軟な労働力の構造が模索された。この構造の中心的な構成要素となったのが，パートタイム労働や契約社員，下請けなどに従事する既婚女性たちであった。

フェミスト地理学は，こうした労働市場における男女労働力の再編に注目し，公／私の二項対立的空間構造や地域的文脈の変化について，地理学的アプローチを試み，女性たちが都市機能を支える上で，いかに重要な役割を担うかを明らかにしている。McDowell (1992) は，フェミニスト地理学のおもな関心として，(1) フレキシブルな生産構造と「労働力の女性化」，(2) 女性就業の増大による二項対立的構造の行き詰まり，(3) エリート／マスの女性間の経済格差などを挙げている。

Pinch and Storey (1992) は，ポストフォーディズムの経済体制下で，重要性を高める「フレキシブルな労働力」として増大する女性就業の内実を詳細に明らかにし，都市空間の二項対立的構造が女性（あるいは男性）にとってもはや現実に即したものではなくなっていることを指摘した。そこには，既存の地理学研究が既存のジェンダー役割を前提として，既婚女性はこれまで私的領域において家事に従事する二次的な労働者であり続け（Walby and Bagguley, 1989），それゆえ彼女たちの分節的労働（segmented labour）は賃金労働にさして関与していない（または，関与について考慮するに値しない）とみなされてきたという問題がある（Carlson and Persky, 1999）。

Pinch and Storey の研究によれば，実際に企業は消費者のニーズの多様化に応えるべく，男性フルタイムから女性パートタイム労働者に置き換えていった。こうした企業側の戦略は，ニーズ対応だけでなく，コスト削減にも確実に貢献していた。しかし，彼女たちは依然として労働力の「周縁」であり，柔軟な労働力として，分節化された労働編成に取り込まれるように就業を行っていた（Pinch and Storey, 1992）。こうした状況の背景には，女性は男性が主体となる公的領域（職場）と私的領域（家庭）を行き来しなければならない存在であり，それゆえ，家庭と職場との近接性は最重要項目であったことがある（Hanson and Pratt, 1988）。女性たちは，離職してでも家族（とくに夫）の都合を優先させなければならない存在であり，実質的に労働力から排除されながら，時間的・空間的な制約の中でさまざまな矛盾に耐えなければならないという問題があった（Pinch and Storey, 1992 ; Law, 1999 ; Mackenzie, 1999）。

欧米の都市では，それまで低所得者の居住地域であった都心周辺部（インナーシティ）が再開発されて，新たな中産階級の居住地に再編されるジェントリフィケーション[4]が進行している。ジェントリフィケーションとジェンダーとのかかわりについては，Warde（1991）と Butler and Hamnett（1994）の議論がある。Warde（1991）によれば，ジェントリファイアーの女性たちは，高学歴で共稼ぎであり，専門職や技術職に従事しており，都心に住むことで世帯の生産効率を高めているという。中産階級の細分化によって，階級よりもジェンダーがジェントリフィケーションにとって欠かせない説明変数となっているとし，女性を中心としたグループに着目する必要性を論じている。

だが Butler and Hamnett（1994）は，Warde（1991）が扱った中産階級における女性のキャリアと空間的立地の関係性という着眼点を認めつつも，彼がジェンダーの中の階級性という視点を完全に欠落させていると指摘する。それは当該の女性たちが，就業や育児を両立し，有償／無償労働を接合するために都心に暮らすことができるのは，彼女たちの世帯が空間的制約から自由になることのできる中産階級に位置していたためである。それゆえ，ジェンダーを階級とともに重層的に捉える必要性を主張している。このほかにも近年では，香港に暮らす中産階級における家庭内労働の責任が，働く妻たちの自己実現や「ステイタス」と引き換えに受け入れられていることを分析する Lee（2002）や，家事・

子育てを任せるための外国人労働者(オペア)[5]を雇うロンドンの中産階級を対象に,家庭内に生じる新たな権力関係を描いた Cox and Narula(2003)など,ジェンダーに階級という分析軸を重ね合わせて,複雑化する空間構築をより慎重に読み解こうとする地理学の研究が登場しつつある。

階級と関連し,England(1993)は,フェミニスト地理学を含む既存の研究が,過度に女性の一般化,単純化を繰り返してきたことを指摘する。彼女は大都市圏郊外に立地展開するようになった企業と,そこで雇用される女性たちを対象として,彼女たちは家の近くで就業せざるを得ないという,空間的な制約を受けているのかどうかを考察した。England(1993)は,片親(lone mother)として子どもを育てる事務職の女性たちが,正規雇用の夫をもつその他の女性たちに比べて,経済的な必要性に迫られていることを検証した。その際,インフォーマントたちが親戚や隣人などの社会関係にうまく依存しながら仕事と家事を両立させている特性を挙げ,子育てが女性の就業を妨げるおもな要因ではないことを主張している。彼女たちにとっては,キャリアを中断させるというかたちで近隣の職場へ転職するよりも,長距離通勤を行いながら従来の職を継続させる方が,むしろ安定した生計を保つことに好都合であることを明らかにしたのである。このことから England(1993)は,既存の研究のほとんどが1970 年代の統計資料と視点に基づく「古典的な」女性就業研究[6]であり,現状を的確に反映していないと指摘する[7]。

また,McDowell *et al.*(2006)は,新自由主義的な福祉政策への関心から,固定的なジェンダー役割を前提とした二項対立的構造の限界を指摘している。著者たちは,既婚女性たちの働きが家族への「愛の労働」(labour for love)として集約されることで,国が行うべきさまざまなサービスの代替とされていることを詳細に指摘し,女性たちの働きが都市構造の維持に大きく関与していることを明らかにした。そして,その結果として,彼女たちの「愛の労働」が,保育施設やサービスの整備など都市のメンテナンスにかかるコストを削減していることを指摘する。一方で,McDowell(2005)は,このような「愛の労働」を成り立たせることができないシングルマザーや低収入の家庭においては,現状の社会制度が一部の人々を排除したものになりかねないことを問題視する。

これら研究では,女性就業が増大し,男女の職業的地位や職種が多様化する

反面，育児などの福祉サービスの提供は減少している現状が，都市計画にかかわる深刻な問題とし，早急に取り組むべきであると指摘する。また，これら研究は同様に，コスト削減のために，福祉サービスを女性たちの過重労働に任せるような政策を厳しく批判し，都市空間の二項対立的構造の見直しを促している。例えば，Domosh (2014) は，これまでの自身の研究を振り返りつつ，近年の都市空間における労働がいかに，男／女のジェンダーのみならず，民族，人種，年齢などのカテゴリーを巻き込みつつ，これらを巧妙に住み分けして配置させているのかを指摘している。また，McDowell (2014) は，経済のグローバル化，新自由主義の波の中で，労働市場におけるジェンダー問題がいかに複雑化しているのかを，イギリス国内において働く外国人ケア労働者の女性たちを対象に解き明かしている。ただし，このような新自由主義の波は，必ずしも女性たちのみを巻き込むものではなく，人種，階級，ジェンダーの垣根を越えて，男性たちの労働環境，地位にも大いに影響を与えうるものだと結論づける。

このように，フェミニスト地理学者は，従来の地理学者による男性中心的で覇権主義的な研究に対抗しながら，女性の経験に基づく新たな実証的研究を蓄積してきた。一方で，家父長制の抑圧からの解放，女性の普遍的な経験の共有を強調するあまり，地域的コンテクストに見出される女性（男性）の多様性や，フェミニスト地理学者自らによって周辺に置かれてしまった主体の存在に気がつかなかったという指摘もある（Longhurst, 2002 ; Bondi, 2004 など）。しかし，上述のように，近年では，都市空間の形成やその利用の主体となる女性たちが，階級や家族とのかかわりにおいて多様であり，このことは，これまでの固定的，二項対立的なジェンダー観では捉えきれなくなってきていることが，明らかにされているといえよう。

2.2.2 都市空間の主体間の差異に関する理論的研究

公／私の二項対立は，民族や文化によって必ずしも同じものを意味しているとは限らない。それにもかかわらず，女性というカテゴリーにおいて，普遍的に共有されるであろうと思われていた再生産労働という概念が，人種的問題を曖昧なものとしていた（Mackenzie, 1999）。これまでのフェミニスト地理学者の研究が，もっぱら家族をもつ白人中産階級の女性しか見てこなかったことは，

都市の貧困層やセックスワーカーや,同性愛者へのまなざしを欠落させていた,という批判にもつながった(Valentine, 1993 ; Gilbert, 1998 ; Hubbard, 1998)。

「白人中産階級中心的な」フェミニスト地理学のまなざしに対する反省は,フェミニスト地理学者たちに,意図せずして画一的であった知の生産体系を改めるきっかけをつくりだした(Merrifield, 1995)。そもそもフェミニスト地理学における知の生産の意義は,公／私的領域におけるジェンダーバイアスや男女間の関係性に焦点を当ててきたフェミニズムと,地域的な差異や空間的パターンに焦点を当ててきた地理学との,相互補完的関係の実現にあった。日常生活における発見,コンテクストへの理解とともに,差異への関心を基軸としながら発展してきたフェミニズムと,場所や空間,土地を記述する科学である地理学(geo-graphy)の両者の特性を併せもつフェミニスト地理学は,地理,社会に起因するジェンダーをめぐる事象の把握に努めてきたのである(Hanson, 1992)。

　これまでの地理学が,研究者と研究対象者との固定的な位置関係の中で,「総合的で,絶対的な」知の生産を目指してきたのに対し,フェミニスト地理学は流動的な位置関係の中で,「部分的で,相対的な」知の生産を目指してきたといえる。それゆえ,フェミニスト地理学には,自らの立つ位置やその意味,つまりポジショナリティ(positionality)に慎重であり,時間と場所に根ざした知(situated knowledge)を生産することが求められる(McDowell, 1993b ; Rose, 1997)。「女性であることは一枚岩ではない」というフェミニスト地理学者の反省から,1990年代以降は,時には白人や西洋世界の価値基準など無意識にとらわれていた「足枷」を改めて見つめ直し(Merrifield, 1995a ; Bonnet, 1997 ; Jackson, 1998),民族・宗教・国籍・階級などのジェンダーにかかわるさまざまな指標への関心[8]により,地理学的コンテクストにおいて,ジェンダーと連結する多元的なアイデンティティ構築の把握や,これらを通じたローカルな知の生産が試み始められている。空間の構築を行う主体は,グローバルからローカル,そして個人的なスケールで起こるさまざまな事象を接合し,社会的諸力により構築された領域を体現する「結節点」であるというMcDowell(1993b)の指摘は,2000年代のValentine(2007)やListerborn(2013)などの研究が示すように,境界がなく不安定で,常に変化の中にある場所や空間を真

に問うために,ますます重要性を増しているように思われる。

ところで,フェミニスト地理学がこれまで基準としてきた白人中産階級などの画一的で,固有なセクシズムとは異なる,「反覇権的な」セクシズムに注目する必要性を述べたDyck（2005）は,ジェンダー,階級,人種と交差した差異への関心が地理学に芽生えていると指摘する。例えば,Valentine（1993）はレズビアンの日常生活を対象に,異性愛者によってつくりだされた覇権的な都市空間の構造と抑圧の恐怖に晒される彼女たちの生活を明らかにし,Anler（1992）は,暴力や偏見から逃れ,生活を続けるための男女同性愛者によるインフォーマルなネットワークの構築と,生活空間の獲得をめぐる戦略的なプロセスを考察した。また,これまで周縁に置かれてきた主体の混在する象徴的な空間を,可視化するための景観研究や行為遂行的なセックスとジェンダーに関する研究なども盛んに行われ始めた（例えば,Nast, 1998 ; Browne, 2004）。こうして,知覚や身体性など,これまでの地理学研究では扱われにくかった表象に着眼した研究[9]も,多くなされるようになってくるのである（Bondi, 1998 ; Dorling and Shaw, 2002）。

このような研究動向の転換の背景には,文化論的転回の浸透に影響されつつあったフェミニスト地理学研究が,多様化する女性の生き方を,従来の男性中心的構造からの解放からだけではなく,空間構築をめぐって保持され続けてきた固有のイメージからも解放しようとする研究の展開を目指すようになったことがある（Domosh, 1997 ; Buzar et al., 2005）。確かに,これまでの欧米諸国における都市空間は,職住分離構造と生産／再生産領域,公的／私的区分の分化とともに特徴づけられてきた（McDowell, 1993a ; Domosh, 1998）。そして,都市空間構造（とくに郊外空間の誕生）は,労働力の再生産に関する社会改革,「倫理」の保持,男性たちだけの労働組合における家族賃金の問題,家事・育児の向上に関する女性たちの主張などを解決するために,生み出されたものである（Bondi and Rose, 2003）。言い換えれば,戦後のフォーディズム体制やこれに準じた資本主義社会の確立が,諸問題の解決のための「装置」としての都市システムを,「望ましい」形に強化していったといえる。こうした局面において,フェミニスト地理学者たちが,近代核家族とそこに機能するジェンダー役割分業への関心を深めていったのは,極めて当然のことだった（McDowell,

1991)。

 だが,近年では経済的な問題と郊外空間の社会的孤立,つまり異性愛核家族の女性たちの生活に焦点を当てるあまり,フェミニスト地理学が都市空間の画一性を強調し続けたという傾向も指摘されるに至っている。Bondi and Rose (2003) は,女性たちが都市から迫害されてきたという見解の一方で,彼女たちが都市を利用・占有しているという Wilson (2001) の研究に代表される見解も存在することに着目し,近年のフェミニスト地理学研究において,「分析的乖離」(analytical divide) が生じていると指摘する。このような乖離が生じる背景には,従来フェミニスト地理学者が「叙情的」(affective) で「抑圧された」対象としての白人(中産階級)女性の経験にのみ焦点を当ててきたのに対し,抗争や時には占有によって積極的に権利を主張・獲得していく主体としての女性たちの経験にも,等しく焦点を当てるべきだとする認識への転換,さらには,研究の理論的基盤にかかわる(とくに白人)フェミニスト地理学者自体の権威や優位性に対する異議申し立てがあったのである。

 フェミニスト地理学者における「分析的乖離」を通じて,ジェンダー不平等をめぐる地理学が直面する主題は,白人中産階級を対象とした(経済的な)「再分配」[10] (redistribution) の問題から,多様なアイデンティティ,実践を対象とした(尊厳ある生活の実現の)「承認」(recognition) の問題へと拡大しつつある (Bondi and Rose, 2003)。都市空間における権力関係は,常に流動的で不確かなものであり,抑圧／解放の可能性が常に交錯している。それゆえ,人種,階級,セクシュアリティを対象とした問題は,固有の空間や場所に密接に絡み合っており,さらにはジェンダーに起因する空間の議論と切っても切り離せないのである (Morrison, 2003)。近年,「承認」をめぐる問題は,これまで関心の対象として見落とされがちであった家庭や身体というスケール (Warrington 2001;Knopp, 2007) や,その中で重要な手がかりとなる人間の感情 (Kern, 2005 など) というテーマにまで及び,女性(男性)主体間の差異を明らかにするためのアプローチが模索・展開されている。

2.3 日本における都市空間をめぐる地理学・ジェンダー地理学の研究動向

2.3.1 就業・生活行動の実証的研究

英語圏諸国のフェミニスト地理学,ジェンダー地理学研究の近年の隆盛に比べて,日本の地理学ではジェンダーに着目した研究の蓄積はまだ少ない。その中で,女性や主婦などを対象とした研究,ジェンダーをキーワードとする研究,そして日本のフェミニスト地理学者たちの成果について触れることにする。

日本の都市空間をめぐる地理学的研究における女性を対象とした研究では,大きく分けて二つの側面からのアプローチが試みられてきた。一つは,就業機会や通勤移動など主婦の就労,すなわち生産労働に関するものであり,もう一つは,家事や地域活動など主婦の再生産労働をめぐるものである。前者の女性就労をめぐって,神谷ほか(1990)は,育児と近居との関係性を明らかにし,男性に比べて育児や家事による制約を受けやすい女性の就業について詳細に検証した。谷(1998,2000)は主婦が結婚・出産というライフイベントを契機に自ら退職することで,夫の職を優先的に支えていく姿勢が,都市システムの構成要素となっていることを指摘している。主婦たちが多く従事する都市郊外空間のパートタイム労働に関しては,90年代後半以降の企業による非正規雇用へのシフトとともに,若干の変化がみられることが指摘されているが,職種は依然として限定的であり,サービス職や中程度の専門性で従事できる労働が大半を占めている(武石,2002)。また,有留・小方(1997),川瀬(1997)は,女性が子どもの育成に合わせて,家事の制約のもとに自宅近隣のパートタイム労働を「柔軟」に志向することを明らかにした。

都市空間をめぐる地理学的研究における,主婦の研究成果の中で,後者のテーマ,すなわち主婦の再生産労働に関しては,家事や育児などを背負う主婦の日常的役割がもつ制約についての把握がなされている。岡本(1995)は,都市の職住分離構造を,女性のもつジェンダー化された家族役割の側面から検討し,川口・神谷(1991),神谷(1993),宮澤(1998)など時間地理学的手法を用いた研究では,都市生活を時空間パターンとして確認することで,女性など特定集団の生活行動に対する制約を明らかにし,このことが,社会参加への女

性の意思決定に貢献しうるとしている。女性の意思決定や時空間的制約に関して，地理学的な関心が高まるなかで，岡本（1998）は，地理学で対象とする都市化や都市居住などの多くの現象にとって，女性・主婦の存在が不可欠であるとし，隣接する分野に頼るばかりではなく，地理学においても主婦の家庭生活に意識的になることが重要であると指摘する。

2000年代に入ると，女性主体への注目に加え，家族形態の多様化を考慮した実証的研究が多く登場し始めるようになった。例えば，母子をめぐる住宅支援政策を明らかにした由井（2003）や，介護労働に従事する女性たちの時間的・空間的な分断を明らかにした由井・加茂（2009），東京都心に暮らす女性の居住地や就業地選択のパターンから都市システムに及ぼす女性の生活行動の影響を検討した若林（2004）などの研究がある。近年の地理学における就業・生活行動の実証的研究の功績は，何よりもこれまで明らかにされてこなかった女性やその他主体が，一体どのような社会的・文化的状況に晒されているのか，彼／彼女たちが一体どのような生活実態をもつのかについて，生産領域／再生産領域のそれぞれから，具(つぶさ)に把握しようとする試みにある。

さらには，グローバル化やこれに伴う新しい社会的・地域的変化のなかで，生産領域／再生産領域の垣根を越えた女性たちの新たな動きの可能性と課題を，実証的な方法論により捉えて明らかにしようとする研究も散見される。久木元ほか（2014）は，高度経済成長期に開発された中京大都市圏の高蔵寺ニュータウンにおける調査をもとに，団地からの公的主体の撤退に伴うニュータウンの地域社会の変化について注目している。そこでは，住民が中心となったNPOなどの誕生や，これら主体による地域的ニーズ（おもに保育問題）の対応が示されている[11]。子育て支援や生活情報など，ニュータウンの新しい世代の住民となっている若い家族たちが抱えるニーズが，実質的に地域に暮らす女性たちの経験によって支えられている現状が明らかにされている。また，これら研究をまとめた久木元（2016）でも，保育という観点から，(1) 経済・産業的，(2) 社会・文化的，(3) 政治的要素が関連しあう総体としての地域的文脈，さらには，この文脈の中で保育サービスの供給体制の一部を担う要員として母親，女性たちの生活実態を考察している。

また，松本（2008）は，神奈川県の住宅団地を対象に，地区計画の策定の中

で地区に暮らす主婦層が中心的な役割を果たしており，これまで就業により地域に不在であった退職男性たちを巻き込みながら，地区のリーダーとして住民と行政の橋渡しを行い，地区計画策定の実務と意思決定に貢献したことを明らかにしている。とくに，近隣住民の均質化と彼／彼女たちの高齢化のなかで生じてくる，地域コミュニティの深刻な問題に対して，自らイニシアティブを執って積極的に参加する「公的人材」としての主婦を描き出している。こうした研究は，地域や家庭の中で再生産にかかわる主体として知られてきた主婦のイメージを改めるとともに，再生産領域そのものが公や官ではなく，そこに暮らす住民の参加によって創り出されるようになったことを示している。

女性たちの就業とその課題については，稲垣（2014）が，奈良県生駒市の郊外住宅を事例に，少子高齢化，1990年代を境に急増する非正規雇用化を背景とした既婚女性の就業の継続傾向を分析する。地域や家庭から物理的な距離の近い地域において働く志向性を示す既婚女性たちの分析から，今後，郊外住宅団地が夫婦共働き世帯の生活ニーズを満たせるのかを検討している。また，日本の都市空間の変化をグローバルな観点から検討した中澤ほか（2012）は，2000年代以降の日本からシンガポールへの女性たちの海外移動を検証しており，「高度人材」として人材派遣会社を通じて派遣される20代後半の単身の女性たちが，英語スキルの活用以上にどのような動機によりシンガポールへと渡るのかを論じている。これら新たな研究において共通して扱われているのは，90年代後半以降，都市空間をはじめさまざまな空間・場所における変化の波のなかで，生産領域と再生産領域の分断によって生じてきた，女性たちの新たなニーズや欲求への問いである。

2.3.2　ジェンダー概念の導入と都市住民の可視化

都市空間の変容を考えようとする際，これまで日本の都市空間をめぐる地理学的研究において関心の外にあった女性たちに注目すること，とりわけライフサイクルによる変化に対応しつつ，就業と家事役割をともに果たしながら，積極的に地域の形成に携わってきた，主体としての主婦に焦点を当てることは重要である。だが，これまで日本の地理学における女性を対象とした分析においては，彼女たちの生産活動と再生産活動を別々に切り分けて描き出そうとする

傾向が強かった（西村，2002）。吉田（2002）が指摘しているように，こうした分析視角では，都市空間の変容に伴う主体としての意識や行動を，断片的・固定的にしか捉えることができず，都市生活における住民の日常実践をめぐるダイナミズムを十分に汲み取ることは難しくなる。

すでに述べたように，再生産労働が展開される空間，およびそこから派生するジェンダー関係を扱った研究は，日本ではまだ決して多くないが，1990年代から，都市空間における生産／再生産の分離，そこで序列化される両者の不平等な権力に基づく関係性に着目した，いくつかの先駆的研究が蓄積されている（吉田，1993；田子，1994；松井，2000）。例えば，影山（1998，2004）は，郊外のニュータウン地域の市民活動に焦点を当て，主婦たちの地域における実践・認識を分析し，生産領域／再生産領域の接合を目指そうとする彼女たちの活動を，「再生産活動を越える可能性をもつもの」として着目し，評価している。また吉田（2006a）は，そもそも生産から切り離された郊外空間が，防犯の名のもとに女性たちの生活を囲いこんでいる状況を，家父長制を基盤として発展してきた都市政策や住宅政策とともに，批判的に論証している。村田（2000）は，都市空間において男性も必ずしも一枚岩ではなく，ジェンダー規範の中で秩序化された都市空間において，ふるまいや存在を制約され得ることを指摘する。

これらの成果は，従来の研究では明らかにされてこなかった，ジェンダー構造の変化とこれに伴う新たな都市空間形成の可能性を，実証的に明らかにするものといえる。それはこれらの研究成果が，これまで都市空間をめぐる地理学的研究において，自明の前提[12]として見過ごされてきた家父長制や核家族における家庭内役割，女性の二重労働などの不平等，これを可能にさせてきたジェンダーをめぐる権力の存在を浮き彫りにし，この状況に依存し続けようとする都市空間構造を問題視しているためである。

近年，社会の構造変化に伴って，都市空間を支えてきた既成の制度や規範は，次第に不適切なものになってきた。このような事態は，家族形態や個人的アイデンティティ，他者との社会関係や労使関係など，個々の主体の生き方にかかわる側面の再定義づけを強いている（吉田，2002）。こうした新しい変化への地理学的な関心から，日本では1990年代後半から2000年代にかけて，表象や景観，広告（ポスター）など都市空間におけるシンボリックな対象から権力

性を読み取る研究も行われ始めた（例えば，村田，2009；阿部，2011）。そして，Murata（2005）および村田（2009）では，地理学におけるジェンダー研究は，人種，階級，異性愛といった覇権主義的な概念に大きく影響を受けてきたことを指摘する。それゆえ，このような概念の中で女性／男性というカテゴリーを「普遍的」で，「首尾一貫」した主体として論じることは，極めて固定的なジェンダー関係を規定し，男性主義的な地理学を（再）強化してしまうことにつながると危惧する。

　研究の対象として有徴化され，客体化されてきた女性に対する視点を見つめ直し，空間構築の主体として当然視されてきた男性，男性性とその変化について注目した研究についても触れておきたい。例えば，公共空間における中年シングル男性の生きづらさを，実証的な手法で描き出した村田（2000）や，性的マイノリティの言説に注目しながら，公共空間において規定される「男性」という意味について検討した村田（2002）などは，日本の地理学研究においてはじめて，空間を構築する「男性」という主体，研究の前提として当然視されてきた彼らのジェンダーに注目する有効性を示した。

　また，関村（木村）（2010）は，かつてさまざまな男性性の中で優位を占めてきた男性性の形式である「覇権的な男性性（hegemonic masculinity）」が，女性たちとの関係のみならず，従属化された男性たちとの関係においても構築されているものであることを指摘し，男性性がライフステージなどにおいても常に変化の可能性をもつものであることを考察している。そして，熊谷（2015）は，男性性とその危機について指摘しており，グローバル化，これに伴って加速する非正規労働化の流れの中で，「稼ぎ手」としての自己実現が望めなくなった男性たちのフラストレーションや，そこから発動される行為を，ドメスティシティ（domesticity）という概念をヒントに，家庭や国家という場において分析・検討し明らかにすることを試みている。

　最後に日本の地理学において，都市空間の住民を可視化する近年の新たな研究関心を，いくつかみておきたい。まず，これまで都市空間を理解するうえで，当然視されてきた二元論的理解を越える「ホーム」というスケールを再定義している福田（2008）では，英語圏におけるホームや郷土に関連する研究動向を通じて，個人の身体やキッチン，リビングといった空間が，単なる郷愁や思い

出の場として限定されるものではなく，抑圧や抵抗，時にはナショナルなアイデンティティを含む多義的な経験の交差する場であることを指摘している．

また一方で，都市空間とセクシュアリティをめぐる問題について論じた吉田（2010）では，奈良における朝鮮戦争の米軍休暇施設の周辺に展開する歓楽街の分析・検討から，歓楽街で働く売春婦や商売に携わる者（ポン引き），そしてこれを利用していた米軍兵士などを，他者化する地域社会のまなざしを描き出し，都市空間の二分法からこぼれ落ちてしまう主体の存在を明らかにしている．加えて久島（2017）は，合理的と対置される「反合理的な」主体としての女性，理性と対置され取るに足らないものとされてきた身体，それゆえ地理学的研究の対象から抜け落ち，研究の対象として扱われてこなかった女性の身体に焦点を当て，個人と社会の利害が交差する「からだ」という空間を都市空間の研究とともに改めて整理する．

新たな試みをなす近年の都市空間の研究では，アイデンティティやネイションなどを付帯した，さまざまな個人の空間・場所における実践を，固定的で閉じた二項対立ではなく，常に動態的な想像力をまなざしから浮かび上がらせようとする（石塚，2010）．これは，まさに個々の主体を常に流動する社会諸関係の「結節点」として捉えるようなまなざしであり，こうした研究の潮流は，これまで家父長制を背景とした都市空間の二項対立構造に対して，ジェンダーをめぐり重層的に交差する指標をいかに明示させるかという試みであるだろう．

2.4 都市空間をめぐるジェンダー地理学の視点と課題

これまでの検討をふまえ，欧米のフェミニスト地理学と日本の地理学における都市空間とジェンダーに関する研究を比較し，今後の課題について考えてみたい．

フェミニスト地理学者たちは，既存の都市イデオロギーを批判的に再考する研究を行ってきた．そこでは，マジョリティであり，生産労働の担い手である，「健康な，成人の，異性愛主義的な」男性を中心的な主体として捉えてきた従来の研究に対して，女性や子ども，同性愛者など見過ごされ続けてきた存在への認識を改めて問い直すことで，都市空間の権力関係を浮き彫りにしようとす

るジェンダーの視点からの研究が行われてきた。フェミニスト地理学から，新しい成果が生まれつつあるのは，従来の研究に欠落してきたジェンダー概念の導入により,「他者」として扱われてきた多様な主体の考察に焦点を当てているためである（影山，2006）。

都市空間とアクターとしての女性を的確に捉えようとする研究は，英語圏諸国におけるフェミニスト地理学において活発に展開されてきた。1970年代の女性の就業に関する研究に端を発し，1980年代の職住分離とさまざまなレベルでの二項対立構造の実証的研究を基盤として，最近10年間で人種，階級，セクシュアリティなどの重層的な座標軸をジェンダー構造にクロスし，分析するまでに至っている。一方で，日本ではこのような英語圏の流れを受ける形で，1990年代前半より都市空間をめぐる地理学研究および行動地理学の分野のなかで，就業にかかわる女性の生産領域への進出や，育児・家事など再生産領域における生活行動パターンの実証的研究が積み重ねられてきた。だが，その流れは英語圏諸国におけるフェミニスト地理学と異なる様相を呈しているように思われる。

先に述べたように, Bondi and Rose (2003) は，ジェンダーと空間をめぐる「再分配」から「承認」へのポリティクスの移行の問題について語っている。しかし，日本の地理学においてジェンダーをめぐる「再分配」の問題については未だ十分な議論がなされておらず，「承認」に至っては問題提起すらされていない。この背景をつくりだしている要因に，都市空間や経済的構造の特質の違いに加え，女性をめぐる経済的・社会的地位の落差と，これらをとりまく制度的な差異という二点が考えられる。前者に関して，欧米に比べ均質性の高い日本の都市社会においては，都市開発問題などにエスニシティや階級が反映されにくいという側面も見逃すことはできない。だが，とくに後者に関していえば,「家計補助的な女性の働き＝パート」という概念が当然のように定着しており，当事者である女性たちからも要求事項としてあまり問題化されていない実情がある。ゆえに英語圏諸国，とくにアングロアメリカ社会のフェミニスト地理学の動向とは異なり，日本においては「再分配」と「承認」とを，ともに関連させながらジェンダー地理学の課題追求がなされるべきであろう。

最後に加えておきたいのは, 日本の地理学においては, 都市空間とジェンダー

をめぐる背景にある家父長制的構造，つまり空間形成に影響する権力性の問題への認識が，欧米に比べて希薄なことである．吉田（1996）が指摘するように，男女の不平等性を空間的事象として機械的に表現するだけでは，現実の都市空間を生きる女性（男性）たちにとって，その改変の手がかりを得ることは難しい．ジェンダーに関する地理学的な議論を行う主体に関しては，こうした属性をもつ人々（女性，社会的・文化的マイノリティなど）の「専売特許」であるという意識が，多数派の男性研究者の間には根強い．地理学という学問領域そのものが，長きにわたり男性中心的な制度として「ジェンダー化」されていたという背景の中で，日本の地理学者たちが自らのポジショナリティを強く自覚することが求められている（吉田，2006b；木村，2009；熊谷，2013；Yoshida，2016）．

以上，第2章では，都市空間をめぐるジェンダー地理学の視点と課題について，国内外の先行研究を整理し，地域「参加」とそのジェンダー的公正について「再分配」（redistribution），「承認」（recognition）という二つの基軸から検討することの有効性を確認した．本書では，このようなジェンダー地理学の理論枠組みを用いて，日本における都市郊外空間の住民「参加」をめぐる実践について分析・検討していきたい．続く第3章では，都市郊外空間の形成と発展，過渡期から現在に至るまでの変遷を概観し，ジェンダーの視点から検討する．

（注）
(1) 本書では，社会的・文化的な性差を起因とした事象を，地理学的見地から探求しようとする研究全般をジェンダー地理学とする．この中にはフェミニスト地理学も含まれる．
(2) 吉田（1996）は，「フェミニズム地理学」という表現を用いているが，本書では，フェミニスト地理学（feminist geography）の定訳を変更しない．また，ここで指し示すフェミニスト地理学とは，研究者の男女の区別なく，ジェンダー地理学の範疇にありながらジェンダーから生ずる権力性にとくに自覚的であり，知見を通じて男／女の権力関係の改変を目指していこうとする研究のことである．
(3) フェミニスト地理学の初期の研究対象は私的領域に焦点をあてるものが多く，公共サービスへのアクセス，家庭と職場の距離など，空間的分断がメインテーマとなった．これらの研究は，主婦や母親といった女性に課せられた性別役割への関心から「女性の地理学」と呼ばれた．

(4) インナーシティなどでみられる近隣地区の変化形態の一つ．労働者階級や貧困層が多く住む小住宅地区が荒廃し，スラム化が進んだ後の段階として，こうした住宅地区の買収や賃貸契約の非更新によって貧しい住民を退去させ，富裕層や不動産開発業者などがマンションや高級戸建住宅に建て替える．こうした住宅には，CBD の職場や高級小売店へのアクセスを求めて，所得階層の高い夫婦世帯や核家族が流入する．その結果，住民の全般的な社会的・経済的地位と地区の建物構成に急激な変化が生じる現象をさす（山本ほか，1997）．なお，ジェンダーを含む，ジェントリフィケーションと空間に潜む権力の諸関係についての検討は，原口（2016）に詳しい．

(5) オペア（au pair）とは，住み込みで子育てや家事を手伝う外国人（労働者）のことを指す．同文献によれば，家事などを手伝うことと引き換えに，その家庭内に安価に滞在できることから，おもに言語や技術などの習得を目的とした人々が多く含まれる．

(6) そこでは，女性たちが伝統的な核家族スタイルにおいて，家庭内役割を遂行させることができるような近距離の職場を選択し，就業するというパターンが暗に想定され，このことが前提となった議論が多く展開されていた．

(7) このほか，世帯というスケールについてのこれまでの画一的な見方を批判し，脱工業化とともに家族や世帯がいかに従来とは異なる変化を経験しているのかを，「静かな統計」として提示し明らかにした Buzar et al.（2005）がある．

(8) 「支配／従属の構図からの解放」という点において，フェミニスト地理学者は，ポストコロニアリズムからの影響も強く受け，1990 年代以降より脱欧米主義的な枠組みが模索されている．

(9) 国家など既存権力に支配された空間に対して，人間の生きる場所や空間，多様なアイデンティティや認識などが醸成される場を含む「第三の空間」（ソジャ，2005）についての研究も行われはじめている．

(10) フレイザー（2003）では，「再配分」と訳されているが，本稿では redistribution の定訳に従い「再分配」とした．

(11) 集合住宅団地における地域インフラの不足問題については，インフォーマルな育児ネットワークとともに論じた小林ほか（2010）においても，住民である母親たちの動きとともに詳しく検討されている．

(12) このことは，まさに「地理学者たちが空間や場所に起こる事象の背景にある権力関係を不問に付し続けた」とする，およそ 40 年前の論考 Tivers（1978）が指摘するところである．

第3章　都市郊外空間の変容と住民の参加をとりまく問題

3.1　高度経済成長期における職住分離と郊外空間の誕生

　前章では，都市空間を分析・考察する上でのジェンダー視点の必要性を，英語圏諸国や日本における地理学の近年の研究動向を通じて考察し，理論枠組みとしてのジェンダー地理学について検討してきた．本章では，このようなジェンダー地理学の視点に基づきながら，郊外空間における住民参加を議論するにあたって，その背景となる日本における郊外空間の形成と展開，これを支えてきた日本の経済社会の構造と制度的な背景を提示したい．

3.1.1　高度経済成長期における都市人口の増大

　高度経済成長期の日本では，地方から都市へと人々が移り住み，大都市圏の人口が急増した．東京をはじめとする大都市圏では，住宅が大幅に不足し，深刻な問題となった．これに対して，1955年に設立された日本住宅公団（現・独立行政法人都市再生機構）などの公的開発や，民間ディベロッパーによる宅地開発が活発化した．それにより都市郊外には一戸建て住宅地のほかに，2LDKなどの間取りに代表される集合住宅団地の新たな宅地開発と大量の住宅の供給が行われた[1]．

　流入した郊外第1世代は，ライフステージの高まりとともに世帯人員を増加させ，勤める会社の寮や社宅から木造賃貸アパートや賃貸の公営集合住宅団地[2]へと住み替えを行っていった．質の高い賃貸住宅の供給が限られていたこともあり，生活の安定とともに，彼らの中には大都市圏での定住を視野に入れ，持ち家の取得に生活水準向上の証を見出す人々も現れはじめた．

新たな都市住民の持ち家取得への意欲は，銀行の住宅ローンサービスの登場や会社による住宅購入補助などの充実により一層高まりをみせた。これに呼応するように，鉄道（私鉄系）資本の系列会社などによる沿線開発の進展と並行して，中小規模の民間不動産業者による農地買収と小規模宅地の供給や，地主層による土地区画整理が活発になされるようになり，バリエーションに富んだ分譲住宅開発が展開された（角野, 2000：16-20）。

このような分譲住宅の供給は，都市郊外にスプロール状に展開された。大都市圏への人口集中は，鉄道路線の発展とともに都市の周縁部に拡大していった。都心から周縁に発達した市街地は，鉄道沿線に小さな DID（Densely Inhabited District：人口集中地区）を形成しながら飛び地的に展開し，後から宅地化された土地を吸収しながらまた新たな DID を形成しつつ広がっていった。民間資本による宅地開発は衰えをみせず，1965 年以降も後発的な市街地拡大は続いた。だが，都市郊外部への市街地化と縁辺部に形成される住宅の質は，必ずしも良好なものではなかった[3]。そのうえ，無秩序にスプロール状に開発された宅地によって形成された DID は，いつしか良好な条件のもとに開発された戦前の郊外住宅地までものみ込み，郊外の全般的な住環境，住宅の品質，および郊外に付随するイメージを損ね始めたのである（角野, 2000：71-73；花形, 2006）。

三大都市圏を中心として，都市郊外における住宅の乱開発やミニ開発が行われ始めたことを受け，これを懸念した国や自治体，日本住宅公団によってとられた施策が，ニュータウン計画である（図 3-1）。この計画では，公的な大規

図 3-1　多摩ニュータウンにおける開発の過程
（注）写真左は造成中（1970 年頃），右は入居開始後（1985 年頃）の様子．
（資料）東京の都市計画百年, 1989．

3.1 高度経済成長期における職住分離と郊外空間の誕生　35

図 3-2　京王帝都電鉄（現・京王電鉄）による桜ヶ丘団地の開発
(注) 写真左右ともに, 1963 年頃の分譲地.
(資料) 多摩ニュータウン開発の軌跡, 1998.

模宅地開発によって住宅難とともに，無秩序な宅地開発によるスプロール化現象に対処することを目的としていた（東京都都市計画局，1987：10；上野・松本，2012：8-9）。また，沿線イメージを改善させたいという私鉄資本によっても，大規模住宅開発が進んだ（松原，1982）。最寄りの鉄道駅から離れた山地や山林などを切り開いてつくりだされた，これまでのミニ開発とは異なる緑豊かな大規模な住宅地区の出現は，郊外の景観を一変させた（図3-2）。とくにニュータウン計画などに携わるディベロッパー側は，住民の利便性のために住機能のほか，教育施設，商業施設を配置することにより，都市としての機能を有するまちづくり[4]が行われるようになったのである。

3.1.2　職住分離構造と郊外空間の誕生

　持ち家政策に基づく郊外住宅地開発では，結果として住環境の充実に特化し，田園に囲まれ他の地域から孤立したニュータウンは，皮肉にも再生産のための空間としての特性を強めることになった。また，このような計画空間は，良質な労働力確保のための住宅供給を目的としてつくりだされており，世帯構成，入転居期などライフサイクルの似かよった均質的な住民を特質とする。すなわち，均質的で健全な「核家族の容器」（西川，2003），あるいは「家族を容れるハコ」（上野，2002：16）としての住宅が郊外に大量に供給されたことを意味する[5]。その結果，核家族世帯の家族役割が前提とされ，男性サラリーマ

ンである夫の勤める職場が立地し，商業・ビジネス機能に特化した都心に対し，専業主婦である妻が家庭内労働に従事する住機能に特化した郊外空間が誕生し，東京を含む日本の大都市圏は，完全な職住分離の構造をもつようになった。

そもそも，日本の郊外住宅団地およびニュータウン計画のもととなった，E.ハワードの構想は，職住近接の都市計画思想に基づいていた。ハワード（1968）によれば，田園都市とは都市の過密化を防ぎ，健康な生活と産業のために設計された街である。周囲を村落に囲まれ，社会生活を営むのに十分な規模であり，土地は公的所有かもしくはそのコミュニティに委託されるというものである。それゆえ，土地の開発にあたっては，将来の開発行為が容易にできるように，自治体が適切に管理運営してその投機的行動を抑え，住民は街のなかにおけるコミュニティ維持やインフラストラクチャーの保持に努めることが期待された。また，田園都市は居住，労働，余暇の3つの機能が1カ所で享受できる社会であり，田園都市構想が初めて実現されたイギリスのレッチワースでは，都市的な特性と農村的な特性とを併せもつ社会に魅了された都市の中産階級が多く入居した（東ほか，2001：34-37）。

この一方で，日本における郊外住宅団地やニュータウンの構想は，第一に住宅難の解決が優先されていた。このような背景に基づき，多機能都市としてではなく，秩序ある大規模住宅地の開発，住宅不足に直面する都市労働者の居住の受け皿としての役割が目指された。これは，日本の高度経済成長期に生活環境よりも経済発展が重視された結果であるといえる。また，日本のニュータウンの場合，住宅地を中心とした街として開発されてきたため，ベッドタウンとしての意味合いが色濃く（図3-3），都市としての機能が「住む」，「生活する」，つまり再生産活動に限定され，生産活動から分離されているという特質をもっている（西川，2003；秋山，2005）。

ルフェーブル（2000）は，近代以降形成された郊外空間が，大量に生産することのできる商品として，画一的に市場に生み出された側面を明らかにし，「工業製品としての空間」の誕生を指摘する。また，こうして市場にさらされた計画空間を，国の社会政策との関連から，「同質で量的な総体的空間の採用と，生活世界を閉じ込めたままにしておく強制とにより設置されたハコ」（ルフェーブル，2000：490-491）として批判的に考察している。

3.2 郊外空間の形成とその問題点　37

図 3-3　入居者を迎えた多摩ニュータウンの様子（初期開発地区）
（注）写真左は通勤時のバス停（1971 年），右はニュータウン内のショッピングセンター（1971 年）
（資料）多摩ニュータウン開発の軌跡，1998．

　このような見解は，計画性を含む街であるニュータウンについて，西川（2003）も同様に示している。西川によれば，「計画性とは，目的が明確なことだけでなく，意図されていることを示す。郊外住宅においては，住むこと，生きることそのものが生産のための空間論理に従属している」（西川，2003）のである。実際に，郊外空間の住宅団地には「男性稼ぎ手モデル」の上に立つ，中高所得の世帯の同一世代による，一斉入居がなされた。その結果，郊外空間は異なる国籍や異なる階級，また異なるセクシュアリティをもつ人々は排除され，多様な社会・文化的要素を断絶し，均質的な核家族世帯の規範のみが支配する空間が生まれたのである。とくに日本型ニュータウンは，家族の戦後体制を最も整然と都市空間に反映したものであった。

3.2　郊外空間の形成とその問題点

3.2.1　日本の職住分離構造における家族の役割

　1970 年以降，当時人気の高かった各地の郊外住宅団地やニュータウンに住民が続々と入居を始める頃，妻である女性たちの存在は，専業主婦として無償の家事労働に専念することで，「日本型都市システムの主要な構成要素」として組み込まれていった（落合，1994；上野，1994a，2002）。一方，夫である男性の存在もまた，世帯収入の稼ぎ手として都心への長距離通勤，都心での長時

間滞在に専念することで，同様に日本型都市システムの構成要素に組み込まれていったのである（西川，2000：51）。

産業化の中心的な労働力となった男性たちが，家庭の外で働くために，これをサポートする労働力となったのが，主婦としての女性であった（オークレイ，1986：44-45）。日本においても，食事の準備や洗濯，健康管理など，働き手である男性をケアする役割を既婚の女性に担わせることで，企業（雇い主）や国は貴重な労働力を健全な形で保持するというシステムを見出したのである（落合，1994：100-101）。このようなシステムは，制度と権力構造という物質的基盤を伴う家父長制[6]から成り立っており，生産労働に従事する男性のケアを主婦たちが無償で行うことで，労働力の健康管理にかかる企業や国のコストを削減させることにもつながった（上野，1990：21）。

職住分離の構造は，長時間労働を基盤とする職場と家族賃金の充実を背景として，郊外から都心への長時間通勤・長時間労働をこなす夫と，フルタイムの家事・育児に従事することでそれを支える妻の存在によって再強化されていった。影山（2004）が指摘するように，日本の大都市圏におけるこのような職住分離の都市空間構造自体が，「生産労働に従事する男性」と「再生産労働に従事する女性」という明確な性別役割分業の二項対立をゆるぎないものとして再生産してきたといえる（影山，2004：7）。職住分離構造において，とくに教育や消費などの住機能に特化した空間である郊外空間の誕生は，企業福祉に基づく家族賃金をまかない，「企業戦士」として働く夫を癒すための配偶者（妻）が控える「休息の場」として，換言すれば，生産を支える再生産[7]のための空間として機能したのである（西川，2003）。

かくして，日本の職住分離構造は，核家族を基盤として男性が職場で長時間働き，女性が家事・育児を一手に引き受けるという仕組みとともに成立することになった。女性の家事への従事は，もちろん戦前の農業や自営業を中心とした社会の中でも長く行われてきたことである。しかし，戦後の産業化，とくに高度経済成長期以降に芽生えたこのような仕組みが，従来の日本の家族役割分業と大きく異なるのは，既婚女性がほぼ単独で家事・育児に対する責任を負う存在になったということであった（Ochiai, 1997）。日本において，女性が「家庭を守る」ということは，労働力の主体である夫の健康を管理し，子どもを産み，

育て，時には家計補助的なパート労働に専念することを意味していた。つまり，女性たちはもっぱら再生産労働に徹する存在として，社会に定着していったのである[8]。

3.2.2 「男性稼ぎ手モデル」に基づく日本の社会保障制度

戦後の経済成長のなかで，大企業に務める既婚の男性たちは，「一家の長」として妻や子どもを養うだけの給料を，企業から得るようになった。これら「中流」の核家族世帯においては，夫の雇用と所得が家計を支え，妻が夫に対する再生産労働を提供するという「男性稼ぎ手モデル」が一般化していった（伊藤公雄，2003：46-48）。大企業や官公庁においては，男性の正規社員を長期的に雇用する終身雇用制や，年齢・勤務期間に応じて昇進・昇給させる年功序列制が慣行として定着し，核家族を支える日本型雇用慣行[9]も誕生した。この日本型雇用慣行も，核家族の性別役割分業を基盤とする「男性稼ぎ手モデル」を前提としたものであることは言うまでもなかった。

「夫は会社中心／妻は専業主婦」という性別役割分業を軸とする核家族は，労働市場に対する再生産機能を担い，それ自体が再生産の「装置」となっていった（落合，1994：38）。というのも，社会的セーフティ・ネットとなる日本の社会政策システムも，これを下支えする核家族のジェンダー編成を原理とし構成されたためである（大沢，2002：20）。健康保険，雇用保険，年金などの社会保険は，雇用者である男性世帯主の疾病，失業，定年退職などのリスクに応じて備えられており，妻や子どもは世帯主に付随して保証されるという仕組みである。この仕組みにおいては，大企業の男性正社員ほど手厚い保障を提供された。

大沢（1993）は，日本の社会保障体系の特徴を次の3点にまとめている。すなわち，(1) 生活は何を差し置いても第一に家族で支えあうものであり，(2) 男性雇用者のニーズを中心に世帯で設計され，(3) 大企業の労使双方の関係にとって有利であること，である。これらはそれぞれ，「家族だのみ」，「男性本位」，「大企業本位」と換言されるが，税制面でもこれらの基本的特徴が如実に表れていると，大沢は指摘している[10]。1961年には，給与所得者の配偶者控除が導入された。結婚退職を当然視する職場の慣行に加えて，女性はこのような制

度を通しても，勤め続けるよりも被扶養の妻となるように促された。彼女たちは，専業主婦ないし夫に扶養される範囲内でのパート就労で，「内助」に努めるように誘導されていったのである（上野，1990：207-208；落合，1994：19-20）。

　男性本位，企業本位に裏打ちされた社会政策，そしてこれを反映する日本の社会構造は，都市空間においては生産労働の場は都心部にあって，その役割はおもに男性が担い，再生産労働の場である家庭は郊外にあって，その役割はおもに女性が担うという構造を，いよいよ定着させることにつながった。税制面の核家族世帯への優遇とともに，男性たちが公的領域としての職場において家族賃金を得ることが一般化するようになると，女性たちは私的領域としての家庭において，子どもの世話と家事労働を行いながら，夫の帰りを待つ存在となった（久場，2005）。このような核家族の生活スタイルは男性の場合,「妻子を養う」という経済的役割が男らしさと結びついて，ある種の甲斐性として定着した。また，女性の場合は，「夫に尽くす」という情緒的役割を伴う家事労働が，女性にとって価値ある「天職」とみなされていったのである（山田，1994：162-163）。

　ところで，日本の社会保障制度においては一見，企業に雇われる世帯主（夫）が専業主婦である妻や子どもを養い，家族は世帯主の働きに依存するという核家族の構図が支配的であるかのようである。これに対して，大沢（2002）は，核家族における社会保障制度は，「日本型福祉社会（国家）」を目指すためになくてはならないものであり，老後の生活保障を確実にするためのものでもあると指摘する（大沢，2002：88-89）。つまり，世帯主である男性の老後というものは，妻である既婚女性によるケアやその子どもたちの二世帯同居（または近居）によって守られることが期待されているという。このような指摘を考慮すれば，女性が家庭内への福祉を生産・供給し，男性はその福祉を消費・享受するという性別役割分業の関係が，ライフサイクル全般にわたって期待されているということになる[11]。核家族は，会社に身も心も捧げて競争と効率の実現に邁進する夫と，家庭責任の代行はもちろんのこと，老後も夫の人生の支えとなり労力を奉仕すべき妻というユニットとして初めて成立し，存続し得るのである。

　福祉国家の比較研究で知られる，社会学者のエスピン・アンデルセン（2001）

は，欧米の福祉国家体制を以下の3つに類型化している。(1) 国による公的な福祉給付は最低限に抑え，基本的に企業福祉や個人年金など私的福祉で補助される，アメリカやカナダなどの「自由主義的」福祉国家，(2) 伝統的な家族制度を保持することにより，家族支援型の福祉の充実を図り，家族の能力が不足した場合にのみ国家が介入する，フランスやドイツなどの「保守的」福祉国家，(3) 脱商品化（decommodification）された普遍主義的な福祉プログラムが用意され，このサービスを利用することで人々が市場に依存しない状態で生計を維持できる，北欧などの「社会民主主義的」福祉国家，である（エスピン・アンデルセン，2001：19-31）。

　エスピン・アンデルセンによれば，日本の社会政策システムは，各国のこれまでの類型と比較しても特異な事例であり，分類はきわめて困難[12]であるという。それは，彼の類型がジェンダーや家族の指標を分類に組み込んでこなかったからであり，20世紀後半の福祉国家が，家父長制に基づく「男性稼ぎ手モデル」の家族のあり方を前提としていることを考慮すべきだったのではないかという批判もある（三浦，2003）。こうした家族のあり方が，近年欧米諸国で変容することに伴い，武川（1999）は，福祉国家も「脱家父長制化」[13]の方向をみせているとしている（武川，1999：156）。さらに，こうした流れを受けて，武川（2007）は，このような福祉国家の動向のなかで，税金・社会保険の負担や，育児休業などの家族支援などが，世帯単位から個人単位になっているかといった指標を，新たに盛り込むことの必要性を述べている（武川，2007：96-97）。しかし，日本では「脱家父長制化」の度合いは，まだ低いといわなければならない。

3.3　職住分離を支える前提の崩壊と郊外空間の変容

3.3.1　職住分離を支える前提の崩壊

　これまで述べてきたように，ジェンダー役割分業に基づく核家族の形成と，これを促す日本の社会政策を背景として，都市空間は生産活動を行う公的領域と再生産活動を行う私的領域とに分離した。こうした都市空間の職住分離と郊外空間の発展には，単なる労働者向けの住宅不足の解消（緩和）だけではない，

さまざまな問題や矛盾を解決するための核家族のための住居の提供，つまり「核家族の容器」の供給という明確な目的があった（西川，2002）。

1955年の日本住宅公団法から始まった日本の都市圏の住宅政策を皮切りに，公営住宅，公庫住宅，公団住宅，そしてニュータウン計画に至るまで，いわばこの「容器」の提供が目指された。落合（1994）は女性の主婦化とともに成立する，性別役割分業を前提とした核家族の戦後体制を指摘しているが，この家族の戦後体制の制度的な装置と規範を実際に整備・確立させたものが，住宅政策であった。

しかし現在，終身雇用制や年功序列賃金といった日本型の雇用慣行の衰退とともに，ジェンダー役割分業に基づく家族の戦後体制は崩壊しつつある。それに伴い，日本の都市空間は大きな変貌の過程にある。これまで見てきたように，高度経済成長期に形成された郊外空間は，均質な核家族世帯の生活空間として位置づけられ，住機能に特化した労働力の再生産のための空間として発展してきた（若林，2007：40-42）。しかし現在，人口・都市機能の「都心回帰」，少子高齢化の進行に加え，住居・施設などの建造環境の老朽化，さらに近年では，民営化に伴う自治体・公的部門のリストラクチャリングの波によって，生活空間の存続が危ぶまれる状況が生まれている。

これらの問題は，「男性稼ぎ手モデル」を前提とした職住分離の二項対立的構造の崩壊と，これによって循環してきた都市システムがもはや十分に機能しなくなったことを意味している（渋谷，2007）。そして，この影響は「核家族の容器」として日本の社会構造を再生産してきた郊外空間に，最も強く表れている。既存の固定的なジェンダー役割や，核家族としての規範を強いられてきた前提の見直し，住民の生き方を規定してきた画一化された空間の機能を改めて検討しない限り，もはや都市空間，とくに家族の再生産の場所として宿命づけられてきた郊外空間の存続が困難とされているのである（影山，2004：124）。

そこで本書では，変容する郊外空間に暮らす住民たちの地域コミュニティにおける活動に注目し，多様な住民主体の生活実践を通じてつくりだされる社会関係と，これに根ざす空間における秩序，とくに都市空間を規定してきたジェンダー秩序の組み換えや，既存のジェンダー役割を超える関係性を再構築しようとする男性退職者と主婦たちの動きを，詳細にみていくことにする。

3.3　職住分離を支える前提の崩壊と郊外空間の変容　　43

図 3-4　本書の事例研究における対象地域
（資料）著者作成.

　本書が対象とする計画的な郊外空間とは，都心に通勤し，家族賃金を得る中流ホワイトカラーのサラリーマン世帯による家族モデル，ライフスタイルが体現される空間である．さらに，本書でテーマとするのは，このようなサラリーマン世帯，ひいては近代核家族にむけて生み出されてきた「ハコ」としての郊外住宅地であり，職住分離の政策のなかで整備され，空間的な広がりとしてその政策的な思想を表出してきた郊外空間である．もちろん，郊外空間には多様性があり，その形成過程では職住分離の政策に想定される特定のモデルや施策に当てはまらない人々，階層もあったことはいうまでもない．しかし，本書はあえてモデル化された職住分離の計画空間の「体現者」として，中流ホワイトカラー層の世帯に属する住民に注目する．すでに述べてきたように，郊外空間を支えてきた社会的・経済的な基盤が変容する中で，郊外空間における住民がどのような対応をみせるのかを検証していく．
　なお，本書で取り上げた事例研究における対象地域は，東京都の西郊に位置する多摩市桜ヶ丘および八王子市南大沢である（図 3-4）．多摩市桜ヶ丘は，

京王電鉄株式会社によって開発され，1962年に分譲された沿線イメージ向上のための高級住宅団地である。一方，八王子市南大沢は，東京都と東京都住宅供給公社および一部住区は住宅公団によってニュータウン計画の一環として開発され，1983年以降より入居が開始された。そして，若い核家族世帯に向けたインフラストラクチャーを兼ね備え，ニュータウンのなかでも比較的新しい住宅団地である。この2つの対象地域は，職住分離の計画空間の「体現者」として，中流ホワイトカラー層の住民の日常的実践を詳細にとらえていこうとする本書の目的を達成するために，適した地域であるといえよう。

3.3.2　近年における郊外空間の高齢化

大都市圏においては，都市への人口集中と鉄道を中心とした公共交通機関の整備に伴って，住宅地は空間的に拡大し，郊外へと広がっていった（高橋・谷内編，1994：2）。1960年代以降は，日本住宅公団や私鉄系企業が主体となって大規模な宅地開発が進められた（松原，1982）。このようにして開発された郊外の住宅団地は，入居時の住民属性が均質的であることにより，開発後30年から40年経つ現在，郊外住宅団地の高齢化[14]と呼ばれる状況が深刻化している（福原，1998：92；福原，2001：58-59）。

こうした郊外空間においては，多くの既婚女性は自らの主婦役割の延長として，近隣や地域コミュニティに人間関係の基盤をもつようになる（Golant，1972；岡本，1995）。これに対して，男性は勤労者として職場の存在する都心部で過ごす時間が長く，多くの男性住民にとって在職中に居住地域に社会関係を構築することは，時間的・精神的に大変困難なことであった（田原・神谷，2002）。その結果，定年退職を迎え，自宅で過ごす時間が増えても，地域社会に居場所が確保されていないために，社会から孤立してしまうケースが少なくないことが問題となっている（仙田，1993；田原ほか，1996）。

男性は長時間勤務により，職場以外ほとんどの友人関係を断ち切り，仕事以外の関係で自分の悩みを打ち明けられるような友人もいないまま，「一家の長」として働き続ける。仕事上のストレスを発散できるような趣味ももたない（もてない）まま，多忙な仕事をようやく引退し，無事に定年を迎えられたとしても，仕事以外の社会関係をもたない場合が多いのである。彼らは引退により職

3.3 職住分離を支える前提の崩壊と郊外空間の変容

場の縁（職縁）は希薄になり，育児に携わる経験も少なかったために，子どもとの関係も期待できず，家庭において妻に依存[15]した生活を送ることしか選択できないことが多い（伊藤，1996：66-67；田中，2009：106）。

こうした男性の生き方は，確かに自らの生活において自立性に欠けたものとして捉えられるかもしれないが，世帯主として仕事一筋で人間性を奪われるような働き方をせざるを得なかった経済社会システムや，「男は仕事」，「男は死ぬまで努力」[16]という価値観が，これまでの社会に根付いていたことも見逃せない（伊藤，1993：90-91）。彼らの配偶者（妻）が，私的領域に囲い込まれるように再生産労働に従事してきたことと同様に，彼らもまたもっぱら公的領域において生産労働に従事することを強いられてきたことを考慮すれば，男性たちもまたジェンダー役割によって，生きる空間を制限された犠牲者にほかならない（村田，2000）。

しかしながら，退職後の男性つまり男性退職者が自身の生活の大半を過ごすようになった郊外空間において，これまでの生き方や価値観を見直し，生活面や精神的な自立を見直し，新たな社会的生活基盤を築いていこうとする動きが生まれていることも事実である。これまでにも，退職後の男性住民の地域社会とのかかわりについては，社会学，老年学をはじめとして盛んに研究が行われてきた（大和，1996；矢部ほか，2002）。地理学においては影山（1994，1998）や田原ほか（1996）によって取り上げられてきたが，これらの研究は女性住民の視点から中心的に考察されており，郊外空間に生活する時間を多くもつようになった新たな「フルタイム住民」[17]としての男性退職者の姿は，あまり考慮されていないのが実情である。

欧米の先進工業諸国に続いて，わが国でもサラリーマン退職者の増加が顕著であり，退職者のホワイトカラー化が進んでいる。彼らが退職後，職場から家庭の存在する郊外へ人間同士の付き合いを中心とした社会的基盤を移そうとする際，なかなか容易にはいかないことが多い。退職後に地域での居場所を見出すことができずに，家庭以外の他者との関係を絶ち，生活の大半を家庭内で過ごす退職者が増加しているということは，マスメディアによって近年たびたび取り上げられている。このような状況は，退職後の個人の生きがいや生活の質などの問題にかかわるだけではなく，人口構造の変化が著しい郊外空間におい

て，地域コミュニティの運営・維持を誰が担ってゆくのかといった社会全体の問題にもかかわり，実態の把握が必要である。

そこで，本書第Ⅱ部においては，退職を契機として地域における人間との接点を新たにもち始めた男性退職者に着目し，地域での社会関係の形成を分析することで，男性の社会関係が再構築される過程を描き出す。また，ライフステージが高い長期居住者としての男性退職者が，新たに社会関係を構築しようとする過程を，郊外空間の変容の動きのなかで意味づけてみたい。

3.3.3 郊外空間と縮小化する行政機能

今日のグローバル化の中で，日本の都市空間は大きく様変りしている。「福祉国家の危機」が喧伝される中，自治体は公的サービスの見直しと削減を行うことにより，緊縮財政の下で地方自治の維持を目指している（渡辺，2004）。職住分離の構造の中で，これまで郊外空間は，性別役割分業を色濃く反映してきたが，企業の国際競争の激化に伴い日本型雇用慣行が崩壊し，非正規雇用が増大する中で，これまでのような「男性稼ぎ手モデル」に依拠することが難しくなっている（竹中，1999；武石，2002；橘木，2005：80）。

また郊外空間では，国による三位一体の改革やこれに伴う公共部門のリストラクチャリングにより，自治体財政の緊縮化，公共的な福祉の削減問題が，住民の生活に大きな影響を及ぼしている。税源移譲と補助金削減によって，自治体間には大きな財政力の格差が生じており，東京都心からおよそ30km以遠の自治体では，人口の減少と少子高齢化が進むとされている（星野・中里，2003；井上・渡辺編，2014：21）。住民の高齢化によって，公共サービスの需要は年々確実に拡大しており，財源確保が厳しい状況に置かれていることが指摘されている（宮澤，2006）。このまま公的サービスへの需要が拡大するならば，自治体の財政は硬直化し，地域住民の生活が深刻な局面に晒されることは必至であろう。

広井（2001）が指摘するように，成長が停滞あるいは縮小した社会をいかに生きるのかという課題は，持続可能な地域の発展を議論していく上でも重要である（広井，2001：14）。財政面の効率化とともに，民間による行政運営の参加を図ろうとする国の意向を受け[18]，2000年代に入り全国の各自治体で

は，業務の一部を民間委託，外部委託，嘱託などによるアウトソーシングを進めることで，行財政改革や住民による地域への参加を促す動きを活発化させている（宮脇，2002；伊藤，2003；小泉，2006）。そして，昨今の観光立国政策や，2020年の東京オリンピック・パラリンピック開催事業の只中にある日本においては，とくに行政がボランタリーな働きを要請し，市民がこれに答えるという一連の動きが，一層増えてきたように思われる[19]。

アウトソーシング（outsourcing）とは，外部資源の活用により人件費を削減し，繁閑の労働力を均する手段である。この手段によって，財源を生み出すことが可能になるため，近年，財政の窮迫化が進む多くの自治体が積極的に取り組んでいる（坂田，2004）。水田（2006）によれば，このようなアウトソーシングには，おもに（1）民営化・民間譲渡，（2）法人化，（3）包括的委託，（4）業務委託，（5）指定管理者制度，（6）PFI（Private Finance Initiative：民間資金活用），（7）地方独立行政法人制度などがある。一般的に，日本ではアウトソーシングとは「民間委託」を意味するが，行政改革会議および報告書などでは，場合によって「垂直的減量」を意味することもある（原田，2005）。今村（2006）は，国の「小さな政府」論を背景とした，行政・自治体による公共サービスの外部化と定義し，成瀬（1998）は受け皿としてのイメージが曖昧であった民間機能を明瞭化し，これを活用しようとする行政による究極のリストラクチャリング手法と定義しているが，本書もこれに則り，行政改革に伴うコスト是正のための，自治体による事業の民間委託を総じてアウトソーシングと定義する。

郊外空間においては，国の福祉政策からの後退を補完するための住民の任意団体，NPOなど地域レベルでの取り組みや「新しい公共空間」[20] 形成の試みが求められるようになり，育児や福祉，まちづくりや国際交流などさまざまな分野への住民参加がみられている。公的部門のリストラクチャリングと自治体によるアウトソーシングの流れの中で，住民に公的サービスを担う新たな主体としての期待が高まっている（五條，2002；林，2004）。こうした近年の状況は，郊外空間に生きる住民，とりわけこれまで地域社会の担い手となってきた主婦たちに，どのような変化をもたらし，地域社会の生活の質を変えつつあるのだろうか。

職場で1日の大半を過ごし，寝食の時間以外には家庭にほとんど不在である

男性に対して，女性は家庭とその延長線上にある地域を中心とした日常生活を送ってきた。再生産労働に従事する女性たちは，もっぱら地域コミュニティの維持やその管理者としての役割を期待されてきた。実際に彼女たちの活動は，育児や教育，消費などを通じて，より安定した豊かな住環境づくりに貢献してきた。しかし一方では，こうしたことと同様に，地域での人的ネットワークと信頼関係を構築し，新たな活動を実践することで，ジェンダー振り分けによって計画的に生産された郊外空間の意図と異なるような生き方も模索してきたのである（渋谷，1996：240-243）。

そこで，本書第Ⅲ部ではこうした問題意識のもとに，社会的貢献へのスキルと意欲を持ち合わせたポテンシャルの高い住民が多く存在する多摩ニュータウンを研究対象とし，自治体によるアウトソーシングの動向が，どのような主体によって支えられているのかを明らかにする。そこに生まれた主婦の起業活動を事例として，郊外自治体のアウトソーシングを担う新たな住民参加の可能性と制約について，考察することを目的とする。

3.4 郊外空間の変容と住民参加

地域における住民の取り組み，地域参加への関心は，1960年代より町内会や住民組織の研究を通じて，都市社会学，地域社会学の分野で蓄積されてきた（例えば，中野編，1964；倉沢，1968など）。しかし，地域は日本の都市化，産業化に伴う人口移動の中で，地縁に基づく伝統的都市社会が崩壊して，その特質を多様化させているにもかかわらず，都市空間における地域像は，長期にわたって一様な社会目標や理想のイメージに沿って描き出されてきたとの批判もある（似田貝ほか編，2006：7）。こうしたことから，日本の現実社会の動向が複雑に変化していく中で，都市空間には異なる主体が交錯し，交流する共存的世界としての再定義が求められている（藤田・吉原，1999：73）。

都市社会学者である西澤（1996）は，従来の地域像の形成過程における反省点を，(1) 地域は永遠に「独立的」なものとして論じられている，(2) 地域は「定住民社会」とされており，都市の流動層が認識されていない，(3) 都市における生活世界の複数化を無視し，住民の地域への（再）同一化を強調しすぎ

ている,という3点を挙げて説明している。つまり,奥田(1993)も指摘するように,地域像の形成における同一性や固定性から,異質性や移動性への関心の転換には,地域を構成する住民主体をマクロ(集合体)として捉えることから,ミクロ(個)として捉えることへの視座の転換[21]がきわめて重要である(奥田,1993:8-9)。

住民主体をミクロとして捉えようとする関心の高まりは,1990年代以降の地域づくりにおける担い手の変化と,担い手である彼/彼女らの活動が活発化していることに由来している。地域づくりには,地域における人間関係,諸団体の組織化,ネットワーク化などの社会環境的な要素とともに,道路や公園,建物などの物理環境的な要素がある。従来の地域づくりが,前者を中心としていたことに対して,近年では後者に積極的にかかわる住民の活動展開が多くみられるようになってきた。この傾向は,公共サービスの委託・民営化による活動内容の範囲拡大や,住民組織の多様化(ボランティア,生協,任意の団体のほかに,NPOやコミュニティビジネスなどへのひろがり)という背景から生じたものであることがうかがえる。すなわち,従来,国や行政が担ってきた領域を,住民が管理するようになったことにより,個人(私)が地域社会という単位をとばして,行政(公)と直接対峙するという構図が生まれるに至ったのである(似田貝ほか編,2006:143)。

このような地域づくりの過程とあいまって,さまざまな学問分野が,都市研究,とくに「物理的な都市空間の要素を形成する主体」としての住民に関する研究に参入し,研究の主題も多様化していく。これまで行われてきた特定地域(住区)における地縁に基づく人間関係やネットワークなどに加え,都市ガバナンスやサステナビリティなどの研究では,ある共通目的をもつ人々による,新しい形での住民参加の動きが注目されるようになった(森川,2001;伊富貴・宮本,2002;井岡,2004)。こうした住民参加の動向からは,もはや地域形成というものが,既存の利害を一致させる「一枚岩」としての住民によりなされるべきものではなくなっていることがうかがえる。

ただし,そこには多くの課題も残る。既に述べたように渋谷(2003)は,「コミュニティの再発見」に伴う「住民」および「(住民の)参加」といった概念が,市場の失敗や公共領域の貧困化を,埋め合わせるもの[22]として期待されてい

ることを批判的に考察している（渋谷，2003：50-51）．確かに，近年の住民参加は，公と私を直接的なものとし，公領域に対する私（個人）の意思決定を可能にさせ，官と民の水平的なつながりを実現させている．だが，「参加」に潜む動員の危険性は，新自由主義経済と都市空間のリストラクチャリング下で確実に増大し続けている．近年の日本では，理想的な市民論によって，「参加」が無償の労働と同レベルで語られている．地域コミュニティへのボランタリーな「参加」が，自己実現の一環として称揚される中で，国や行政が直接責任を負わずに，地域の安価な労働力に依存してコスト節約[23]を図ってきたことは否めないだろう（渋谷，2007；中野，2007）．

住民参加を検討するこうした議論は，近年手放しで称揚される「動員」のもつ危うさを浮き彫りにしてきた．しかし，動員やコスト削減の犠牲になってきた住民たち，とくに多くの女性たちの存在を可視化するに至らなかった．そして，そもそも実際に地域へと参加する住民たちが，どのような人々であるのかを捉えきれていなかった．次章以降では，地域への参加を行う住民たちが，実際には「誰」なのか，こうした参加にはどのような制約や課題があるのかを，ジェンダーの視点を導入し，詳細に検証していく．

（注）
(1) 高度経済成長期には，公団や公営などの公的住宅も東京をはじめとする都市における住宅不足の受け皿となったが，絶対量が少ないうえに，単身者向けのものはごくわずかであり，入居世帯の所得のほかに，国籍などの限定があった．日本住宅公団二十年史刊行委員会編（1981）によれば，①日本の国籍を有する勤労者，②同居親族があること，③家賃の支払いが確実なこと，④連帯保証人が立てられること，⑤円満な共同生活を営むことができること，といった入居資格が定められていたが，現在では一部変更されている．
(2) 公営集合住宅団地は，公営住宅に入るには収入が高すぎ，持ち家を建てるには資金が不足する中間層のための賃貸住宅として開始された．このような賃貸住宅の入居者は流入・流出を前提としており，将来的な持ち家取得層ととらえられていたが，住宅供給の中にも，世帯所得による住み分けが明確になされていたことがうかがえる（西川，2000）．
(3) 地価が安い分，良質な住宅や広い敷地が供給されるわけではなく，事情はむし

ろ逆であった．住み手（購入者）の側も経済的事情のために，都心から少しでも近い住宅を求めようという人々が多く，多少なりとも住環境には妥協せざるをえなかった．
(4) 近年，首都圏のニュータウンでは，職住分離の構想に基づく初期の多摩ニュータウン計画の反省と課題を反映した都市開発を展開している．例えば，神奈川県港北ニュータウンなどは，東急田園都市線沿線における近隣商業地域を中心に，住区近隣の企業誘致を積極的に行い，多様な用途地域の設定により消費や雇用機会の促進にも努めた．多摩ニュータウン自体も，1981年（昭和56）以降「多機能複合都市」を目指して，東京都長期計画や南多摩新都市開発計画などの開発計画が実施された（東京都南多摩新都市開発，1987）．これを背景に，1986年（昭和61）には新住法の一部が改正され，特定業務施設の立地が可能になった（国土交通省都市地域整備局，2001）．
(5) 上野千鶴子は，建築家である山本理顕との対談から，「空間帝国主義」というキーワードを見出し，以下のように定義づけている．「『空間帝国主義』とは，人間の用のために空間があるのではなく，空間の特定の配置にあわせて人間の生き方が作られる」．このような考え方に基づけば，戦後大量に供給された住宅とは，見方を変えれば「空間化された家族規範」であるという山本の意見に，上野は強く賛同している．
(6) 本書では，家父長制（patriarchy）を上野（1990，1994a）に従いながら，次のように定義したい．「家父長制とは，男性が女性を支配することを可能にする社会的権力関係の総体（set）である．ここでいう支配とは，女性が経済的に必要な生産資源に近づくことを妨げ，家事労働という不払い労働を領有・管理するなど，おもに男性による女性の労働力の支配のことである」．
(7) 上野（1990）は，近代産業社会においては，「市場」とその外部にある「自然」，「家族」という領域を厳密に区別する必要があることを指摘している．この「市場」は，外部に存在する「自然」からエネルギー資源を取り込み，産業廃棄物を吐き出す．一方で，「家族」から労働力資源を取り込み，老人，病人などを吐き出すという．この「市場」を中心とした交換システムにおいては，「自然」，「家族」は，生産を支える再生産の領域として大きな類似性をもっている（上野，1990：7-8）．
(8) このような背景には，女性側の就業をめぐる条件の劣悪さが大きく影響しており，女性労働者に対しては結婚退職制度や若年定年制が公然と適用されていたために，女性が企業において勤続することが困難であった．他方，保育所等の整備が不完全であった都市部においては，女性が出産育児期に子どもをもちながら就業しよ

うとすることはまた難しい状況であった．

(9) こうした日本型雇用慣行のなかでは，女性社員は結婚ないし出産のおりに若年で退職することが通例であり，年功賃金のもとで賃金が低いうちに企業において補助的な仕事をするものとして位置づけられていた．同様に，中年以上の女性の雇用機会は，ほとんどが低賃金で雇用保障のない，不安定なパートタイム労働となっていた．

(10) 「家族だのみ」については，ショッパ (2007) が，「家族」の中でもとくに女性たちの犠牲により，社会保障のコストが払われ，はじめて日本式「社会主義」が成立したことを指摘している．さらに，ショッパは20世紀半ば以降に顕著になってきた社会の未婚化や出生率の低下は，女性たちがひそやかにこれらのシステムや制度から「退出」してきたことによるものであると述べている（ショッパ，2007：65）．

(11) 大沢編 (2004) は，主婦が早くに子育てを一段落し，時間に余裕ができるようになると，男性に例えるところによる「老後」に近いライフステージに入るという．こうした主婦の時間的・労力的余裕を「早すぎる老後」とし，国は家庭に介護などのケア労働を見込んでいると指摘する．

(12) この分類では，日本の社会政策は，(2)，(3) に該当しないという理由から，消去法的に (1) に位置づけられているが，実際のところアメリカほどに自由主義的な政策をとっていない（エスピン・アンデルセン，2001）．

(13) 武川 (1999) によれば，福祉国家の成立とは，そもそも公的領域にしか介入し得なかった国家が，私的領域にも浸透してくるようになることを意味する．資本制と家父長制の「産物」である近代家族と，直接的に関係を有することになった福祉国家は，この意味で「家父長制に関連する国家政策が示される場」になったという．ただし，近年は家族形態の多様化，流動化が進み，福祉国家は必ずしも近代家族を前提にはできなくなってきた．「脱家父長化」とは，国家による社会政策が家父長制的な近代家族の再生産と必ずしも親和的ではなくなっていく過程のことである．

(14) 今後，少子高齢化の影響による社会的サービスの増大は，より一層顕著化することが予想され，公的な開発によって分譲された郊外住宅団地のインフラストラクチャーの老朽化問題と合わせて，長期的な施策を迫られている．

(15) 妻以外の人間関係に期待がもてず，（妻との良好な関係を保てない状態で）時間を持て余した退職男性が，妻の外出や行動に同行しようとするさまを，例えば樋口恵子は「濡れ落ち葉」（＝何度掃いても纏わりつく），「恐怖のワシも族」（＝妻

に同行する際に発する言葉「ワシも（一緒に）」」と表現している（上野，1994b：40）．
(16) 上野（2010）は，男性の自己嫌悪の根源には，自己の身体の他者化があるとする．その上で，ミソジニー（女ぎらい）を超えるには，「最初の他者」である身体を受け入れること，そして身体につながる性である「女（と女のような男）」の排除をやめることが不可欠であるとしている（上野，2010：270）．
(17) 西川（2003）の定義する「昼間の住人」と同義であるが，重要な点は昼夜問わず常に郊外空間に滞在し，そこで住まうことを前提として生きるようになった住民のことを指す（田原ほか，2000）．
(18) 1998年以降のNPO法制定，2006年の行財政改革推進法，公共サービス改革法の制定を経て，全国自治体では公共サービスの外部化が本格的に行われ始めた（成瀬，1998）．
(19) 東京オリンピック・パラリンピック競技大会組織委員会HPによれば，2020年に向けて，18歳以上の日本国籍保有者または日本在住者を対象に，会場内誘導・案内，受付，ドライバー，物流，言語サポート等の活動を行うボランティアを募集している．また，市民，住民への活動参加を呼びかけるとともに，国内大学機関への活動協力要請も行っており，700校を超える国公立，私立大学が協力校として，各地域におけるスポーツ行事やオリンピック・パラリンピックの知識の普及，広報活動に取り組んでいる（https://tokyo2020.jp/jp/get-involved/ 最終閲覧日2017年9月26日）．
(20) 総務省が掲げる「新しい公共空間」の政策理念では，自治体主導であった公共サービスの意思決定や提供に，住民が直接的な当事者として関与することが求められている．
(21) 奥田（1993）は，「異質・多様なものを相互に結ぶ共同的なもの」をコミュニティの新定義としている．ここで定義されるコミュニティは，必ずしも血縁や地縁に依拠しておらず，個としての住民主体のフィジカルな生活基盤づくりにとどまらず，ノンフィジカルな主体間の接触や自発的集団への参加なども含められており，これまでの固定的・単層的な定義に比べ，より流動的・多層的な意味合いをもっている．
(22) 渋谷（2003）は，コミュニティの役割が新自由主義の「貧困」を補うためのものというよりは，むしろ市場原理のいっそうの貫徹のための原理を供給するものに変化していると指摘する．例えば，福祉供給が官から民へ移行した始めた頃には，コミュニティはその隙間を埋めるものとして注目が置かれていた．だが近年，直

接的供給者としてではなく間接的な供給者として，管理運営を行う国家のもとで，コミュニティは実質的な福祉供給の資源となっているという．つまり，福祉供給を「誰かが漕がなければならないボート」とすれば，国家は操舵者，コミュニティは漕ぎ手として捉えられるという（渋谷，2003：244-245）．
(23) 非営利団体活動の運営は，ほとんどが団体代表者の持ち出しによる資本金と，職場・地域で構築されたインフォーマルな人的ネットワークに依拠している．とくに資金面に関しては，欧米の非営利団体活動（ボランティア活動）のように，寄付金や金融機関からの資金融資という財源確保手段が，日本ではまだ十分に定着していないのが実情である（木村，2006b）．

第Ⅱ部　郊外空間における高齢化と退職者による地域参加

第4章 社会関係の構築機会としての地域への参加

　第Ⅱ部では、生産領域に対して再生産領域に特化した空間として誕生した郊外空間が、どのような機能をもちながら成り立ってきたのか、そしてその中においては、住民と地域の関係性はどのように取り結ばれ、どのように変化してきたのかを考える。そこで以下では、これらを捉えるため、地域の新たな担い手として注目されている男性退職者たちを取り上げて、彼らの動向を検討していく。また、ここでは少子高齢化する郊外空間を把握するための統計とともに、独自に実施したアンケート調査、同地域での男性退職者たちによるサークル活動を通じた社会関係の構築過程に関する聞き取り調査による質的なデータを使用する。郊外空間の高齢化が進む中、地域のサークル活動に参加する男性住民たちの実践を追い、彼らの活動がもつ意義と課題を考察していきたい。

4.1 退職者と地域との関係

　日本の人口は、確実に高齢化の一途を辿りつつある。図4-1は、日本における少子高齢化の推移を示したものである。日本の総人口は1995年から2010年にかけて緩やかに増加傾向にあったが、2015年を境に減少傾向に転じた。国立社会保障・人口問題研究所の推計によれば、今後も緩やかに人口減少の傾向に転じていくことが指摘されている（国立社会保障・人口問題研究所, 2017）。ここで総人口の構成を年齢階級別にみると、0-14歳にあたる年少人口、15-64歳にあたる生産年齢人口の割合に関しては、最近25年間においてそれぞれ10％ほど下がってきており、年々減少傾向にある。この一方で、65歳以上にあたる老年人口が大きく増加している。今後、きわめて人口層の厚い第1次ベ

58　第 4 章　社会関係の構築機会としての地域への参加

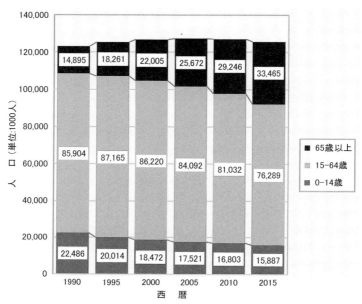

図 4-1　日本における少子高齢化の推移（1990-2015 年）
（資料）国勢調査より作成．

ビーブーム世代（1947 〜 49 年生まれ）が高齢期にさしかかることで，本格的な高齢化社会を迎える（江崎，2006，2007；井上・渡辺編，2014）．

　2007 年以降，この第 1 次ベビーブーム世代のサラリーマン，働き手たちがいよいよ大量退職期を迎えた．それに伴い男性退職者の地域への帰還，および地域社会における居場所づくりの問題はますます重要になってきている（田中，2009：82；水無田，2015：27）．職住分離の郊外空間に生活する多くのサラリーマンは，多かれ少なかれ定年退職とともに「一家の長」としての立場を失い，職場に基づいた既存の人間関係（社会関係）からの断絶に直面することになる．一般に男性の社会関係には，役割依存的な関係が多いとされ，退職によって地位・役割から離れることによって関係性も消滅するとされてきた（長谷川，1988）．もちろん，退職しても職場のかつての同僚や仲間，友人とのつきあいを続けるケースも少なくないが，職場を通じて絶えず関係性を維持してきた在職中に比べると，その時間的・精神的な結びつきは弱まりがちである（玉

野ほか，1989；稲葉・藤原，2010）。

　その一方で，余暇の増大や世帯内役割の減少が顕著である男性退職者にとっては，職場や家族といった所与のものではない，選択的な関係を構築する可能性が高まる。このような選択的な関係の構築は，同時に余暇を利用した活動を通じた新たな社会関係が，退職に伴って経験する社会関係の縮小，あるいは弱体化を補うものとして，重要な意味をもつことにほかならない（手島・冷水，1992）。

　選択的な関係，つまり新たな社会関係の構築の舞台は，職場や学校などさまざまである。とくに日常的に遠距離移動の機会が減少しつつある退職者にとっては，頻繁に接触のできる相手や，健康の相談（または緊急時の援助）を期待できる相手を身近に見つけることが求められる。このため，家族ばかりではない，地域コミュニティにおける社会関係の再構築の重要性が指摘されている（日笠，1983；前田，1988；古谷野ほか，2005；前田ほか，2011）。しかし，それにもかかわらず退職者にとって，郊外空間における社会関係の再構築がどの程度重要であるのか，どういう人が郊外空間において積極的に関係を構築していく傾向にあるのか，どのようなプロセスを経て再構築がなされるのかなどについて，具体的に把握されることは少なかった。

　本書が指す「コミュニティ」とは，住民としての資格が自動的に振り分けられるような，制度的慣行に基づいた集まりとは異なり，個人の自由な意思と責任によって，自発的に住民としての資格やその構成員相互の信頼を得ていくような集まり（園田，1994；倉沢・小林編，2004：46-47）のことである。こうした定義に立てば，地域コミュニティにおけるサークル活動とは，地域の中で住民が安定した豊かな生活を求めて行う活動（蓮見編，1991：120）であり，自分たちの暮らす空間に存在する物理的・精神的な共有財産をよりよいものにしていこうとする共同活動を意味する（河村，1982：106；小川・真島，1999：244）。ゆえにサークル活動は，コミュニティのメンバー同士の人間関係を育むもの（奥田，1993；仙田，1993，田原ほか，1996）とされ，職場の関係から地域コミュニティへとシフトし，新たな社会関係の構築を目指す男性退職者にとって有効な手段の一つであると考える。そこで本章では，彼らの地域におけるサークル活動への参加に着目し，活動を通した社会関係の再構築につい

て考察していきたいと考える。

　もともと地縁に基づいた，いわゆる「地付き」の住民の少ない都市の郊外住宅地においては，地域に向き合う手段の一つとして，サークル活動が行われている（鈴木・中島編，1996：215；菊池・江上，1998：320）。地理学においても，郊外地域を対象としてサークル活動と住民の参加を扱った研究は少なくないが，とくにジェンダー的視点から考察を加えた仙田（1993）や影山（1998）のアプローチは，本章にとって参考になる。また，仙田（1993）は高齢期前後の男女住民による，地域におけるサークル活動を含む余暇的な活動を分析し，彼らの形成する社会関係の空間的範囲が加齢に伴い変化していくことを明らかにした。それによれば，高齢期以降には居住地の近隣，つまりインフォーマントの居住する市内の範囲に，社会関係が集約されていくとされている。だが仙田は，属性による「生活空間」の違いに力点を置いているために，急増する男性退職者のコミュニティでの居場所の問題や，彼らの社会関係の再構築については，あまり注意が払われていない。

　また，影山（1998）は，サークル活動に注目し[1]，子育て期の女性住民が，ジェンダー役割による時間・空間的な制約を受けながら，活動を通じて自己実現を達成し，社会関係を充実させる様子を描きだした。しかし今後は，都市郊外における高齢化の進行の中で，サラリーマンの大量退職期の到来とともに男性退職者が急増することを考えれば，地域に向き合うためのサークル活動の主体に関しては，女性たちに加えて，郊外空間に生きる「フルタイム住民」としての男性たちにも留意していく必要がある。

　そこで本章では，郊外空間における男性退職者の社会関係再構築の特性を明らかにしようとする立場から，以下の課題を設定した。まず，（1）定年退職に伴って男性住民たちは郊外空間における地域コミュニティとの関係性をいかに変化させるのか。彼らは，その手段としてサークル活動に参加しようとするのか，そして（2）もし参加するならば，サークル活動の参加者はどのような足がかりを持ち得たのか。その条件とプロセスはどのようなものか，という問いである。これらの課題を検討するために，以下 2 つの段階の調査を実施した。まず，課題（1）については，男性退職者によるサークル活動への参加状況と活動形態を把握するアンケート調査を行った。次に，課題（2）については，男性退職

者が活動している組織の設立経緯や活動内容とともに，彼らがこれらの活動に参加するきっかけなどに関する聞き取り調査を行った．

4.2 桜ヶ丘団地の成り立ちと地域コミュニティの高齢化問題

4.2.1 事例地域の概要

研究対象地域である多摩市桜ヶ丘団地は，東京都多摩市の北東部に位置する桜ヶ丘地区に位置する住宅団地である（図4-2）．開発当時，多摩丘陵は都心からの距離に比して宅地開発が遅れ，都市計画区域から外れていた．このため，都心の住宅不足を背景として，1950年代後半以降，規制の緩やかな多摩丘陵北部には民間ディベロッパーによる無秩序な宅地開発が行われた．

桜ヶ丘団地の開発は，京王電鉄（旧京王帝都電鉄）が沿線の住宅地建設のために多摩市（当時多摩村）東寺方，関戸地区の丘陵地約23万坪を買収し，丘陵地帯を段階的に宅地造成したことにはじまる（表4-1）．この規模は京王電鉄の沿線宅地開発において最大規模である．住宅不足のさなかに，低廉で価格

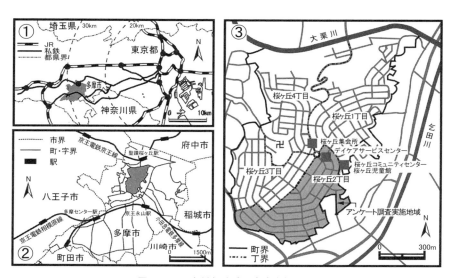

図 4-2 研究対象地域：多摩市桜ヶ丘
（注）①は多摩市，②は桜ヶ丘地区，③は桜ヶ丘2丁目の位置．
（資料）著者作成．

表 4-1 桜ヶ丘団地造成に関する年表

西暦（和暦）	出　来　事
1956 年（昭和 31）	◆京王電鉄（旧京王帝都電鉄）が田園都市建設部を発足．「多摩村開発実行委員会」設立．
1960 年（昭和 35）	◆京王電鉄が多摩村北東部の丘陵地約 23 万坪の買収を完了．
1962 年（昭和 37）	◆新行政区と新地名として桜ヶ丘を設定． ◆第 1 工区　桜ヶ丘 4 丁目が造成される． 　1 画 100 坪を基準とし，199 区画が分譲される． ◆第 2 工区　桜ヶ丘 3 丁目が造成される．
1963 年（昭和 38）	◆第 3 工区　桜ヶ丘 2 丁目が造成される．
1964 年（昭和 39）	◆第 4 工区　桜ヶ丘 1 丁目が造成される． 4 月に多摩村が町制を施行．
1965 年（昭和 40）	◆桜ヶ丘造成工事が完了する．

（資料）多摩市史，1977 および京王電鉄五十年史，1998 より作成．

的にも求めやすい郊外住宅団地が主流である中で，桜ヶ丘団地は 1 区画あたりの平均面積が 130 坪（坪当たり 4 万円）の比較的高額な値段で土地が分譲された（樋口ほか，1998；桜ヶ丘コミュニティセンター運営協議会，2001）．

　当時，都心部へ通う勤労者のためのベッドタウンとして地域の発展を目指していた多摩村も，「多摩村開発実行委員会」を発足させて，京王電鉄とともに住宅地の開発に全力をあげた．京王電鉄は 1960 年（昭和 35）に住宅建設予定地の買収を完了させ，「桜ヶ丘地区」と命名し，4 つの丁目に分けて造成工事を開始した．早くも 1962 年（昭和 37）には，造成を終えた区域から順に桜ヶ丘 4 丁目，3 丁目，2 丁目，1 丁目と分譲され，入居が始まった．1965 年（昭和 40）には，桜ヶ丘地区の造成工事がすべて完了した[2]．かくして，京王電鉄の提供する高級分譲住宅地として，桜ヶ丘団地が完成したのである（多摩市史編さん会，1977；京王電鉄広報部編，1998）．

　桜ヶ丘団地には，上下水道や電話，ガスが完備され，当時の郊外住宅地としては最高水準のインフラストラクチャーが整備された．また，都心への通勤の便を考慮して，団地内北部の断崖面には京王線聖蹟桜ヶ丘駅へ向かうための全長 310m の道路[3]がつくられ，本数は少ないが早朝から最寄り駅（聖蹟桜ヶ丘駅，永山駅）へ向かうバスを運行した[4]．これに加え，京王電鉄は京王線に特急を新設し，聖蹟桜ヶ丘駅を特急の停車駅として定めた．これにより，新宿や渋谷へのアクセスは格段に向上した．多摩地域の豊かな自然に囲まれた環境，多

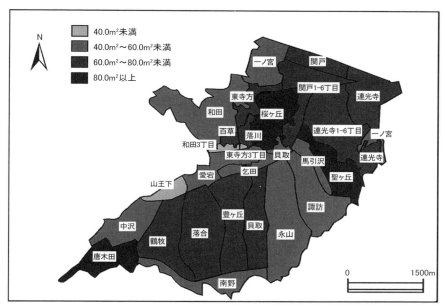

図 4-3　多摩市における 1 世帯あたりの延べ床面積
（資料）国勢調査，2005 より作成．

摩丘陵特有の高台の見晴らし，優雅な景観をつくりだしている流行の建築様式，そして開発主体である京王の定めた一筆ごとの敷地面積の広さも魅力とされた[5]。

図 4-3 は，多摩市における 1 世帯あたりの延べ床面積を示したものである[6]。多摩市内では 1970 年代より多摩ニュータウンの開発・分譲が開始されてきたが，ニュータウンでは 70 年代前半は，住宅の大量供給がおもな目的であった。そのため，早期分譲の諏訪地区・永山地区（1971 年分譲），および愛宕地区，和田地区（1972 年分譲）などは，1 世帯あたりの延べ床面積が平均 60m^2 を下回ることが多かった[7]。一方で，桜ヶ丘地区では 1 世帯あたり約 80 m^2 以上と際立って広くなっている。1970 年代当時，入居世帯の平均世帯人員は 4 人であったが，1 筆あたり 100 坪という敷地面積は，子どもの成長に対応でき，また将来親との同居が必要になった場合でも十分対応できる広さであったといえよう。

このように住宅団地としての多数の魅力を兼ね備えた桜ヶ丘には，1965 年（昭和 40）の造成完了までに約 1,800 人が入居した。当時，住民の住宅の所有

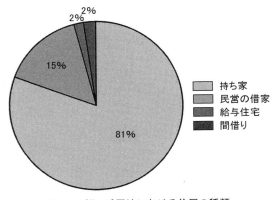

図 4-4　桜ヶ丘団地における住居の種類
(資料) 国勢調査，2005 より作成．

形態や所有した年齢などはデータが公表されていないので不明であるが，後述する住民の聞き取り調査によると，住民の多くは，持ち家を取得するために 30 代から 40 代で桜ヶ丘団地に入居している．

　図 4-4 は，桜ヶ丘団地における住居の種類を示したグラフである．桜ヶ丘団地では，多くの住宅団地と同様，開発当初は持ち家を求めて若い家族が大量に入居した地域である．桜ヶ丘団地の大部分は，基本的に第一種低層住居専用地域であり，桜ヶ丘 4 丁目の一部（桜ヶ丘団地北部，崖下）に民営の借家や給与住宅，駅から続く近隣商業地域を含む程度である[8]．

　持ち家として求めた良質な住宅へのこだわりは，住民が桜ヶ丘に入居し始めた 1960 年代の日本においては非常に強いものであった（住田，1996：210）．持ち家などの住宅の所有形態ばかりでなく，高級住宅地としての景観や京王以外の民間開発業者のミニ開発に関しては，1981 年（昭和 56）に桜ヶ丘 2 丁目の住民の間で建築協定が締結されるほどであった（多摩市桜ヶ丘二丁目住宅地区建築協定運営委員会，2002）．しかし，その後の急激な住民人口の少子高齢化と関連して，住民たちのなかには自らの土地を分筆して売却するなどして処分し[9]，近隣あるいは多摩市外地域にあるアパートやマンションへと転出する人もみられ始めている．

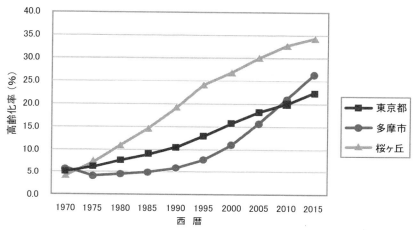

図 4-5 桜ヶ丘団地における高齢化
(資料) 国勢調査より作成.

4.2.2 地域コミュニティの高齢化問題

　桜ヶ丘地区は，多摩市の中で高齢化率（総人口に占める 65 歳以上人口の割合）が最も高い地区となっている[10]。桜ヶ丘地区の高齢化率は，国勢調査によれば 2015 年には 34.3％にまで達している。これは住民の高齢化で有名な多摩ニュータウン地域内の永山・諏訪地区などが含まれる多摩市と比較しても十分高い数値であり，緩やかに伸びつつある東京都の高齢化率に比べても，桜ヶ丘は今後もさらなる上昇傾向にあることが予想されている。

　図 4-5 は，1970 年から 2015 年にかけての桜ヶ丘団地における高齢化を示したものである。1970 年には 5％以下であった高齢化率が，2000 年には 26％，さらには 2005 年にはついに 30％となっており，桜ヶ丘の人口高齢化率は 30 年間で 20 ポイント以上上昇したことがわかる。同じ 30 年間であっても，東京都全体では 10 ポイントの上昇，多摩市全体では 7 ポイントの上昇であるのに対して，桜ヶ丘団地の高齢化率の上昇傾向がいかに著しいかがわかる[11]。桜ヶ丘地区の高齢化率は，最新のデータである 2015 年において 34.3％となっており，その進行は未だに衰えることがない[12]。このような桜ヶ丘団地の高齢化率の上昇は，住民（第 1 世代）の加齢に加えて，地域の世代交代を担う若年層による桜ヶ丘への転入の減少，とくに現在桜ヶ丘団地に暮らす住民の子ども世

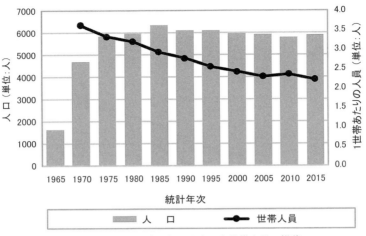

図 4-6　桜ヶ丘団地における人口と世帯人員の推移
(資料) 国勢調査より作成.

代 (第2世代) が, 団地外へと転出した後, 結局, 親の所有してきた住宅を相続しない (できない) ことの結果と考えられる[13]。

また, こうしたことは, 桜ヶ丘団地における人口と世帯人員の推移から裏づけられる (図 4-6)。桜ヶ丘団地における1世帯あたりの世帯人員は, 1970年から一貫して減少傾向にある。まず, 総人口の推移をみると, 造成当時約 1,800 人だった人口は, 1965 年には約 4,900 人, 1975 年には約 6,000 人にまで達し, 分譲・入居が順調に進んだことが読み取れる。だが, 1990 年以降は世帯人員とともに, 団地内の総人口は緩やかに減少し続けている。世帯人員に関しては, 1965 年には資料が公表されていないが, 1970 年には最多で平均 3.5 人以上を示していた世帯人員は, 団地内人口がピーク (約 6,200 人) を迎える 1985 年には世帯人員がついに3人台を切り, 2005 年には 2.5 人を切るほどまでに減少している[14]。

図 4-7 は, 桜ヶ丘のコーホート変化率を示したものである。100 歳以上のデータは明らかではなかったが, 年齢階級別に 2010 年から 2015 年の桜ヶ丘団地内の人口変化をみてみると, 生産年齢の若い世代 (20 歳後半から 30 歳後半にかけての年齢層) が緩やかに減少していることがわかる。例えば 30-34 歳のコーホートは約 20％減少している[15]。これに対して 80 歳代後半のコーホートは,

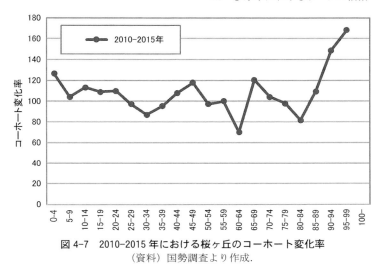

図4-7 2010-2015年における桜ヶ丘のコーホート変化率
（資料）国勢調査より作成．

世代を増すごとにそれぞれ110〜170%の増加傾向が確認される。これは，高齢になった住民層の多くが，いまだ転出をしないまま桜ヶ丘に居住し続けている傾向を示す。市内で最も早い時期に入居が始まった桜ヶ丘団地ではあるが，住宅用地が1筆100坪単位で販売されたために販売価格が比較的高く，分筆が始まりつつあっても，平均的な住宅購買層を上回る世代の住民が入居している可能性がある。50年以上が経つ現在，定住する住民の高齢化と若年層の減少によって人口の構成が特徴づけられていることがわかる。

4.3 多摩市におけるサークル活動

以上，事例地域の概観を並べてきたが，最後に分析の中心におかれるサークル活動の概況について簡単に整理しておきたい。多摩市では1970年代から，「コミュニティ行政」[16]が主要政策として実施されてきた。この「コミュニティ行政」とは，居住歴や生活環境を異にする住民の多い市内において，同じ地域社会に生活する住民同士の自覚と協調性を生み出そうとする政策である（多摩市くらしと文化部，2003）。この政策のもとで多摩市は，1975年より総合計画を立て，コミュニティセンターや児童館，公民館や老人福祉施設などの地区複

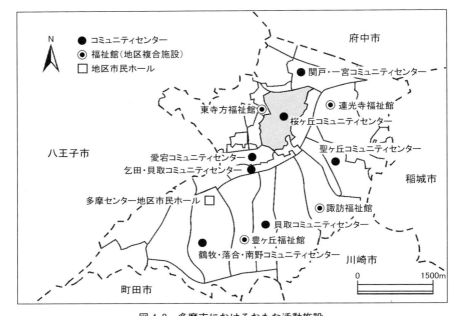

図 4-8　多摩市におけるおもな活動施設
（資料）多摩市コミュニティセンターの概要，2003 より作成．

合施設の整備に積極的に取り組んできた．

　現在，多摩市は住民の少子高齢化を視野に入れた第 4 次総合計画を実施中である．その中では，市内を 10 のエリアに区分し，住民の利便性やニーズの多様化に対応できるよう改めている．図 4-8 は，多摩市におけるおもな活動施設[17]の分布を示したものである．桜ヶ丘団地は聖蹟桜ヶ丘駅と永山駅の中間地点にあり，多摩市全体からみても公的な投資が多くみられる中心的な開発拠点である．充実した公共の活動施設の立地，そこへのアクセスのよさという点からも，桜ヶ丘はサークル活動や地域活動の参加機会に恵まれた地域といえる．

　多摩市は，さらに 7 つのコミュニティセンターとその他の複合施設を軸として展開される団体の支援にも取り組んでいる．多摩市くらしと文化部（2003）によれば，想定されている団体として，(1) 生涯学習・スポーツ・趣味など個人の生きがいづくりを目的としたもの，(2) 民間・非営利活動・ボランティアなど公益的活動を目的としたもの，などが挙げられている．これらの団体は，

ある特定地域に住む住民同士でつくられる「地縁的な団体」と異なり，特定の活動内容に関心をもつ者同士でつくられる「知縁的[18]な団体」として特徴づけられ，居住歴や生活環境などにとらわれず，地域社会へ参加する機会として住民の側から注目されている。

「知縁的な団体」は，民間や個人で主催するものが圧倒的である。このため市役所では把握できず，統計的な資料には示されてはいない。しかし，多摩市コミュニティ文化課の職員によれば，近年確実にこの「知縁的な団体」の活動に参加する住民は増加しているという。また，このような団体に参加する人々には，団体活動を通して地域社会において知人・友人をつくっていこうとする人々，とくに時間的な余裕をもち地域社会に関心の高い高齢者層が多数存在するという[19]。

以下，特定の活動内容に関心をもつ者同士でつくられる「知縁的な団体」をサークルと総称することとし，これらのサークルの活動に参加する男性退職者の活動実態をみていきたい。

4.4 男性住民によるサークル活動への参加

4.4.1 サークル活動の参加者属性

男性退職者の地域社会における，サークルを通じた社会関係の形成と居住空間の再構築の過程を検討していきたい。そのために，本節ではまず男性住民を対象にアンケート調査を実施し，活動団体への参加状況と活動形態に関する検討を行った[20]。アンケートは桜ヶ丘団地内で最初に自治会を組織し，独自の行事や活動によって，住民同士の親睦や交流に努めてきた桜ヶ丘2丁目を対象に実施した。質問票は2003年10月上旬に自治会の了承を得て，対象地域の全世帯（423世帯）の世帯主を対象[21]に留め置きで配布し，同年10月下旬までに郵送による回収を行った。総回答数は186世帯（43.9%），うち有効回答数は161世帯であった。

回答者を年齢別にみてみると，最も多いグループは現在70歳代になる住民である（表4-2）。回答者のうちサークル活動への参加者は，69人（42.9%），非参加者は92人（57.2%）であり，非参加者が参加者を若干上回っている。

表 4-2　参加者の年齢とサークル活動への参加

年齢 (歳)	回答者				在職者			退職者		
	総計	(%)	参加者	参加率(%)	計	参加者	参加率(%)	計	参加者	参加率(%)
30-39	3	(1.9)	1	33.3	3	1	33.3	0	0	0.0
40-49	4	(2.5)	1	25.0	4	1	25.0	0	0	0.0
50-59	35	(21.7)	10	28.5	34	10	33.0	1	0	0.0
60-69	45	(28.0)	20	44.4	32	14	43.7	13	6	46.2
70-79	49	(30.4)	25	51.0	10	4	40.0	39	21	53.8
80-89	23	(14.3)	11	47.8	1	0	0.0	22	11	50.0
90-99	2	(1.2)	1	50.0	0	0	0.0	2	1	50.0
総計	161	(100.0)	69	42.8	84	30	35.7	77	39	50.6

(資料) アンケート調査より作成.

表 4-3　サークル活動の開始年齢

(単位：人)

開始年齢 (歳)	活動開始時の居住歴 (年)					総　計	
	0-9	10-19	20-29	30-39	40-49		
10-19	2	—	—	—	—	2	(0.0)
20-29	5	0	—	—	—	5	(7.2)
30-39	3	0	1	—	—	4	(5.7)
40-49	6	3	1	1	—	11	(21.7)
50-59	1	5	3	2	1	12	(17.3)
60-69	4	6	13	8	0	31	(44.9)
70-79	0	0	1	2	0	3	(4.3)
80以上	0	1	0	0	0	1	(1.4)
総計	21	15	19	13	1	69	(100.0)

(注) 開始年齢は回答者が現在のコミュニテイ活動を始めた当時の年齢を示している.
(資料) アンケート調査より作成.

　就業形態別[22]にみると，在職者では参加者が30名，非参加者が54名と非参加者が大きく上回るのに対して，退職者では参加者が39名，非参加者が38名と参加者と非参加者がほぼ同数である．在職者はどの年齢層でも非参加者が参加者をやや上回る一方，退職者は60歳以上で構成されており，60歳以上のいずれの年齢層においても参加者と非参加者がほぼ同数であることがわかる．また，年齢層別に参加者の割合をみてみると，50歳代が28.5％，60歳代が44.4％，70歳代が51.0％となっており，在職者であっても60歳代～70歳代になると参加者の割合が4割強に達することがわかる．

　また表4-3は，サークル活動の開始年齢と活動開始年齢を示したものである．

4.4 男性住民によるサークル活動への参加　71

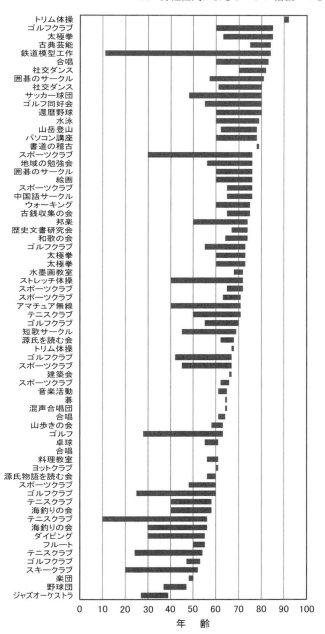

図4-9　サークル活動の参加と継続
（注）横線は参加者1人あたりの活動の継続を示す．
（資料）アンケート調査より作成．

回答者の中で最も多いグループは，活動開始時に居住歴を 30 年程度もち，60 歳代の頃にサークル活動を開始させた人々である。彼らの経歴を辿ると，30 歳代から 40 歳代に桜ヶ丘団地に入居して長い居住歴をもち，現在 70 歳代になる住民であることがわかる [23]。先にも述べたように，住宅の販売価格の都合上，平均年齢が高くなる傾向があり，入居時の年齢が 30 歳代から 40 歳代のグループに集中しているのは，こうした理由によると考えられる。いずれにしてもアンケート回答者の大半が定年退職期を迎え，自宅およびその近辺で過ごす時間の余裕をもち始めた世代といえる。

ところで，現在サークル活動に参加している人について，サークル活動内容とその継続期間をみてみると，50 歳代後半から 60 歳代後半にかけてサークル活動を開始し，その後 10 年程度活動を継続している人が多い（図 4-9）。このことは裏を返せば，若い時に始めた活動を，定年退職を過ぎた現在まで継続している人はそれほど多くないということを示している。これらの年齢で活動を始めた人の活動内容は，室内や遠出を伴わずに身近な場所でできるもの，個人ではなく複数で活動するようなものが中心であることも特徴的である。

4.4.2　活動場所で取り結ばれる社会関係

倉沢（1998）は，コミュニティ活動および地域活動を，メンバーシップや活動拠点を指標として，自己充実型活動，社会奉仕型活動，そして問題解決型活動の 3 つに分類している [24]。

本章でも，活動内容の性格をみるために，この区分にならってアンケートで回答されたサークル活動を整理した（表 4-4）。なお，ここでは比較対象として，地域におけるサークル活動以外の脱地域的なサークル活動についても取り上げることにしたい。

活動の開催主体は，スポーツクラブなど民間企業によるものから，コミュニティセンター運営協議会（以下，コミセン運営協議会）のように行政によるもの，また NPO や趣味のサークルなどには個人主催によるものがあり，規模もさまざまである。回答された活動はそのほとんどが，自己充実型活動に属するサークル活動か，あるいは脱地域的な活動である。とくに脱地域的な活動については，「趣味や健康増進の活動によって，個人の生活の充実をはかる」こと

表 4-4　サークル活動の分類

地域的なサークル活動			脱地域的なサークル活動
自己充実型活動	社会奉仕型活動	問題解決型活動	
太極拳，社交ダンスの会，外国語サークル，合唱・合奏団，体操クラブ，卓球，テニス，野球，和歌，絵画サークル，古典芸能研究会，歴史研究会，料理クラブ	IT講座，教育に関するNPO，多摩地域の勉強会，コミセン運営協議会，福祉ボランティア，シルバー人材グループの活動，給食宅配グループ	多摩市における建築計画の会，環境保全に関するNPO	アマチュア無線同好会，スポーツクラブ，ゴルフ，ヨットサークル，ダイビング，山岳登山の会，スキークラブ，鉄道模型会，海釣りの会

（資料）倉沢，1998の区分を参考にアンケート調査より作成．

をおもに目指す自己充実型活動である。だが，一方でこれらの活動は，自己充実型を中心としつつも，ボランティアやNPOなど「公益的活動によって，コミュニティの充実をはかる」ことを目指す社会奉仕型や問題解決型の活動にも広がりをみせている。

このように特徴づけられるサークル活動は，男性住民とどのような関係性をもつのだろうか。活動状況をみていくことで，具体的に検討していきたい。

男性住民のサークル参加状況の空間的な特徴を考えるために，自宅からの距離によって活動場所[25]を3つの空間レベルに分け，そこでの活動内容の特徴を整理した。空間レベルの分類にあたっては，仙田（1993）を参考にして便宜的に，自宅から1km圏を「桜ヶ丘」，3km圏を「多摩市」，これ以遠を「多摩市外」と区分した（図4-10）。「桜ヶ丘」は，徒歩で無理なく往来でき，自治会の範囲と重なる空間である。「多摩市」は，最寄り駅の聖蹟桜ヶ丘駅や市の施設が点在し，公共バスの便[26]もよい範囲である。「多摩市外」は，自宅から3km以遠の空間で，多摩市周辺のほか他県なども含まれる。

各空間レベルにおいて行われているサークル活動の内容に注目したところ，自宅から近い「桜ヶ丘」や「多摩市」では，体操・運動サークルや市民楽団などで，室内で小規模かつ複数の人間で活動するものが多くみられた（表4-5）。こうした活動では参加者同士の交流の機会が得やすいと推察される一方で，「多摩市外」ではカントリークラブや海釣りの会など，人数が大規模なサークルが主であり，野外でしかも活動自体は個人単位で行うものが多かった。このよう

74　第4章　社会関係の構築機会としての地域への参加

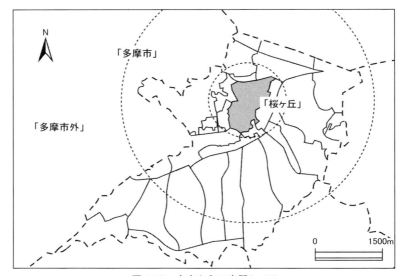

図 4-10　自宅からの空間レベル
（資料）仙田，1993 を参考に作成．

表 4-5　各空間レベルにおけるサークル活動の内容

空間レベル	サークル活動例	おもな活動場所
「桜ヶ丘」 （1km 圏内）	老人会 体操・運動のサークル 俳句・文学教室	集会所（桜ヶ丘） 桜ヶ丘コミュニティセンター 個人宅（桜ヶ丘）
「多摩市」 （3km 圏内）	教養の講座 スポーツクラブ 市民楽団・オーケストラ 多摩市民団体・NPO 福祉ボランティア	永山駅前公民館 多摩センター駅周辺 多摩センター地区市民ホール 乞田・貝取コミュニティセンター 諏訪福祉会館
「多摩市外」 （5km 圏）	会社のテニスサークル ゴルフのカントリークラブ 建築技士会 海釣りの会	府中市 八王子市 八王子市・稲城市など 八王子市（活動は静岡県）

（資料）アンケート調査より作成．

な活動では，活動に伴う人との交流はあまり期待できず，純粋に活動内容に没頭することになる内容である．このことから，活動の空間レベルによって，サークル活動の内容，性格に違いがあることがうかがえる．

　それでは，こうした違いは，男性住民が取り結ぶ社会関係にどのような影響

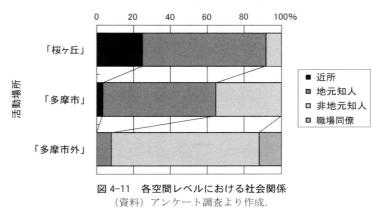

図4-11 各空間レベルにおける社会関係
（資料）アンケート調査より作成.

をもたらしているのだろうか。図4-11は，活動場所によって形成される社会関係との対応を表している。形成される社会関係についてはそれぞれ活動するサークルで，頻繁に接触する活動仲間がどのような相手であるかを指す。ここでは便宜的に，仲間が本人の自宅近くに住み，同一の自治会に所属しているような場合「近所」，多摩市やその近隣に住む場合「地元知人」，多摩市から離れ，区部や他県に住む場合「非地元知人」，現在またはかつての仕事を通じた知人が団体の活動仲間である場合を「職場同僚」とした。

図4-11を概観すると，例えば「桜ヶ丘」に活動の場を置く住民は，自宅の近所，つまり団地内およびその近辺（多摩市内）に住む人と活動をともにし，関係を取り結んでいることがわかる。同様に，「多摩市」に活動の場を置く住民も，60％以上の割合で同一自治会内の近所や，多摩市内・近隣市に住む人たちと活動をともにしている。またここからは，サークル活動そのものが場所に根ざしたものになっていることがうかがえ，自宅近くでサークル活動に参加することで，男性退職者たちは地域における社会関係を築くきっかけを得ていると考えられる。

4.4.3 就業状況別にみた活動の状況

ここで，男性住民の活動する場所と自宅との距離が，取り組みへの強弱や地域におけるサークルへの参加のしやすさにいかに影響するのか，また退職や在職の状態がいかに作用するのかについて考えるために，サークルの活動場所

表 4-6　就業状態別の参加者の活動場所と頻度

(単位：人)

頻度 場所	在職者			
	週に数回	月に数回	年に数回	総計
「桜ヶ丘」	0　(0.0)	3　(60.0)	2　(40.0)	5　(100.0)
「多摩市」	3　(33.3)	4　(44.4)	2　(22.2)	9　(100.0)
「多摩市外」	2　(12.5)	8　(50.0)	6　(37.5)	16　(100.0)
計	5	15	10	30

(単位：人)

頻度 場所	退職者			
	週に数回	月に数回	年に数回	総計
「桜ヶ丘」	3　(42.8)	3　(42.8)	1　(14.2)	7　(100.0)
「多摩市」	12　(52.1)	10　(43.4)	1　(4.3)	23　(100.0)
「多摩市外」	1　(11.1)	5　(55.5)	3　(33.3)	9　(100.0)
計	16	18	5	39

(資料) アンケート調査より作成.

とその頻度の関連性を就業状態別にみてみる（表 4-6）。活動場所に関しては，在職者が「多摩市外」での活動者が多い一方で，退職者は「多摩市」での活動者が多くなっている。これに対応して活動頻度も，在職者が「月に数回」，「年に数回」が大半を占める一方で，退職者は「週に数回」，「月に数回」が大半を占める。活動参加者にとって活動場所の近さが活動の頻度に及ぼす影響として大きいことはいうまでもなく，近い場所を選ぶことで高頻度の活動が可能になっているものと思われる。

　ここでは，以下の点が注目される。まず一つは，「桜ヶ丘」，「多摩市」などの自宅から近い空間レベルで，在職，退職別に活動の取り組みに明確な差がある点である。とくに「週に数回」の頻度で参加する男性住民についてみてみると，「多摩市」では，在職者で3人（33.3％）に対して退職者で12人（52.1％），さらに「桜ヶ丘」では，在職者で0人に対して退職者で3人（42.8％）となっており，退職者総計で16人と半数近い。これは定年退職により時間的な余裕が生じてきた退職者ならではの傾向であり，こうした高頻度の活動機会が得られる自宅の近隣は，頻繁に活動するようになった退職者を集める場所になっていることがわかる。

　もう一つは，退職者のサークル活動が物理的に行いやすいと推測され，徒歩圏内でもあるという点で，当事者にとり最も身近な地域である「桜ヶ丘」の範

囲で，それほど参加が多くないという点である。定年退職後の彼らのサークル活動場所が，実際に多摩市内に集中していることに加え，最も自宅から近い「桜ヶ丘」ではなく，「多摩市」のレベルを指向していることは，非常に特徴的だといえるだろう。

4.5 男性たちの地域参加〈在職者と退職者との比較〉

郊外に位置する計画的住宅地である桜ヶ丘団地において，サークル活動への参加を通した男性による地域コミュニティへの参加をみてきた。桜ヶ丘団地は，1960年代という高度経済成長の隆盛期にサラリーマン世帯の憧れの対象であった戸建ての高級住宅団地であり，私鉄系資本によって開発された最新のインフラストラクチャー，立地環境のよさを魅力として多くの上級ホワイトカラー層を集めた。入居した世帯においては，夫は専業主婦である妻の家事の支えのもとに長距離通勤・長時間労働を行い，男性サラリーマンたちはまさに家庭へと「寝に帰る」ような生活を送ってきた。フォーディズム体制下の明確な性別役割分業を体現した生活において，桜ヶ丘の男性住民たちが家庭や地域コミュニティに向き合う時間や労力がなかったことは，いうまでもない。

近年顕著になってきた「団地の高齢化」は，桜ヶ丘団地も例外ではない。高齢化とともに，桜ヶ丘において注目されるべきは，定年退職を迎えた男性たちがいかに仕事中心だった勤め人の生活から，新たな生活へとシフトするのかということであった。こうしたことを考えるための一つの目安となるのが，地域における社会関係の（再）構築機会としてのサークル活動への参加であった。サークル参加は，地域での関係構築の足がかりとして大いに期待されるものであるが，これまでまったく異なる生産領域の規範や価値観に頼って生きてきた彼らにとって，必ずしも容易なものではなかった。そのために，サークル活動への参加という傾向は，決して多くの住民に対してあてはまるものではない。

しかし，男性住民が退職をきっかけに地域に向き合う態度を変化させていることも見逃せない事実である。本章におけるアンケート調査の結果からは，60歳〜70歳の定年退職期を迎える時期に，サークル活動の参加を始めている男性の住民たちの姿が浮き彫りになった。彼らの行うサークル活動は，継続年数

からもわかるように，若い頃からのものではなく，最近 10 年以内に始めたものが多かった。また，地域で過ごす時間的余裕の生まれ始めた男性たちが，これまで関心の薄かった地域に関心を寄せ始めていることがうかがえる。

参加者の多くを占める退職者のなかには，自宅から近い「桜ヶ丘」や「多摩市」でサークル活動を志向する傾向がみられた。彼らのサークル活動の舞台は，自宅近くの「桜ヶ丘」よりもむしろ「多摩市」の空間レベルにおいて展開していた。これは，他の住民との接点がほとんどなかった男性たちの活動が，活動のバラエティや充実した施設，さまざまな興味・関心をもつメンバーを期待できる「多摩市」の空間レベルに向かうことを示しており，男性退職者による地域サークル活動への参加についての特徴的な傾向と捉えられる。

また，彼らの取り組む活動は，ゴルフやテニス，太極拳などの運動や，合唱，合奏，水墨画など文化活動で個人の余暇を楽しむ性格をもつものであるが，こうした活動は，小規模かつ複数の人間とともに活動するというタイプのサークルにより取り組まれるものであった。こうした退職者のサークル活動は，自宅からの距離とは関係なく，純粋に個人の余暇を楽しむことを求める在職者のサークル活動とは，大きく異なるものであろう。

このような背景から，自宅から近い場所で頻繁に活動するようになった退職者は，桜ヶ丘団地内や多摩市内の住民との接点をもつようになっていることもうかがえた。男性たちが参加する活動は，自治会や老人会と違って特定活動への興味・関心に根ざした選択的なものである。それゆえサークル活動は，地域での生活経験や地域の話題に乏しかった彼らでも，比較的気軽に「途中参加」する機会を得ることができるものであったのだろう。

サークル活動のもつ可能性は，必ずしも余暇の充実ばかりではない。誰にでも身近で選択的であり，しかも地域に根ざした関係を築く足がかりになるという側面には，男性住民や地域のニューカマーなど新たな人材を取り込み，地域のコミュニティの活性化をはかるという可能性も大いに期待できよう。また，地域でのネットワーク形成もこれまで主婦を中心とした女性たちの（よくも悪くも）「専売特許」となってきたが，男性退職者を含む男性住民がサークル活動への参加を通して地域へのネットワークを広げるということも十分に考えられるだろう。

サークル活動が社会関係を築くきっかけとなることが，男性たちの地域参加にどのように作用しているのか，次章で検討したい．

(注)
(1) 影山（1998）では，地域活動とされていたが，地域におけるサークル活動と定義が同じであるので，サークル活動として分類した．
(2) 多摩村は，桜ヶ丘同地区への入居を契機にイメージの向上をはかり，1964年（昭和39）に町制を施行，その後ニュータウンの入居開始を契機に1970年（昭和45）には市政を施行し，現在の多摩市となった．その後1970年以降，同市では宅地化が急速に進み，都心への通勤を前提としたサラリーマン世帯が求める郊外住宅地としてベッドタウン化していった．
(3) 急な斜面につくられた坂道であるために，道路は「いろは坂」と称されている．
(4) 京王バスは2008年（平成20）では1時間あたり平均3本運行されているが，桜ヶ丘団地内に入る路線は，終点（桜ヶ丘2丁目）まで停留所が4つしかない．こうしたことに加え，丘陵地帯の住宅団地の住民が高齢化している状況を受けて，多摩市では通院や余暇への公共的な交通モビリティ確保のために，1997年（平成9）よりミニバスの運行を開始している．
(5) 「約100坪（330m^2）という面積は，2世帯同居にも対応できる」との理由から，桜ヶ丘団地に家を購入したという回答もあった（アンケート調査より）．現在では，地区計画によって，最低限度の面積は165 m^2 とされている．また，桜ヶ丘2丁目は2001年まで独自に建築協定を定め，住区内のミニ開発防止に努めていた（多摩市桜ヶ丘2丁目住宅地区建築協定運営委員会，2002）．1970年代，桜ヶ丘分譲当時の土地価格は1坪あたり30万円であった．経済企画庁『国民経済計算－昭和40～51年度』によれば，当時東京都内の住宅地の土地価格が1坪平均10万円程度であり，加えて購入時の敷地面積を考えると，相当な額であったことがわかる．
(6) 国勢調査における「延べ床面積」の項目は，平成27年度から当該項目への書き込みの少なさや，統計処理上の理由により廃止された（http://www.stat.go.jp/info/kenkyu/kokusei/yusiki27/pdf/kikAku/02sy0401.pdf 最終閲覧日2017年8月12日）．
(7) 70年代後半より住宅供給が一段落したことを受け，住宅の面積規模の拡大がなされた．ニュータウンの住宅分譲では，2LDKおよび3LDKの間取りで平均70m^2を超えたが，平均的な核家族（世帯人員4人）が入居していた結果，こうした地区における1人あたりの床面積は大きく増えることはなかったという（多摩市桜ヶ

(8) 1981年（昭和56）以降，桜ヶ丘4丁目の一画には，近隣商業地域のひろがりとともに民間の賃貸アパートが建設され始め，さらに，1987年（昭和62）には，こうしたアパートの建設されている場所が第二種住居専用地域となって4～5階建ての中層マンションの建設が可能となった（樋口ほか，1998）．

(9) 桜ヶ丘の土地は，数年前から空き家や更地となっている場所を中心に改めて開発がなされており，分筆された土地に新たに建設された住宅が目立つようになった．この結果，かつて建築協定により定められた最低限度の面積を大きく下回る住宅が登場するようになったが，一方で広さや価格などの住宅購入の選択幅を広げており，地区への住民の転入が活発化しつつある．

(10) WHO（世界保健機関）の定義によれば，高齢化率21％超で「超高齢社会」となり，現在桜ヶ丘，多摩市，東京都はすべてこれに該当する．

(11) 多摩市の住民基本台帳によれば，2002年12月の段階で桜ヶ丘地区の高齢化率はすでに30％に達しており，その急速な人口高齢化に対しては，市の側でも公共サービスを中心にさまざまな政策を検討してきた（多摩市企画政策部，2003）．

(12) ちなみに，桜ヶ丘と比較した多摩市，東京都のそれぞれの高齢化率は，2010年に多摩市が東京都を逆転する形となっている．都心から20～30km圏の郊外である多摩市が，東京都の高齢化率の平均を上回り始め（2015年現在で26.5％），郊外空間が少子高齢化をめぐって深刻な状況に置かれつつあることがみてとれる．

(13) 2003年に行った住民への聞き取り調査およびアンケート調査によれば，就学や就職，そして結婚などを契機に住民の子ども世代（第2世代）の多くが桜ヶ丘団地以外の地域へ転出し，そのまま戻らないという．近年では，いわゆる近居も目立ち始め，聖蹟桜ヶ丘駅および多摩センター駅近隣の分譲マンションに子ども世代が住み，親元に定期的に通う例もみられた．

(14) ただし，国勢調査によれば2010年には世帯人員が，2015年には人口が微増しており，桜ヶ丘地区の分筆と再開発後の人口転入の影響も考えられる．

(15) 40歳代の世代が増加傾向にあるが，これは桜ヶ丘に最初に入居した住民世代の子ども世代（第2世代）ということも考えられ，地区外部からの転入については検討が必要である．

(16) 1971年当時の自治省が発表した「コミュニティに関する対策要綱」をベースとして，多摩市では1975年より実施されている政策である．

(17) 活動施設は研究が行われた2008年までのものである．現在は，多摩市のコミュニティセンターは，これらに加えて，多摩市立唐木田コミュニティセンター（か

らきだ菖蒲館），多摩市立三方の森コミュニティ会館，和田・東寺方コミュニティセンター（2018年完成予定）と，あわせて3つのコミュニティセンターが新たに設置されている．

(18) 藤田・吉原（1999）では，文化人類学者の米山俊直が示す「血縁」，「地縁」，「社縁」をベースにしながら，都市空間における人々の結びつき，すなわち「縁」の分類を行っている．その中では，伝統的な結びつきである「血縁」，「地縁」が解体する一方で，新しい，部分的な結びつきである「社縁」が生じ始めたことが指摘されている．社会学者のF.テンニースが提唱する「ゲゼルシャフト」なども，ここに分類される．日本においては，都市工学者の望月照彦が「社縁」にあたる類型を「値縁」と名づけながら，さらに新たな結びつきとして「知縁」を提唱している．上野千鶴子は，こうした望月の類型を踏まえつつ，「血縁」，「地縁」，「社縁」（あるいは「値縁」）を「選べない縁」，また「知縁」を「選べる縁」として定義する（藤田・吉原，1999：167）．なお上野は，既存の縁に真の意味では取り込まれてこなかった女性たちの横の結びつき（ヨコ型社会）である「女縁」の存在は，「知縁」や「選べる縁」を議論する上で，不可欠なものであると述べている（上野・電通ネットワーク研究会編，1988：62-63）．

(19) 多摩市のコミュニティ文化課（現・コミュニティ生活課）は，市内のコミュニティセンター，福祉館などの施設を管理しているため，これら施設を利用する団体の活動のようすや，団体の代表者などの概要を聞き取った．また，民間や個人で主催するもののすべては把握しきれないが，多摩市が把握する「知縁的な団体」については，毎年発行される『地域デビュー手引書』や，市民活動情報検索サイト（http://www.tama-shimin-katsudo.com/）などに掲載がある．ちなみに，最新の『地域デビュー手引書』においても，活動に関心をもち，実際に団体においても一定の割合で参加するようになった高齢者層を対象とした記事が散見された（多摩市くらしと文化部，2017）．

(20) アンケートは，「居住に関するアンケート」というテーマで世帯主を対象に依頼し，配布・回収したものである．質問票には大きく，①回答者と世帯に関する質問，②回答者の仕事に関する質問，③回答者の活動に関する質問をたて，それぞれについて具体的な状況を尋ねる項目を設定した．とくに，本章にて中心的議論となる③については，「最も熱心に取り組んでいる組織的な活動への参加」という項目を設定して，活動への参加状況を回答をしてもらった．さらに，活動に参加している人（参加者）については，「中心的に取り組んでいる活動」という尋ね方で回答者に一人ひとつずつ現在進行形で参加している活動を挙げてもらうよう

(21) アンケートに回答した世帯主は，総回答数186世帯中，男性が181名，女性が5名であった．しかし，本章の趣旨に基づき，男性世帯主に限定した分析を行った．なお，今回のアンケートについては，桜ヶ丘団地に住居をもち，そこで暮らす世帯主（2003年当時）を対象としたものであり，配布した質問票内においては「サークル活動」という言葉を用いたり，これを使って回答を呼びかけたりするようなことは行わなかった．このため，当該活動の参加者がより積極的にこのアンケートに回答し，結果として彼／彼女らが回答者の中にとくに多く含まれたという可能性は極めて低いと思われる．

(22) アンケート調査では，「退職している／退職していない」と現在のおもな収入源をたずねた．在職については，「退職していない」という人に加え，「退職している」と答えた人の中でもおもな収入源が稼働所得である人は，再就職したものとみなし，在職に含めた．したがって，非常勤やアルバイトとして働く人の場合は，在職に含まれる．

(23) 人数としては少ないが，桜ヶ丘団地に世帯主としてではなくその子どもとして入居し，現在に至るまでに代替わりして世帯主となった居住者もいる．

(24) 倉沢は，それぞれの活動内容に関する特徴を以下のように挙げている．「自己充実型活動」は，地域に還元されることが直接的には乏しく，他の2つとは区別されがちであるが，余暇時間の増大とともに一番関心をもたれやすい活動であり，コミュニケーション・ネットワークを広げることや人間関係を円滑にする意味で意義が大きい活動である．「社会奉仕型活動」は，直接的に地域に還元される活動であり，ボランティア性が高く，住民同士の集団活動経験の場としても高く評価される活動である．「問題解決型活動」は，一人ひとりあるいは1世帯のみでは解決できない活動であり，地域の住民相互が連結しあって，生活向上に努めていく活動である（倉沢，1998：48-53）．

(25) サークル活動を行う際の拠点を意図し，「主な活動場所はどこか」という設問で，「桜ヶ丘」，「（桜ヶ丘を除く）多摩市」，「東京都」，「その他（東京都以遠など）」の4つの項目の中から一つ選択してもらった．なお，分析に際しては，「東京都」と「その他」をあわせて「多摩市外」に一括した．

(26) 先に触れたとおり，多摩市ではミニバスが定期的にニュータウンや既存地域を巡回しており，自家用車をもたない高齢者は頻繁に利用している．ちなみに65歳以上の居住者にはバスの無料乗車チケットが配布されている．

第 5 章　男性退職者のサークル活動参加プロセス

5.1　桜ヶ丘団地近隣のサークル活動団体

　本章では，桜ヶ丘団地の男性退職者たちが行うサークル活動を通じて，社会関係を構築する過程について明らかにすることを目的とする。本来ならば，前章で行ったアンケートについて，全アンケート回答者に対する聞き取り調査を行うことが理想であるが，サークル活動参加者とされた69名全員の調査は時間的な制約もあり，不可能であった。そこで，自宅から近い範囲で，高頻度に活動を行っている65歳以上の男性退職者に注目し，質的な聞き取り調査[1]を実施した。以下では，彼らがどんな過程を経て地域における社会関係を形成したのか（または，形成しようと努めたのか）について，個別事例を分析・検討する。こうした事例の質的な分析を通じて，男性退職者たちがこれまでの生活や価値観をいかに見直しながら生産領域から再生産領域への参入をはかるのか，郊外空間における地域への参加にどのような認識の変化をもって臨んでいるのかを考察したい。

　男性退職者の行っているサークル活動の概要を把握するために，まずはアンケートで回答されたサークル活動の中から，桜ヶ丘団地近隣で週に1回から2回ほどの頻度で行われているサークル活動をいくつか選定し，その設立経緯や現在のサークル参加者の性別・年齢構成などについて調べた。具体的には，アンケートで用いられた「桜ヶ丘」や「多摩市」に位置するコミュニティセンターや総合体育館を活動場所とする団体の協力を得て，18団体に補足的な聞き取り調査を行った。

　表5-1は，桜ヶ丘団地近隣のサークル活動の一覧である。団体代表者・参加

表 5-1 桜ヶ丘団地近隣のサークル活動一覧

団体	代表者（年齢）	設立年	継続年数	活動内容	団体内の年齢構成（人）				総計	男性の割合（％）
					男性		女性			
					65歳以上	65歳未満	65歳以上	65歳未満		
1	男性（73）	2000	3	教育に関するNPO	7	1	1	0	9	89
2	男性（67）	2000	3	卓球クラブ	7	0	6	3	16	44
3	女性（70）	1999	4	合奏・合唱グループ	2	0	8	0	10	20
4	女性（65）	1999	4	コミセン運営協議会	8	1	21	5	35	26
5	女性（64）	1999	4	俳句の会	1	0	13	4	18	6
6	男性（70）	1998	5	室内スポーツ	8	2	5	4	19	53
7	女性（62）	1997	6	給食ボランティア	7	0	17	3	27	26
8	男性（68）	1993	10	歴史勉強会	50	0	2	0	52	96
9	女性（65）	1993	10	茶道教室	0	0	6	2	8	0
10	女性（80）	1990	13	体操クラブ	0	0	23	2	25	0
11	女性（68）	1990	13	福祉ボランティア	1	0	10	0	11	9
12	男性（63）	1989	14	太極拳・拳法	2	0	5	0	7	29
13	女性（74）	1988	15	福祉ボランティア	6	0	16	6	28	21
14	男性（78）	1987	16	テニスクラブ	14	4	11	2	31	58
15	男性（72）	1985	18	環境に関する任意団体	10	0	0	0	10	100
16	女性（60）	1980	23	古典の読書会	4	0	8	2	14	29
17	女性（？）	1978	25	油絵・絵画	1	0	8	0	9	11
18	男性（69）	1973	30	男声合唱団	12	5	0	1	18	94

（注）継続年は，2003年当時のものである．
（資料）聞き取り調査より作成．

者ともに60歳代以上の住民で構成される年齢グループであり，全体として高齢期に差しかかる住民により構成されるサークルが多い．聞き取りの結果をみると，性別に注目した場合には，(1) 男性の参加が過半数を占め，男性の代表者が中心的な運営を務めるもの，(2) 男性の参加は少なく，女性の代表者が中心的な運営を務めるもの，に二分されていることがわかる．男性がサークル活動に参加する際に，女性住民が設立した既存のサークルにはなかなか参加しにくい（参加できない）という傾向もうかがえる．

これらのサークルの設立された時期をみてみると，1970年代から（調査の行われた2003年まで）30年間継続している歴史の古いものから，2000年以降つくられた2～3年程度の新しいものまで幅広く存在する．設立時期に関しては，男性が代表を務めるサークルに比べると女性が代表を務めるサークルのほうが，設立年が全体的に早めであることがわかった．今回の調査に限っていえ

ば，歴史のある古いサークルを除いて，現在の代表者が当該サークルの設立者である場合が多く，女性代表者の場合には，およそ半数にあたるサークルが50歳代に入り立ち上げられている．これに対して，男性代表者の場合には，定年期以降，60歳代あたりから立ち上げられたサークルが目立つ．いずれの場合にも，代表者が地域の活動に取り組むための時間的余裕を持ち合わせた時期であることがうかがえよう．

一方で，サークル内の参加者に目を向けると，サークルに占める65歳未満の参加者の中には，女性住民がある程度含まれているのに対して，男性住民の参加者は数えるほどである．代表者，参加者ともに，前章で明らかになった通り，男性の地域への参加は，仕事を終えて定年退職期を迎える50歳代後半から60歳代の間に始まるという特徴がみてとれる．このようなことから，地域における既存のサークル活動への参加には，性別によって大きく異なる背景があることが推測される．

各サークル活動の内容は大きく区分すると，趣味や健康など個人の生活の充実をはかるような自己充実型の活動や，ボランティアやNPOなどによって地域の充実をはかるような社会奉仕型の活動などが挙げられる．こうした活動内容は，参加者構成の男女比に関連すると，女性を中心としたサークルには自己充実型活動に加え，無償ボランティアなどが含まれる社会奉仕型活動が混在している反面，男性を中心としたサークルでは自己充実型に偏っていることがわかる．すなわち，男性代表者によるサークル活動8団体のうち，教育に関するNPOや環境に関する任意団体以外は，テニスクラブや合唱団などの余暇的な活動を中心とするサークルである．こうしたサークルはいずれも特定の活動内容に関心をもつ者同士でつくられる「知縁的な団体」であり，地域との密接な社会関係をもたない多くの男性退職者が参入していくには，極めて身近で有効な手段であるといえる．

5.2 地域参加プロセスの類型

男性退職者がサークル活動参加によって形成する社会関係とは，具体的に活動をともにする参加者同士のつながりを意味する．サークル活動への参加を始

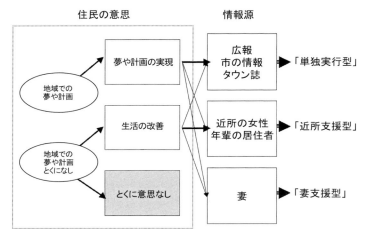

図 5-1　男性退職者によるサークル参加プロセスの類型
(資料) 著者作成.

めた男性退職者は，参加者と知り合うことで初めて地域の人間との接点をもつことになる。男性住民のサークル活動への参加は，先述のように退職期を迎える50歳代後半から60歳代にかけて始まる傾向にある。また，その活動場所は「多摩市」を中心とした自宅近くの空間レベルであり，週に1～2回程度の頻度で頻繁に行われる傾向があることがわかった。

本章では，前章にて明らかになった男性退職者のサークル活動について，その参加プロセスをより詳細な個別事例から検討するために，便宜的に男性退職者の参加の仕方を3つに類型化した（図5-1）。

男性住民のようないわゆる「パートタイム住民」や新住民，ニューカマーにとっては，地域への参加というものが，単にサークル活動や地域活動に関する情報の提供だけでは不十分であり，さらには参加を丁寧にサポートする人物の存在があってこそ，はじめて成立するものであることが指摘されている（Haper and Laws, 1995）。そこでここでは，情報提供や参加を後押しする媒介者に注目しながら，サークルの設立を自ら行ったり，広報やタウン誌などの公の情報を頼りに，自発的，積極的に参加をした場合を(1)「単独実行型」，また隣人や近所の知人からの口コミ情報などを頼りに，彼／彼女らの関係に頼りながらサークル参加をした場合を(2)「近所支援型」，最後に，妻からの情報や関係

表 5-2 サークル活動に参加する男性退職者の属性

退職者	(年齢)	サークル	退職する前の職	退職後のおもな収入	サークル開始時期 在職期	サークル開始時期 退職期	参加の契機	参加プロセス類型
A	(67)	卓球クラブ	会社員（鉄道運輸業）	厚生年金		★	市の広報・タウン誌から	単独実行型
B	(73)	教育に関するNPO	会社員（鉄鋼製造業）	厚生年金		★	市役所（職員）の情報から	単独実行型
C	(72)	男声合唱団	会社員（石油製造業）	厚生年金	★		市の広報から	単独実行型
D	(65)	歴史勉強会	会社員（化学薬品卸売）	厚生年金＋給与所得		★	先輩住民からの勧誘	近所支援型
E	(69)	コミセン運営協議会	公務員（区役所）	不明		★	近所の女性からの勧誘	近所支援型
F	(73)	合奏・合唱グループ	会社員（情報通信業）	厚生年金	★		近所の女性からの勧誘	近所支援型
G	(74)	福祉ボランティア	教師（公立中学校）	共済年金		★	妻の勧め	妻支援型
H	(78)	テニスクラブ	会社員（化学薬品卸売）	厚生年金＋給与所得	★		妻の勧め	妻支援型

（注）「退職する前の職」においては，会社役員などを経験した人もいるが，役職の変遷が不詳である場合もあるため，ここでは一律に「会社員」とする．
（資料）聞き取り調査より作成．

を頼りにサークル参加をした場合を（3）「妻支援型」とした。

こうした媒介者の存在は，郊外コミュニティに確固とした人間関係をもっていなかった男性たちにとって，とても重要な存在であることが考えられる。また，これまでなかなか注目されてこなかった存在ゆえ，郊外空間でのジェンダー関係の再編を個別具体的に考えていこうとする本章においては，地域参加をサポートする媒介者の存在がいかに男性たちに影響を及ぼすのかを注目していきたい。

5.3 男性退職者によるサークル活動の組織化

表5-2は，先ほどの類型に従いながらサークル活動に参加した男性退職者の属性を示したものである。男性退職者によるサークル活動への参加と地域における社会関係の再構築が具体的にどのようにして始まるのかを，地元のサークルに参加した人々の事例[2]を挙げて明らかにする。以下，参加プロセス類型に沿って順番に検討してみたい。

5.3.1 単独実行型の場合

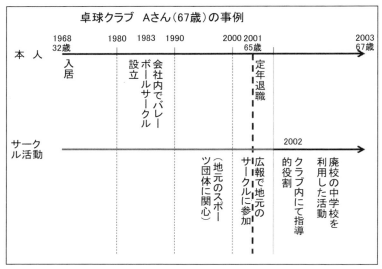

図 5-2　Aさんのライフコース
(資料) 聞き取り調査より作成.

　単独実行型は，退職者たちが広報やタウン誌など公の情報を活用して，自力でサークル参加を成し遂げた人々である。これらに分類される退職者たちは，在職中からすでに何らかの余暇的な行動を行っており，退職後もこうした活動を通じて他者との接点をもつことにより地域への参入を果たしているという特徴がみられる。

(1) 卓球クラブを設立したAさん

　まず，退職後に卓球クラブを設立し，現在数人の仲間とともに運営と活動をともにするAさんの事例である（図5-2）。多摩市内の文化センターや体育館において活動するAさんらは，週に2回程度集まり，数時間トレーニングで汗を流す。運営にかかわる男性たちで開くミーティングで活動場所や日程をあらかじめ決定し，1カ月前には参加者全員に通信（A4用紙の紙媒体）をつくって通知する。活動場所の決め手は，メンバーの自宅からなるべく近い施設であることであり，桜ヶ丘をはじめとして連光寺や関戸など近隣地区に住む参加者たちは，それぞれが徒歩や自転車，または仲間同士の送迎により活動場所に集

まっている．Aさんは，退職後にはじめて知った桜ヶ丘団地の高齢化のようすとサークル活動のきっかけを，次のように語る．

「まあ，でもずいぶんお年寄りが多くなりましたよね．60歳以上の単身のご世帯は，まだ若い方だけど．（高齢の）女性の一人暮らしが多いかな．だいたい7, 8歳夫婦で違うから，男性が先に逝くのでしょう．あとは，私みたいな定年退職した男性が目立つようになったね．マーケット行けばすぐわかるのだけども．奥さんについて回って，買い物している人，ウョウョいますね．昔だったら，旦那はうちから出てこなかったよね．でも今は，本当に多いよ．京王ストアとかに行けば」

「相続税が高いわけよ．一緒に住んでいても，そうでなくても．相続がなかなかできない．100坪割っている土地はまず譲れないよ．それで，不動産屋から毎日土地を譲れと，広告が入ってくる．（中略）だから，高齢で単身の人は多くなりましたね．介護の問題も深刻になって．うちの女房もご老人のお弁当配り（ボランティア活動）をしていますよ．（中略）子どもに世話になるわけにはいかないということもありますね．自分たちでやって行くのだ，という．私は，持論がしっかりしているというか．体が駄目になれば，嫌でも『養老院』行きだから．近所にも，昼間だけ，みんなと一緒に（デイサービス）のようなものは利用している人たちもいるね．……（デイサービスが）嫌いなひとも，いつかはね，そうなるのよね」

Aさんは1968年入居で，居住歴は35年になる．鉄道会社に勤務しており，本社の渋谷区まで毎日1時間半かけて通勤をしていた．就業時は，帰宅後や休日も仕事を自宅に持ち込んでいたため，地域や桜ヶ丘団地の自治会活動などについてはほとんどかかわる時間がなかった．しかし，趣味であるスポーツはずっと欠かすことはなく，社内においては自ら率先してスポーツサークルを設立して活動していた．多忙なときでも時間をみつけてスポーツをする機会をつくり，自ら設立した社内のサークルには必ず月に1回参加した．Aさんにとり，スポーツによって，職場の仲間とのよいつながりができたことは大変貴重な経験だっ

たという。

　「○○（鉄道会社）に勤めていました。会社は，渋谷が本社。朝の通勤自体は便利だけど，混むし，特急がないから大変だった。昼間のほうがアクセスよいね。ラッシュとか考えて，20分くらい余計にみて出社したりした。傍系の会社『○○車輛』っていうのに勤めていたから，65歳まで働いていましたね。女房の両親と，女房の妹と一緒に住んでいた。渋谷までは，そんなに遠くなかったけど，結局仕事ばかりでした。ローンもあったし，家を途中で投げ出すわけには行かなかったしね。（中略）子どもたちは，都立高校。学校は多摩市の……私立にはいかなかった。ああ，近所には有名な学校の制服の子どもさんもいたね」

　「会社で，バレーボールやっていたのよ。レクリエーションでね。まあ，僕は学生の頃から卓球やっていたから，基本的には卓球ってことで，サークルをつくったわけ。そしたら，みんな関心なさそうにしていたのに，おもしろがって参加してくる。自分でやるのは，いやなんでしょうね。（中略）でも，チームワークっていうか，仕事にも反映しますよね，スポーツで一緒に汗流すと」

　退職後，まもなくAさんはスポーツサークルを多摩市の情報誌で探し，卓球サークルに参加した。だが，サークル内での折り合いが悪く，そこで知り合った仲間たち（男性）3人で新規にサークルを設立した。

　「体動かす人はさほどいないよね。前から鍛えていたりしないと。この社会も厳しいわけ。体が動かないと飛び込めないんじゃないかな。多摩広報にね，募集が出るわけよ。顔出すのだけど，レベルが違うの……駄目だよね。相手の印象も違う。威張っていたり，雰囲気が悪いところもたくさんあるから。気分のよい人たちとできれば，それが最高だが，なかなかそうもいかない。そういう時に，いやになっちゃう人もいるのじゃないかな。でも，私は新しいところでも平気で飛び込んでいったし，ヘコタレなかっ

たの。まあ，同じ境遇の男たちもいたからね」

卓球クラブ参加者の構成は，男性の設立者と男性のコアメンバーによる運営にもかかわらず，男性の参加は4割を占める程度である。「卓球初心者歓迎」と記された通信やAさんの親しみやすい人柄も手伝い，女性の参加者はここ数年で急増したという。メンバーの多くは，会社勤めや子育てを終え，家庭の外で余暇時間を楽しみたいという人々であり，週2回集まり卓球に打ち込んでいる。

「私は週のうちほとんどは卓球でしょう。自分では人と何か一緒にやるのは苦痛ではないからね。まあ，いつかはと思うけど……まだ，おじいちゃんたちと『パッパー』みたいなことはやるつもりはないなぁ。要するにその……歌や，お遊戯ね。本当にでも，その人たちは車椅子に近いよね。私のサークルでは70歳からはじめたおばあちゃんもいるくらいで。水もとらずに卓球しているくらいだよ。2時間で100円，体育館を借りることができるから。多摩市は体育館いくらでもあるよ。時間制限あるけどね，立派な体育館がたくさんある。やる気があればチャンスはいくらでもあるということ」

Aさん以外の幹部メンバーは，学生や勤め人の頃から部活動やレクリエーションという形で卓球にかかわってきた卓球経験者であり，それゆえ慣れ親しんできたスポーツによって，老後の体力低下や身体の衰えを少しでも克服したいという思いをサークル設立の動機としていた。Aさんは，スポーツを楽しむサークル活動が生み出すつながりや，人間関係の深まりはある程度期待していたものの，卓球サークルが参加者たちの「サロン」になることは想定し得なかったという。実際に，メンバーは卓球以外でも多摩市近隣で集まることがたびたびあり，退職後における生活スタイルの変化をめぐる戸惑いや，女性の場合には退職した夫との家族関係についての不満なども共有をしているそうである。

「いろいろな役割や，町内会もあるのだけど。ゆう桜ヶ丘（コミュニティセンター）の全体のお祭りなんかもありますけどね。手伝ったりしますよ，

それなりに。催し物なんかもほかの地区でもいくらでもいけるわ。桜ヶ丘の自治会もあるし，旅行なんかもあるけど。ただし，行きたい人はね。私は，集まりなら何でもよい，ということじゃなかったから。体を動かしていくという集まりね。(中略)会社でも，サークルでもそうなのよ。だいたい，『俺が，俺が』じゃ駄目だよね。常に，犠牲的，ボランティア的に行かないと，リーダーがね。(中略)うちは，卓球は競い合う人のクラブや，楽しみましょうってクラブやいろいろ。でも，うちはこすからい方じゃないから。結局，お話でもいいから，集まって『楽しみましょう』の方ね」

雰囲気やメンバー同士の相性もあり，サークル運営は複雑であると感じる反面で，卓球を通して続く住民とのつながりや，メンバーから頼りとされる自らの立場にやりがいを感じているという。Aさんは，自らのサークル活動を中心とした引退生活を家族との関係に照らしながら，次のように述べている。

「今は利便性がよくて，駅周辺のほうが売れる。よく引っ越す人もいるくらいで。近居する家族も多いですよ。家の娘夫婦も……こんなところ，買えませんよね，家もね100坪きっているから。割って売れないわけ。(中略)やっぱり違う環境で育ってきた方同士だと，一緒に暮らすのは難しいよね。弟のうちは，弟の娘の夫婦が同居しているけど。桜ヶ丘に来て暮らすのはいろいろ個人によるよね。……でも，うちは子ども夫婦とは同居するつもりはないね。口だけではいうけど。お互い遠慮しているから。でも毎週土曜日には車で来るよ，近距離ですから。いまのほうがお互い心地よいのでないかな。子どもといるのもいいけど，今は，友人と楽しみたい」

(2) 教育に関するNPOを設立したBさん

次に，NPOを設立し，代表の役職に就くBさんの事例である（図5-3）。Bさんのサークル活動は，厳密には社会奉仕型活動に区分されるものであるが，退職前の早い段階から地域に根ざした活動に関心を寄せてきた男性の事例として注目したい。

Bさんは1968年に入居し，居住歴は35年間である。鉄鋼会社の企画部に所

5.3 男性退職者によるサークル活動の組織化　93

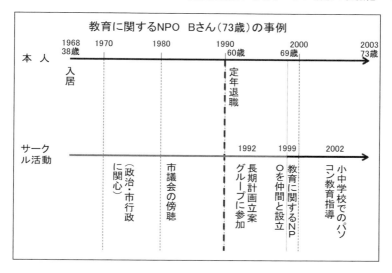

図 5-3　Bさんのライフコース
（資料）聞き取り調査より作成．

属し，業務の企画・立案に専念してきた．千代田区に勤めていたが，平日は夜遅く帰宅して朝早くに出勤しており，週末は自宅での時間を残業の処理や企画の勉強に利用していたため，ほとんど地域の人間との接点はなかった．度重なる転勤や単身赴任，海外赴任なども多く，家族と別居する期間もしばしばあった．

「生まれは，栃木県の足利です．独身のときは神楽坂で，結婚してからは練馬．公団があたらなかったから．しばらく江古田に．仕事は，会社勤めで企画を．仙台で港をつくるっていうのやっていた．千葉にもしばらくいた，臨海工業地帯建設を．単身赴任で．内房にも1年間転勤で行ってきたけど．地方に行ったのはそれだけね．30代くらいのとき．（中略）何にせよ，ここら辺は山もあるし，富士山も見えるし．せがれの代は違うのだけど．山があって，川があってというところじゃないと，われわれは駄目だったの．私が生まれたところは，山があるところだから，都心からここを選んだわけ」

「奥さんとは今二人暮らし。彼女が結婚したとき，会社で働きたいみたいなこといっていたけど，俺が稼いでいたからその必要はなかったね。専業主婦でやってきたよ。昔は女性が勤めるのは，あまり流行りではなかったから。『あたしは，会社に勤めたかったのに』って，50過ぎていっていたこともあったけど。会社勤めはそんなに簡単にできるものじゃない」

サークルに参加して行う趣味はとくにもっていなかった。近所の人とは挨拶を交わす程度であり，どのような人が桜ヶ丘団地や市内に住んでいるのかなどにも関心はなかった。また自治会の役回りや，夏祭り，バザーなどの団地内での行事は，ほとんど妻に任せきりであった。だが，引退後の生活は，Bさんにとって思い描くような穏やかものではなかったようである。

「男が威張っていた分，(地域で)女がその反動で威張っているじゃん。女ってのは，強制的でイカン。子ども扱いですよ。われわれが家庭にいると，子どもみたいに扱われる。どの旦那もそうだよね，きっと。『私のいうこと聞きなさい』って。自分が間違っているって，わかってないのかね。(中略)『……将来のこと考えて言ってやっているのに，あんたは何で私のいうこと聞かないの』って，そう言っていたのうちの奥さんが。一緒にのんびりしたってよいようなものでしょう。(中略)あんまり女が威張り散らしちゃいけないよ。男もまたね，女見たらお茶入れろというのも確かにいけなかったのだけどさ」

Bさんは，退職後にしばらく自治会の活動，桜ヶ丘のコミュニティセンターの運営にかかわった。この活動を通して，彼がみてきた退職以降の地域社会のようすについて，以下のように語る。

「みんなと一緒になるためには，自分で話題を提供する。何を提供してもいいのだけど，皆様を集めるには，皆様の関心を集めるような話題じゃないとね。デパートの社長さんだとか，建設会社の社長さんとか，役員さんもいろいろ住んでいるから，なかなか一同に会するのは難しいけどね。(中

5.3 男性退職者によるサークル活動の組織化

略)知り合いが自治会会長さんやっていたけど,彼は封建的なんだよ。ムラ社会みたいなやり方で。だから,そんなのじゃ駄目だって。(中略)その後,会長やっていた彼も,癖があったから。難しいですよ,役員やビジネスマンばかりなのだから」

Bさんは,当時から地域での生活には周囲との摩擦もなく,抵抗なく参加ができたと語る。その上で,会社と地域との特質の違いや,そこでの男女間のふるまいや,やりとりに強い関心を示している。

「ただ,男も女もさ,自分の時代だって思っているからさ。なかなか,上手くいかないわけ。お互いにうまくやっていくには,わかり合わないといけない。俺は,専門家でもないし,学者でもないけどさ。みんなが納得してくれれば,それでよい。(中略)自治会のほうは,女性ばっかですけど。男は俺だけでというときもあって。ほかの男性もこれから参加するのじゃないかな。でも,難しいよね,男は。(中略)ここの会長って,女性がやることも多いわけ。それで,女性が男性にいいにくいわけよ,いろいろね。男性のほうも聞かないじゃない,『会長』とかいわれる人が。そんな,会社でもあるまいし。(中略)隣の奥さんや,小学校の先生あがりが,俺に命令なんて……って思うわけよ。俺だってそう思うかもしれないから」

「……コミュニティも,女性ばかりでしたしね。男性の名前だけど,(夫の代わりに)女性ばっかりいた。みんな男は働いていたからさ。今は,(男も)たくさんいるようになったけど,それだけじゃ駄目ってこと。男が,意識改革しないと駄目だね。会長とか好きなやついるじゃんか。役職だけというか。いるよね,役職ついちゃうと威張るやつ。自治会長とか……会社みたいに。ただのおじさんなのに威張るやつ。『この男,たかだか自治会長なのに』って。俺びっくりしちゃったよ」

その後,Bさんはかつてから職場で任されてきた企画の手腕を市の行政でいかそうと,市で募集していた基本条例や長期計画の立案にかかわるグループに

加わった。その後，長期計画の立案グループの関係で知り合った多摩市情報課役員からの話で，多摩市のIT教育についての促進・普及についての問題に関心をもつようになる。

> 「定年退職後，多摩市の15年計画というのを手伝っていたの。多摩市の市役所に地域の憲法（基本条例）づくりの手伝いを。チームに入って，市と一緒につくっていたわけね。その際に，多摩市の産業をつくろうという話になるわけ。産業ですよ，シリコンバレーみたいな。そこで，情報化っていうのかしら。IT教育かと思って。市長説得したりして，大変でしたよ」

Bさん自身はパソコンのスキルがほとんどなかったが，独学でなんとかワープロ機能まで習得した。職場を離れた現在でも，自治の勉強や自治問題の情報発信に余念のないBさんは，勉強ツールや文章表現としてのパソコンスキルの習得の必要性を痛感したという。活動をともにしていたグループのメンバーを中心に，簡単な文章作成ソフトの使い方やインターネットの習得を教育の場に取り入れようという目的で，IT教育についてのNPOを立ち上げる計画が始まった。パソコンスキルに明るいメンバーは発起人の中に数名いたが，最年長者であったということからBさんがNPOの代表に選ばれたという。

> 「今は，文明の転換期なの。今までは，モノの時代で，高速道路を造っていたけど，今は情報のやりとり。だけど，人間は交流しなければいけないから。これからは，文化の時代というわけ。新しい文化の時代に向けて，みんなで勉強会しましょうと。新しいコミュニティをつくろうじゃないか，っていうのがこれ（サークル）。△△（多摩市内の企業）で場所借りたりしてやっています」

教育に関するNPOの参加者は，ほぼ男性ばかりであり，多摩市内の男性退職者が多い。とくにメンバーの募集などはHP以外には行ってこなかったが，市役所職員からの紹介やNPO設立を口伝えで聞きつけた人々が，Bさんのもとに集まった。彼らはシステムエンジニアをはじめとして大学教授，教員など

5.3 男性退職者によるサークル活動の組織化

の職に就いていた人々である。Bさんの活動サークルの参加者たちは，退職後は地域に技能を還元したいという目的意識を共有する。活動場所は多摩市から借りたパソコン設備のある会議室や文化センターであり，週に1度（平日）必ず行う[3]。パソコン指導の計画案づくりとメンバー同士のコミュニケーションのために不可欠であると，Bさんが考えるためである。

　「市の『憲法』つくろうとか，IT教育やろうとか。そういうのは男のほうが多いかな。俺らがやっているようなのは。女性はそんなに難しいことはやらないよ。なかなかカタイみたいで入ってこないよねぇ。（中略）文化活動は，女の人がほとんどだね。俺も油絵を女性に混じってやっていたことあったけど。まあ。おじいちゃんだから，男も女もないのでしょうけど」

メインの活動は，多摩市内の小・中学校や学童などに個別に赴いてパソコン指導を行うことである。メンバーは一人ひとり担当地区を決めて訪問し，小・中学生の自習補助や学習指導員としてパソコンを教える。Bさんは，自分たちの活動を謙虚に評価しながらも，活動の熱意が子どもの教育や発達に役立つことを願っている。Bさんは，メンバーの意欲や技術が，これまでの仕事人生に基づいたものであることへの確信は強く，職場での経験や知識を住民や地域に反映できることにやりがいを感じているという。

市での提言づくりやNPO設立，そしてIT教育普及に対する関心の背景には，行政への住民の関与のあり方への強い理念などもうかがえる。会社での企画経験を地域での活動に活かしてきたBさんは，いく度となく行ってきた市役所や市職員との話し合いや交渉を以下のように語る。

　「今まではお国のために働いてきたわけなのだけど。これからは，地方分権，地域のために働こうと思ったの。コミュニティもいろいろやらないといけないわけ。だからさ，市役所に何でも『陳情』に行くとかはおかしい話だ。彼らを私たちは雇っているわけですからね，税金で。行政が権力もっているから，だからおかしいの。民主主義は市民が『主』なんですからね。（中略）住区単位で自立していかなきゃいけないわけ，自治を確立してね。役

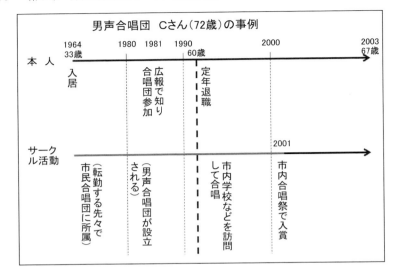

図 5-4　Cさんのライフコース
(資料) 聞き取り調査より作成.

所の下請けじゃ駄目なわけ。昔は、お上や国に頼っていたわけだけど。今は、もう市民が国に奉仕するって時代じゃないと思う」

(3) 男声合唱団に参加したCさん

Cさんは、広報を通じて現在のサークル活動に参加した男性退職者である (図5-4)。Cさんは、山口県や広島県などの転勤を経て、東京の勤務が決まった1964年に、桜ヶ丘団地に入居した。居住歴は39年間になる。桜ヶ丘に移り住んでから退職までは、港区にある石油会社の本社に勤めていた。

「僕が勤めていたのは、石油会社ね。京王帝都電鉄とは関係ありませんよ。駅の看板を見て、桜ヶ丘を知った程度だし。(本社の) 東京駅まで1時間半くらいね。よく通ったよね。所沢や東村山も見に行ったけど、ここは一番よかった。上下水道完備、ガスもあり。区画もきっちりとしていたしね。この辺を農家から買うと、普通は田んぼや畑そのままで、おトイレは浄化槽でしょう。パイプがきてなかったりして、水洗便所じゃないわけ。ガス

もプロパンだったりとか。ここは，しっかりしていたなあと。下 [4] からすると坪1万円くらいは高かったけどね。角地で3万円……下は2万くらいだったものね」

「転勤している頃は，工場が山口県にあったからそこの社宅ね。そのあと，東京にきてからは，会社の人数も増えてきて，練馬に（社宅が）あったのだけれど，吉祥寺に新しくできて，そこに移った。そこに6年間くらいいたかな。そのあとは，会社のほうが『これ以上社宅にいてもらっては困る』ということで，会社からお金を貸してもらって，家を探し始めたわけ。お金を借りて，東京に土地を買うということで。会社で僕も社員に対してそういう（持ち家を促進する）立場だったから，自分も率先してという感じで。桜ヶ丘にきたのは，子どもたちを連れて，娘が3歳のとき。2歳か……」

　Cさんは，就業時から既にサークル活動に参加して，合唱に長年親しんできた。Cさんの場合，サークルの設立には及ばないが，幼少の頃から趣味として持ち続けてきた歌を楽しめる場を探してきたこと，また，会社の人間とはあくまで仕事のつながりだけであると割り切っていたため，就職して以降，会社勤務と平行して休日などを利用して，自宅近所で活動するサークル活動に自ら積極的に赴き，合唱を続けてきた。

「元々，僕は旧制の高等学校から歌が好きで，よく歌っていました。……もっとも，賛美歌に親しんでいたので，合唱は好きでした。母親が教会でリードオルガンを弾いていたから，その関係で。手ほどきもうけましたね，オルガンの。声変わりする前は，音楽で大活躍でした。楽譜もよく読めたし，歌もね。高校は男子校だから，男ばかりのところで歌をね。そこから大学に入学して，そして会社に入った。そこで，まず岩国ってところに行くことになったけど，歌が好きだから地元の市民合唱団に入ったの。会社の外で，合唱団にね。会社では仕事だから，やっぱり趣味をね。忙しくったって，最低限行っていました。それこそ，今のように中心的な活動はできなかったけれど。東京に帰ってきてからも，やっぱりそういう合唱団に

入って。子どもが生まれたときも,男声合唱に入ったりしました」

　しかし,東京勤務を始めると,年齢を重ねるごとに役職を任されたことで,若い頃のように合唱サークルの活動は打ち込めず,結局定年退職目前になるまでしばらく勤めに終始する日々を過ごしていた。定年が視野に入ってきた時期である1981年頃,仕事に対して精神的な余裕ができてきたことを理由に,Cさんは,桜ヶ丘自治会の回覧板に添付されていた現在の合唱団の存在を広報で知り,即日電話連絡を取り,参加を決めた。会社のつきあいや休日出勤などで在職中はなかなか時間を割くことがでなかったが,退職後には合唱団の伴奏にも回るなど,余裕をもって取り組めるようになったという。

　「サークル活動は,女性も歓迎。ただし,ピアノ伴奏ね。男声合唱団は,一応男性だけだし,ピアノが足りないから。ピアニストだけね。女性はファンクラブに回ってもらいます(笑)。HPにはちゃんと書いておりますよ,老若男女歓迎ですとね。年齢はとくに確認してないけど,だいたいメンバーは70代中心かな。多分,あの方も定年退職しているね。電話してもいつも家にいるから」

　「場所は,ここのコミュニティセンターなのだけど。遠い人で,日の出町からとか……だいたい多摩にいる人が集まっているね。桜ヶ丘……だいたいここら辺ですね。サークルのきっかけはね,中学時代や小学校時代に少し歌っていた人たちが集まったという感じです。会社勤めでも歌いたがっていたやつとか,カラオケ好きのやつとか。カラオケは,カラオケ向きだね。どうせ接待とかで歌っていたのだろう。声の質が変だね,ああいうのは」

　参加から20年以上経つ合唱団において,この頃からCさんはサークルの運営にも携わる。Cさんは設立時のメンバーではないが,参加年数が長く,団体の中での積極的なかかわり方や態度に他団員から信頼をおかれているようである。現在Cさんは,自分が頼りにした広報に掲載する募集記事を手がける役割にあり,新たなメンバーを巻き込むことにも熱心である。

「自分がかかわりたいと思うことで，道は開ける。お金もかからないし，趣味をはじめるのにこんなによい機会はない。とくに何も特別なことはやっていないつもりなので，人にもこうして勧めているの。（中略）自分たちでHPつくったり，ビラまいたりしてやるわけでしょう。張り紙つくったりと……それでコンサートやるわけですから。時々，よそは大先生にきてもらってアレンジするわけです。お金もかかるわけです。指揮者とかね……われわれは仲間がやっているから（お金はかからない）。一人ノルマ20枚でチケット買うの（笑）。売れても，売れなくても切符は払えと。これが会費みたいなもので。もちろん，1,500円を月々払っているわけなのですけどね。いろいろかかるから。よそは4,500円か，それくらいかかるから。われわれは格安なのですよ」

　自力でサークル活動に参加し，引退後にサークルの中心的な存在を担いつつあるCさんである。だが，彼の活動の傍らに垣間見えた，彼の妻の話は大変興味深いものであった。男性退職者のサークル活動や地域参加が，彼らのこれまで担ってきた社会的役割にどのような影響力を及ぼすのか，という観点からも，彼のそばにいてインタビューのようすを最後まで静かに見守っていた妻と夫との語りを参照しておきたい。

「（妻）子育ての関係で途中抜けましたけど，私はお茶をよくやっていました。近所の方とかと一緒にね。裏千家なのだけど，下高井戸のほうに通って，やっています」。
「（夫）大先生は，みんなあそこらへんですよ。看板出して，やっているわけ」
「（妻）のんびりやっていますよ。子育て終わった人が多いからですね。私もやっとという感じで」
「（夫）うちも庭があるけど，弟子は取らない。面倒だからね」
「（妻）お金を払わなきゃいけないのよ。合唱と違って，面倒だから。気軽にというわけにはいかないから。でも，楽しくやっていますよ，みんなで。全然違いましょうね」

「(夫) 大変なのは，ここを改装したということかね。茶室にして，今，やっているのだよね」

「(妻) まあ，楽しみでやっているってことですからね。今夏休みだけど。前半のお稽古は全部終わりまして。(中略) 私も，週に4回くらいは出かけていましたからねぇ」

「(夫) 僕らは，せいぜい何ももたないけどね。荷物ないから。楽なものですよ」

「(妻) お着物着て，お弁当もって，八時半くらいに出ているのですよ。ご飯済ませて，後片付けしてからね。それからなのです，出発するのは」

サークル活動を現役時代から一貫して行うことのできたCさんに対し，妻はサークル活動の傍らでこなさねばならない家事労働，それ以前に育児により活動をすることのできなかった時期の話にまで言及している。妻の話は，Cさんのサークルへの参加が，かつての勤めと同じような役割を果たしているかのような印象すら与えるものであった。

5.3.2　近所支援型の場合

サークル設立にかかわったり，自力でサークル参加したりする退職者たちの経緯を個別にみてきた。積極的なサークル参加経緯の一方で，男性退職者が既存のサークル参加を通して，地域とのかかわり方や関係性を変えていく姿もうかがえる。ここで改めて注目したいのが，男性退職者たちをサークル参加へと導いた媒介者の存在である。単独実行型のように自立的なタイプ以外については，退職者と地域との間には，彼らを地域につなぐ媒介者が介在しており，彼／彼女らの存在は地域参加のプロセスを具に検討する上で決して見逃せないだろう。

そこで以下では，近所支援型の事例をみていきたい。近所支援型は，隣人や近所の知人などの情報や関係を頼りに，自力ではないが他力による地域におけるサークル参加を成し遂げた人々である。例えば自治会や趣味などを通じて，在職中から本人が居住する地域の人間との接点をある程度有していることが特徴づけられる。

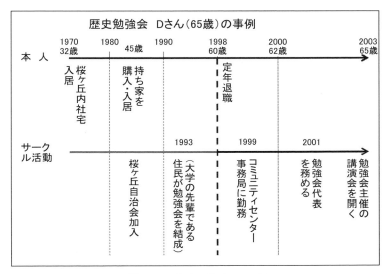

図 5-5　Dさんのライフコース
(資料) 聞き取り調査より作成.

(1) 歴史勉強会に参加したDさん

 歴史勉強会に参加するDさんは，桜ヶ丘に1970年に入居して，居住歴は33年になる（図5-5）。就職以降，千代田区にある薬品会社の営業部に勤めていた。通勤は困難ではなかったが，営業職なので終業時間がまちまちであり，接待なども加わると夜12時過ぎてタクシーで帰宅するなどということがたびたびあったという。仕事の疲れのために，休みもほとんど自宅にて寝て過ごすことが多かった。近所や自治会との接点は直接なかったが，子どものソフトボール大会に参加したり，妻が務める自治会役員の書類づくりの手伝いをしたりするなどして，間接的ではあるが地域のようすをうかがってきた。

　「子どもとの時間は，ほとんどとれなかったです。週末は，土曜日も接待ゴルフなんかで，出たり。翌日も寝ていました。せいぜい，妻と子どもと買い物出るくらいでしたかね。近くのデパートや，スーパーやら。……できるだけとは，思っていたのですが，営業やっていたもので。江東区，中

央区,墨田区,江戸川区,港区……ここらへんのテリトリーを車で走り回っていたのですが。休日はさすがに体がついてこない。日曜日も,ひどいときは一日中眠っていました。起きたら,夕方とかで。(中略)授業参観なんかも,すべて妻が行っていました。僕は行けませんでした」

退職後,しばらく近所で借りた家庭菜園や自宅の庭いじりなどを日課としていたが,余暇を利用して地域で働きたいと感じ,妻の近所の知人を介してコミュニティセンター運営協議会の仕事を紹介された。地域にはまったくといっていいほど知り合いもおらず,実質的に女性住民の働きで運営されている同協議会の中では肩身の狭い思いをしたという。これに加えてコミュニティセンターの仕事上,利用者から桜ヶ丘周辺や団地内地域のことについて聞かれても,ほとんど回答することができないという経験にたびたび直面し,Dさんはセンターの仕事同様に,退職後の生活全般が不安になったという。

「定年から1年間くらい,しばらく自由気ままに過ごしていました。妻と近くを散歩したり,ゴルフしたり。兄貴が家庭菜園をしていましたから,その畑を貸してもらって,野菜つくったりもした。(中略)でも,長くは続かなくて。趣味やるのには,お金もほしいところだったし。でも,定年したら,ノルマのある仕事みたいなのは,もう嫌だった。その頃,運営協議会の仕事を紹介していただいた。女房の手伝いもしていたから,こりゃ,よいと思ったのですけど……なかなかうまくいきませんでしたね。仕事しているときは,『ゆう』(コミュニティセンターの通称)も知らなかったくらいで」

その後,事務局の仕事を通じて,地域行事や催し物の主催を行うことをきっかけに,桜ヶ丘内に長く居住する先輩住民(男性)と知り合った。男性は多摩地域に関する歴史勉強会のメンバーであり,Dさんの卒業した大学のOBでもあった。Dさんは男性に退職後のこれまでの悩みや不安を世間話程度に話すと,歴史勉強会の参加を勧められた。Dさんはセンター事務局の仕事を務めながら,勉強会に参加することになった。メンバーの半数程度が同じ大学のOBであり,

「OB会」としての雰囲気もあり，勉強会活動以外の場でのメンバー間の交流はほとんどないが，会の合間に交わされる男性メンバーたちの引退生活における，身の上話に新鮮な空気を感じているという。

「彼（先輩住民）とは，賀詞会で知り合いました。以前から顔見知りだったのですが。定年してからしっくりこないとか，そういう話をしたら，『勉強会にこないか』という風になった。会合には出ないことも多いですけど，面白い機会だと思って参加しています。地域の話ももちろんするのですが，コアメンバーは，出身大学のOB会なので。会社時代から積極的に続けている人が一部，あとは引退後。（中略）大学の同窓会ですからね，ある意味閉鎖的なのですが。……同じ地区に住んでいる男性同士ということで。心強いですよね。『ゆう』や行事に参加しても，その人たちと顔見知りになっているわけですから」

Dさんを含めて参加者のほとんどは，この勉強会の存在を退職後に知った。活動場所はDさんが所属する桜ヶ丘コミュニティセンターであるためか，勉強会参加者は，桜ヶ丘団地内，多摩市内近隣地区（聖ヶ丘，関戸，一ノ宮など）の住民が多い。活動内容は多摩地域に関する歴史などについての教養を深めるものであり，講習会や本の出版をするなどして，会以外の人にも活動の成果を還元しようとしている。しかし，Dさん個人としては，こうした運営協議会や勉強会以外にも，引退後に妻と過ごせるような趣味や余暇活動を積極的に模索しているようである。

「ご近所の方ともあまりお付き合いができていないのが現状ですが，任期制ですから，2004年で運営協議会の役目はひとまず終わりなのです。その後は……かかわり続けないと思います。忙しいですし。会社役員を引きずったりする自治会みたいなものにも，距離を置きつつありますね。魅力なくなってきちゃった。（中略）妻も，洋裁とか，趣味はあるみたいですけど。妻と一緒にできるもの，ゴルフとかをやりたい。子どもが結婚してスイスにいるので，遊びに行く計画も立てたいです。そろそろ，家族とゆっ

106　第5章　男性退職者のサークル活動参加プロセス

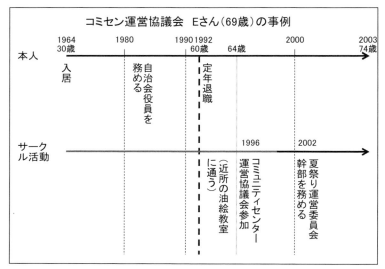

図 5-6　Eさんのライフコース
（資料）聞き取り調査より作成．

くり過ごしたいという余裕も出てきましたから」

(2) コミセン運営協議会に参加したEさん

　もう一つの事例として，Eさんを取り上げたい．Eさんは自治会などを通して地域にかかわりをもってきた点で，先ほどのDさんと類似している．Eさんの入居は1964年であり，居住歴は39年間になる．親の購入した土地に家を建て，2世帯同居していた．ともに暮らしていた母親は3年前に亡くなり，現在，Eさんは単身で暮らしている．Eさんは結婚せず，独身である．長年の会社勤務のために，地域にかかわる時間は少なかった（図5-6）．休みの日や可能な時間を利用してEさん自身が自治会の役員などを自ら務め，地域のようすや近所の人などを知ることに努力してきたという．近所はほとんど高齢の住民ばかりであり，その中でも比較的若い住民であったEさんは，勤め人の頃から役員として自治会の仕事を担うことを期待された．

　「私が69歳でしょう．隣の奥さんが90歳，向こう隣は80歳，まあそれ

でも踊りやって元気なのだけどね。その向こうも70歳，要するに年寄りばかりということ。私なんかも若いといえるのか知らないが。まず，最近では子どもの声は聞かないね。(中略) 比較的若いってことだからね。まあ，子どもの世代ってことでね。私のいるところの区画は，もう全然子どもはいません。10軒あって，1軒くらい？お隣は，売れなくて，分割して。……ここだって，親が買わなきゃね。私もきませんでしたよ」

退職後，しばらく趣味の時間を過ごそうと油絵教室に通っていたが，これまでのEさんの自治会での活動態度を知る近所の住民（女性）から，コミュニティセンター運営協議会[5]の役員を務めるように勧められた。彼女自身もセンターの仕事に長く携わっており，Eさんはよく知るこの女性と同じ業務ならと，自らも運営協議会の仕事を引き受けることになった。

「ここに住んでいたときは，駅と電車のことしかなかったわけ。その，つまり勤めがあったから。ここら辺のこともおぼろげにしか分からなかったから。それで，いざ退職してさあ何かしようかと。油絵なんかもやったりしたのだけど。通信などを見て，運営協議会は知っていた。それから間もなく，ああいうのやってみたらどうかと，近所の知り合いから勧められて。あれだけのコミュニティセンターを建てた人やコミュニティみたいなのはすごいな，と思っていた。(中略) 私も絵をやっていたからさ，知っているのよ。運営協議会は，まずコミセンの運営とサークルの面倒を見ていたわけだ」

自治会や地域のようすは在職中から把握してきたEさんであるが，センターの運営協議会の仕事をきっかけとして，地域自治が直面する問題をより広く知るようになったといい，運営協議会の他にも環境美化委員会や青少年協議会など多数の組織を兼任しながら活動を行っている。

「ここには，『ゆう』とは関係なく活動している人たちもいますよね。そうすると，自然とメンバーが固定化しますから，新人が入ってこないわけ。

(中略) 知り合い同士で，中の人は気持ちいいかもしれないけど，それじゃ，いけないからね。拠点（コミュニティセンター）があってですよ，そこから発するものがないとはいわないけど。そこにいる人たちが入らないとおかしい」

　「だから，私が目的にしているのはさ……抽象的なのだけど，お役所が書いてあるようなことじゃ全然駄目だということよ。気軽に入っていけるような……そういうことだと思うわけ。おじいさんも，子どもも世代間の交流ができて……竹の子掘ったりするのだけど。つながりのかけらというのかしら。そういうのが積み重なっていくというのでね，よいと思う。学習会とか，そういうのやるわけなのだけど。何にせよそういうのに参加していただければと。まだまだコミュニティの根っこなんてレベルじゃないの。浮き草の段階ですけどね，そういうのでもよいかと思う」

　引退生活において，地域での自分の新たな役割を見出そうとするEさんである。彼が求めるのは，このような役割と生きがいばかりではない。運営協議会での活動を通じた地域の社会関係のなかに，彼は独身生活での不安を解消できるような親密なつながりをも求めているようである。

　「私はね，これだけ仕事してね，パソコンも家で動かしている。……引退してね，私に何かあったらですよ。誰が何かしてくれるのかって。頼れる人ったらいないですよ，なかなか。だから，みんなには，骨でも拾ってもらおうかって，やっている。だから，気軽に何かあったときに手を伸ばしてくれるコミュニティづくりをね。サッサッと，手を伸ばしてくれるような。私も何が『コミュニティ』だかわかりませんけど。そういう風に考えている」

　しかし，彼が求めている地域における社会関係とはどのようなものが想定されるのだろうか。近所や団地内における住民同士のコミュニケーションや交流を重視しようとする彼であるが，その関係の空間性は彼の場合，厳密に桜ヶ丘

5.3 男性退職者によるサークル活動の組織化　109

団地の地区に絞られているようである。

「(コミュニティセンターの) 部屋借りるときに，多摩市の住民であればいいのですよ。エリア(6)は，関戸だったり，貝取だったり少しずつ入っているわけなのですけれど。一応こういう風に分けてあるのに，『こっちは駄目よ』とはいえないわけね。……でも，桜ヶ丘にとっちゃ，『我らがコミセン』って感じよ。地域住民（本人強調）がそこで活動するということですからね。建設も，デザインもそうですよ，最初から。細にいって，みんなで話し合いながら決めたわけですから。建築家もここの人だし，内装はどうしようとか……それであのコミセンができあがっているわけですからね。地域住民による建設なわけですよ。ですから，できたら運営も地域住民により行うのが当たり前でしょう。」

「事務長やスタッフの管理も私たちの役目だった。勤務表だって，きっちりとね。変な人がきて，オバチャンがきてね，というわけにはいかないわけ。人件費は市からもらうにせよ，事務長はじめ，受付の人，パートの人，私たちが採用します。面接もしますから。近くの人のほうがいいでしょう。やっぱり，夜の10時まで開いていますから，近所のほうがね。割に桜ヶ丘の人も多く申し込んでくれたのですけど。何かがあれば手が結べるようなまちづくりにしていこうと。そのためには，私たちも貸室業務だけできないわけですよ。それで終わりになっちゃうから。私たちがやっているのは，より親密な関係をつくるってことね」

(3) 合唱・合奏グループに参加したFさん

次に，合唱・合奏グループに参加するFさんは，在職中から趣味のサークル活動を行ってきた（図5-7）。Fさんの入居は1971年で，桜ヶ丘での居住歴は32年になる。趣味である楽器演奏には中学校の頃から親しんできた。システムエンジニアとして働いている傍ら，ジャズバンドの活動にも精力的に取り組んでいた。

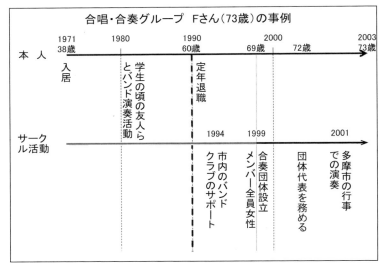

図 5-7　Fさんのライフコース
（資料）聞き取り調査より作成．

「今は嫁とそのお義母さんと同居している。僕の両親は，中学と30歳のときにとっくに（亡くなっている）。僕の兄弟は，6人兄弟で，バラバラに暮らしている。鎌倉とか鳥取とか，船橋に。遠いからね，会いません。麹町の都心部に生まれて，沼津に少し過ごしたりした。（中略）大学から東京。おじいさんの家に友だちと下宿して，大学に行ったの。学生のときは，住まいが溜まり場みたいなものになっていた。集まるのは，そのときから好きだったのかもね。誰か知らなかった人まで集まっていたから（笑）。会社になんか入ると，バラになるから。仕事の付き合いだからね，所詮。会社終わったら，会社を忘れて遊ばないと。勤めの時からそうですよ。柔軟にね。切り替えといいましょうか」

コンピュータを扱う職場では常に孤独な作業が多く，もともと人と集まって会話を交わすことが好きだったFさんにとっては，趣味の楽器演奏を通じて仲間との交流ができることは，仕事中心の生活における楽しみの一つであったという。

「僕がここにきたのは，15年前。仕事していたときは，なかなかそういう時間なかったけどね。越してきたばかりは，ね。サークルなんかに動き出したのは，5年くらい前。仕事終わってからだよね。昔は，普通の会社にいましたから。（中略）僕は，技術職で。技術屋さんですよね。堅い職だから，楽器や趣味やる人も多かったですよ。同僚もそういう感じでした。僕は，若い頃からウクレレとか，ギターでしたね。今は，初心者の人たちとやるのは楽しいですよ。プロにはならなかったけど，教えるのはまた僕には向いていることだと思う。名選手が，名コーチとは限らないでしょう。こっちは知っているけど，知らない人に教えるのは難儀だよ。でも，一緒にできるようになると楽しいし」

Fさんは，地域での住民間交流を苦手としていたFさんの家族とは対象的に，音楽や専門のパソコンスキルを通じて近所の住民と交流し，とくに趣味として楽器演奏やパソコンを始めたという主婦などを集めて，時々講習会などを開いてきた。

「パソコン教室やっていますけど，今は一から教えています。表計算とか，そういうものはみんな使いませんから。簡単なものですけどね。教室は，初心者向けです。口コミでいろいろ依頼がきますけど。ハワイアンのサークルの人たちにもちゃんと教えています。パソコンくらいできないとね（笑）。いまは，Eメールで連絡なんかも飛び交っています。桜ヶ丘はパソコンの普及率高いですよ。高齢者が多いけどね」

退職後は，しばらく多摩市のジャズバンドクラブのサポートを行い，欠席のメンバーの代わりに不定期でバンド活動をするという役回りを，控えめに担っていた。定年退職後は旅行に行くなどして，家族サービスに努めようと考えていた。ところが，Fさんの意思とは裏腹に妻は，地域とは別の交友関係をもっていた。Fさんの妻は，ともに過ごす時間をもたないどころか，定年退職し1日中自宅にいるFさんに外に出るよう勧めたという。

その後，以前にパソコン講習会を開いた際，顔見知りであった近所の主婦から合唱団体を結成したことを告げられ，Fさんに楽曲演奏を依頼したいとの要望を受けた。これをきっかけとして，Fさんはこの主婦たちの本格的な合唱団参加を勧められ，メンバーとして参加することを決めたという。結果的に，この合唱団の母体となっているのが，Fさんの講習会を受けたことのある近所の主婦であり，現在もFさんは近所の主婦のなかに交じりながら活動を続けている。

「あまり深い考えはないけど，奥さんたちに誘われたから。ここら辺で過ごすようになって，何かないかなと覗いてみただけ。そしたら，こういう機会があったというだけ。別に，『地域に入ろう』とか，そういうのはなかった。最初は，先ほどもいったようにバンド（ウクレレ）をやっていたから。ハワイアンバンドのプロとはいろいろと知り合いで，もともとサークル活動はやる機会がたくさんあった。都心のほうでも昔の仲間とやるのだけど，六本木や銀座だと，たまにしか行けないでしょう」

「老人ホームや病院にも行ってみようかという話もありますけど。要は，みんなでハワイアンの歌なんか楽しんでもらえればと。（中略）自治活動などは，やっている人はいませんね。まあ，嫌でもみんな一度は，駆り出されますからね（笑）。僕は逃げています。お祭りは，出ますよ，夏祭り。今年は，出る時間が短いみたい。音楽だけじゃなくて，一緒に踊ったり，歌ったり。生演奏の楽しさをみんなに知ってもらえればと」

Fさんは，自身の所属するサークルへの参加も含め，男性退職者たちがサークル活動に積極的でないようすを，次のように語る。その中でFさんは，彼らが会社付き合いや職縁のようなものからなかなか転換しようとしないことを批判的に述べている。

「ウクレレの場合は，地域活動というかバンド活動ですよ。たかだか，趣味です。ところが，男性は，『また，今度』なんていいながら参加しませ

んから。面倒くさい，というのがあるのかもしれない。本当に好きじゃないとね。僕も本当は，面倒くさいのだけど。僕の友だちなんかは，活発ですよ。サークル活動とかね。チーム入ったり，なんとか協会の会長やったり。写真のプロなんかは，リタイアしてからサークルやっているよ。個人個人で好きにやっている。（中略）男性の場合は，会社勤めに徹しているから，もう組織で付き合うみたいなのは嫌うのじゃない。そのくせ，リタイアしても（会社仲間と）集まったりする。僕は，しないけど。会社の仲間は，会社きりだよ」

5.3.3 妻支援型の場合
(1) 福祉ボランティアに参加したGさん

　地域の人間との接点が少なかった男性退職者にとり，社会関係の構築機会となるサークル活動への参加経緯が，どのようなバリエーションをもつのか，またこれらサークル参加にとって媒介者の存在が実際どのように役立っているのかを個別にみてきた。他力による参加を果たしてきた近所支援型の事例においては，男性退職者たちをサークルに引き込む地域の女性たちの姿も垣間見えてきた。それでは，そんな女性たちの中でも一番身近な存在であると思われる妻たちは，地域参加にとってどのような役割をなしているのか。そこで最後に，妻支援型の事例をみていきたい。妻支援型は，妻が媒介者となって，サークル活動へと参加した人々である。地域的な接点を有していたとは言い難いが，在職中であっても妻や家族との接点を積極的に確保しようとしていたことが特徴づけられる。

　妻が媒介者となって，サークル活動へと参加したGさんの事例を紹介したい（図5-8）。Gさんの桜ヶ丘団地への入居は1965年で，居住歴が38年になる。教員であったGさんは，江東区にある中学校に勤めていた。在職期には自治会などに参加した経験はなく，時間的余裕以上に無関心であったということもあり，地域のことや近所のことについてGさん自身は，ほとんど関与しなかったという。専業主婦である妻もまた，自治会やPTAの役職以外はほとんど家事や4人の子どもの子育てに専念していた。

　持ち帰りでテストの答案採点などを抱えつつ，多忙であったGさんであるが，

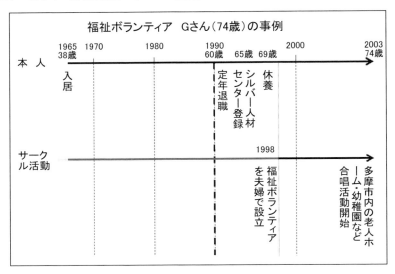

図 5-8　Gさんのライフコース
（資料）聞き取り調査より作成．

家族との時間は確保したいという思いから，子どもとの外出や妻の買い物などをして休日を過ごしていた．地域までには及ばなかったが，在職中は家族の問題，とくに子どもの教育・しつけにも仕事の忙しさを理由とせずに真摯に向き合うように努めてきたという．

> 「やっぱりね，定年……仕事を退いて家庭にいる時間が長くなるわけでしょ．そうすると，その結局家事労働，家内が中心になってやってきたことを手伝う時間が多くなるわけですよ．外に出て地域に，とかね．そうすると，今まで見てきた家内なんかが思っていた以上に違う，立派に見えるわけですよ．全然，顔が違って見える．家内から教わることが結構多いわけですよ．立場の逆転というか．教えてもらうことがずいぶん増えたわけですけど，かといって，これまでの態度はなかなか変えられないというか．そういうわけにもいかない……まあ，腹のなかでは『こりゃ，大変だ．学んでいないことがこんなにも多いものか』と．自分なりに，環境が同じもの同士で見えなかった世界をどんどん踏襲しようかと．立場の逆転……新

5.3 男性退職者によるサークル活動の組織化 115

しい環境に入っていって，知らなかったことをドンドンって。老年になると難しいわけだ。だから，そういうことがスーッとできるかということが問題になる」

　教員を退職後，しばらくは多摩市内の小中学校にて相談員の仕事を行っていた。相談員としての仕事も終わった頃，地域社会での貢献を目指して多摩市のシルバー人材センターに登録をしたが，病気のために体調を崩して入院し，シルバー人材センターは結局1年で辞めることになった。

「教師経験を経てきたから，社会に還元したいと思って，シルバー人材センターに入ったの。家内と一緒にできる環境で，PTAの延長くらいのつもりだったわけなのだけど。風土が違ったわけ。働いているときみたいに『あなた，もっと○○やりなさいよ』なんて毎回もいわれていたら，次回から行くの嫌になりますよね。自分の気兼ねのない世界というか，そういうのを見極めておけばよかったな，と落ち込みました。現役の頃からね」

　やがて体力的には回復したが，すっかり地域でのサークル活動に消極的になった夫を力づけようとした妻が，妻も参加するボランティア・サークルへの参加に誘ったことがきっかけとなった。福祉ボランティアはG夫妻の娘が通う近所のピアノ講師が主催し，ピアノ講師は夫妻共通の知り合いだったことから，始める際にも抵抗なく参加できたという。

「勤めの社会と，地域の社会ってまったく違いますからね。力がもらえるというか，そういう感じですよ。自分から積極的に入っていける人もいるかもしれないけど，閉じこもっちゃう人もいるわけですよね。なにかの工夫で入ってこられるのか，そうでないのか。そういうのが高齢化社会の課題ってやつなのではないかな」

「メンバーは女性だけじゃなく，男女混合というのがまた入りやすいですよね。夫婦で入る方とか多いでしょう。そういう意味で男性も割と多いの

でしょうね。教わることは手段という感じで，こういう会に入れていただくというのはつながりという意味で有意義でしたね。冷たい世の中ですしね。(中略)単独だと，駄目だったけど。家内が一緒だから。先生もよい人だし，メンバーもよい人たちだし。よかったなあ。われわれも仕事しているときはそんなことかまっていられないし，関心なかったけど。内心的には，ボランティア活動もまあ，やりたい気持ちも少しはあったけど。そういう，内心が求めていたものと合致したというか。だからいるわけですよね。要望と9割くらいで合致したというか。(中略)女性が古風ですよね，お茶なんかもだしてくださって。気持ちはいいですけどね(笑)俺たちなんかもできることがあるかと」

活動場所である京王線永山駅前の公民館までは，多摩市の住民を中心に，隣接する市からも参加者が多い。ほとんどの参加者が自家用車できているが，Gさん夫妻は車を持たないために直通のバスで出向いて参加している。参加者は8割が女性であるが，男女問わず新規に参加して平均1～2年程度の活動を行っている。活動内容は，基本的に福祉活動であるが，サークル代表の女性（ピアノ講師）が不定期にレクリエーションも兼ねて合唱の練習を行うことから，時々訪問先の老人ホームや幼稚園・養護学校などで合唱を披露する。

「幸せって自分で見つけるものですよ。与えられるのを待っていたら，きませんよ，みたいなことを考えますね。老人ホームに行っても，幼稚園に行って『またきてね』なんていわれるととても嬉しかったからね。幸せですよ。三郷ですけどね，子どもたちから質問攻めで。絶対におじいさん，おばあさんとかいわせないのよ(笑)。子どもって男性好きなのかね。車持っているのか，とか。『おじさん，おばさんまたきてね』と。給食食べたり，一緒に遊んだり，合唱ばかりじゃないのね。お父さん，お母さんよりものをよく知っていますよ，俺たちのほうが」

Gさんは，ともに参加している妻と毎回練習を欠かさずにいる。Gさんは，在職期・退職期を通して自分を支えてくれた妻と同じ時間を過ごせるように

なったことや，夫婦で地域でのボランティア貢献をすることで，子育て以外にも同じ目標をもてるように大変幸せに感じているという。

Gさんは，最後に自身の生活経験に照らしながら，地域参加についての男性としての一見解を述べている。

「あるご近所の男性が洗剤飲んでしまったわけ。体が動かなくなって，威張っていた自分の立場が逆になってしまった，ということで。人に世話になるくらい素直になれないし，追い詰められて世を儚んだわけだよね。本気で死ぬつもりはなかったのでしょうけど。それが，なかなか主体性ってものをもっていないとそういうことになる。貧しさ，病気，人間関係，そういうのをどうやって乗り越えていけるかと考えなくなると，人にあたってみたり，自分を追い込んでみたりするのね。周りから生きがいをもてとか，そういってみたところでしょうがないの」

「今は，数十年前に比べればきっとよいと思うけど，数十年前はそういうこと（引退者の問題）も少なかったのでしょう。グランフェスタ多摩（市主催のコンサート）っていうのがあったでしょう？そのおもな目的は，引きこもりのお父さんを引っ張り出そうというものなのですよ。こもっている人は結局出てこない。しょうがないのではないですか。自分で選んだ道なんだ。チャンスを与えても出てこないのだから，そういう人は。そりゃ，しょうがないと思う。やる気がある人ならくる。なきゃ，テレビでもパソコンでもしていればいいという話だ。楽だしね」

Gさんは，同じ男性退職者の地域参加が，周囲の協力や行政の参加機会に影響されるものであるとしつつも，一方で退職者の主体性や柔軟な意識変化に委ねられていると考えているようである。

(2) テニスクラブを設立したHさん

最後にGさん同様，妻の後押しにより地域にテニスクラブを設立したHさんの事例についてみてみたい（図5-9）。Hさんの入居は1964年であり，居住

118　第5章　男性退職者のサークル活動参加プロセス

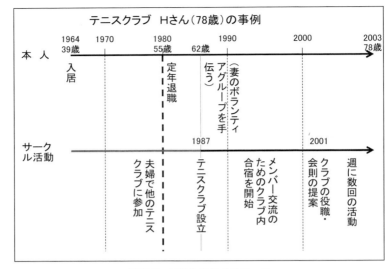

図5-9　Hさんのライフコース
(資料) 聞き取り調査より作成.

歴は39年間になる。Hさんは千代田区の化学薬品の会社に勤務していた。海外出張や新規取引先との橋渡しを任されるなどして，会社の中でも早い段階で役員の職に就いた。「自分が努力すれば，するほどに『結果』として自分に戻ってくる仕事に対し，非常にやりがいを感じた」と述べており，結婚以来，生活の中心となってきたのはほぼ会社と仕事であった。一方でHさんは，家族との時間は常に大切にしてきたという。仕事で稼ぐことは結局のところ，家族を守ることであるという信念が，Hさんにはあった。ゆえに，会社での残業は極力自宅に持ち帰るなどして，家族との時間をいつでも確保できるように心がけていた。

　Hさん自身も，妻も，自治会や団地内での行事にもほとんど参加することはなかった。近所の人とは夫婦ともに挨拶を交わす程度であった。Hさん夫妻は，安全や防犯のため，また老後の生活のために備えて，自分たちの地域にどのような人が住んでいるのかを知るべきと感じはじめていた。近所や市の情報で評判のよいとされていた日野市のテニスサークルのメンバーになり，不定期で通うようになった。

「体を動かすということで，病気にならないからね。病気をしても，日頃自分で備えていれば結構元気なのよ。ウォーキングとかもいいけど，一人身でいると弱りやすいよね，関節も，筋肉も，動かなくなるから。だけど，目的意識があれば動くようになる。例えば，友だちに会いたいとか，花を育てたいとか。車椅子や寝たきりになる前に，全然違いますからね。そういうことまで考えると，衰えるのは本人の責任とまではいわないが。……日頃から動くことを続けていれば，若い人たちと同じように動けるってことはある。妻ともいろいろ楽しみたかったのよ，仕事もほどほどにして。二人で仲良く，健康に。これから効果が示されるところだよって，引退直後はテニスだと張切っていました」

「一人で生きていけるのならいいのですよ。だけど，山とかそういうところじゃないからね，ここは。人と一緒にやりたいと思いながら，そういうところに参加できないとかって，やっぱり残念よね。人生，会社だけというのも，かわいそうなことだよ。男の方がそういうの苦手ですよね，みんなの輪に入るみたいなのは。だから，男は会社で偉かったやつというのはだいたい閉じこもるよね。カラオケや趣味を一人だけというのは。（中略）引退後，やっぱり引きこもりになっちゃう。だいたい，そういう人を呼ぶための場なのですよ，クラブとかはね。本人が自由に活動できるようにするために。……行政なんかも補助金出してやっているから。みんなでやれるようにって」

退職後にはいよいよ本格的に通いはじめ，テニスを通じて人々と知り合う機会を得ようとしたHさん夫妻だった。だが，サークル内での一部の人々のふるまいや全体的な雰囲気に疑問を感じるようになったHさんは，妻の勧めで自ら代表となって新たなテニスクラブを設立することを決めた。

「最初は大勢のなかに一人ぼっちで入ってくるわけでしょう。心細いと思いますよ。どういうことされるのかな，どういうことするのかなって……

そういうのを払拭したいなあと思いますね。自分たちがそうでしたから。彼らは，いろいろなHPや広報を見てやってきたわけだ。(中略)団体はたくさんあってここを選んでもらえれば，ありがたいよね。ご奉仕しないとね，地域に。この年から，『ボランティア精神』ということで，やっています」

　退職直後にHさんは，若手起業人の教育・養成を行うための起業研究会を主催していたこともあり，サークル設立には意欲的だったという。ボランティアグループで活動し，グループを介した知人や友人の多い妻の協力もあり，Hさんが設立後すぐに20名を越えるメンバーが集まった。メンバーは，それぞれ隣接する日野市や，多摩市，とくに多摩ニュータウン内に住む人々である[7]。活動は週に1～2回，多摩市（永山地区），日野市のコートを借りて行う。夏季には交流を兼ねた軽井沢への合宿も催している。Hさんは前サークルでの経験を踏まえ，持ち前のリーダーシップでテニスクラブを心地よい活動の場としてつくるために，会則なども設けている。

「われわれがつくったクラブは，ちゃんと会則を決めたの。元々テニスは紳士のスポーツだからね。勝ち負けにこだわるやつらはいるのだけど。負けちゃう人は，それで終わりでしょう。試合のクラブじゃないから。(中略)サークルの雰囲気がね。いいたかったのは，ヘタクソでもなんでもね，同じゲーム数をやらせなさいよと。楽しみできているのだから。勝ち抜き形式とかじゃなくてね。テニスのことをいえばね，スクールとは違うのでね。手をとって教えたりはしないけど。(中略)すごく怒りっぽくて，ダブルスやりながら，『手を出すな』みたいなやつも中にはね(笑)。そういうのは，一人でやってくれということで。年をとって新しいことをやる人も，中にはいるわけだからね。楽しみましょうよ，という趣旨なのですよ」

「退職者でも，熱意ある人います。クラブに自分から入る人なんかは。○○さんは，あの方は奥さん亡くして大変だったのよね。だけど，最近やっと立ち上がってさ。長崎の原爆手帳持っている人もいるのだけど，一生懸

5.3 男性退職者によるサークル活動の組織化

命に，本当にひたむきで，誠実に取り組みますよ」

Hさんのこうした配慮は，家庭でも発揮されている。このテニスクラブにどんな時でも妻と一緒に参加できるよう，Hさんは家事を担うようになった。というのも，Hさんは自分の引退後も相変わらず妻の家事役割が軽減されていないことに自覚的であり，そのような状態が改善されないまま，妻だけを置いてサークル活動をすることに抵抗を感じている。Hさんはクラブが退職後の夫婦にとっての「関係改善の場」になるよう目指しているという。事実，メンバーの中には65歳以上の夫婦参加者が多く，男性退職者のクラブへの関与は彼らの妻にも劣らず積極的であるという。

「男性っていうのは，そんなに奥さんといろいろなことしないものなのかね。妻からよく，奥さん方だけで旅行行っちゃうという話も聞く。何でそうなるのって思うけど。自分たちの運営態度と家庭がどのように関連するかはわからないが……あの……テニスも，音楽もね，夫婦の楽しみの一環でやっている。そういう意味では，女性ばかりに気を遣わせないように，男性だっていい潤滑油になるように（努力している）。家でもワックスなんか使って床掃除やらをしてくる。一緒に楽しみたいから。夫婦の関係改善の場になるとよいと思います（笑）。クラブでも，男性には変な派閥は絶対につくらせないようにしている。会社人間は，気を抜くとすぐにつくるから。その代わり，女性もそういうのはナシということで」

Hさんは，テニスクラブの仲間を中心に，その後，男性向け料理教室もインフォーマルな活動として始めている。Hさんはもともと料理好きであり，料理番組のチェックや自宅での妻の手伝いをこまめに行っていたという。Hさんは，引退後の男性の家庭生活を円満に過ごすという点において，サークル活動のような機会に家事スキルを充実させることは重要であると考えている。

「このクラブのメンバーをもとにして，コミセンで男性料理教室しているよ。男子だけの。最初はコミュニティセンターの講義ということで，講師

の先生がきて教えていた。終わってから，このままつぶすのは惜しいということで，みんなでやるようになったのね，最近。下ごしらえして，後片付けはやるけど，その間，飲んで待っているのもいるね（笑）。奥様のためにぜひ包丁の使い方を覚えましょうか，とね。先生いないから，うちは自由自在。自分でレシピ考えて，自分で買い物行くのね。料理教室の講師や事務役を全部自分たちでやる」

「日頃の感謝の意を込めて。わざと，女性は呼ばないの。奥さんのために料理をつくるというのが趣旨だから。現役中なんかほとんど包丁など握らずに，食ってばかりいた連中だから。もっとも，事前の下ごしらえとか，妻に教わることが多いのだけど。（中略）メンバーの出身地がバラバラで，郷土料理が多いの。NHKの料理教室や新聞の切り抜きなんかをつくるのが多いから。何でもつくれる人もいて，買い物してきて，パッパッとつくれるやつもいる。結構レベル高いの，やればできるってことだ。（中略）ゆう桜ヶ丘（コミュニティセンター）もそうだけど，いろいろな環境はそろっているからね。つくる部屋，食う部屋と。最後に，奥様にきてもらって食べてもらうの。うちの妻なんか，呼んだら泣いていましたよ」

5.4　男性退職者の地域への参加とその意義

　男性住民は定年退職を機に，それまでの職場から居住地を中心とした日常生活を送るようになる。こうした事態への対応には個人差があるが，これまで関心の薄かった地域に，関心を寄せ始める退職者も少なくない。彼らが郊外コミュニティにおいて，新たな社会関係を築く一つの手段となるのが，サークル活動への参加である。男性住民が参加する活動は，自治会や老人会と違って特定活動への興味・関心に根ざした選択的なものである。居住地での生活経験やこれに伴う人間との接点をもつ機会の乏しかった彼らでも，参加するきっかけを十分に得られることが予想される。

　桜ヶ丘団地の事例からわかるように，男性退職者にとって，地域におけるサークル活動は，在職中に接することのできなかった地域の人間との間に縁をつく

5.4 男性退職者の地域への参加とその意義

る貴重な機会となっている。サークル参加には，男性と地域社会とのかかわり方に応じていくつかのバリエーションがあり，自らのサークル参加への意思とこれまで築いてきた関係との関連によって，さまざまな参加のあり方が存在することがわかった。

サークル設立者として地域での社会関係を積極的に構築していこうとする男性退職者の事例では，退職以前から維持されてきたモチベーションや，退職後の生活をどのように過ごそうとするのかについて，明確な意識をもっていることがうかがえた。一方で，設立にまわった退職者とは対照的に，参加者としてサークル活動を始めた男性たちは，田原ほか（2003）が指摘するように，必ずしも退職後に関して明確な意識や引退生活のビジョンを持ち合わせていた人々ばかりではなかった。退職直後からはじまる地域での「孤独」な生活は，時間を経るにつれ彼らの不安ともなっていった。しかしながら，彼らは退職後に自らがこれまで拠りどころとしてきた価値観や規範をみつめなおし，地域におけるサークル活動への参加を試みている。

活動の内容を概観すると，個人の生活の充実をはかる自己充実型のサークル活動が主であった。しかし，少数ではあったが，コミュニティの充実をはかる社会奉仕型や問題解決型の活動も含まれていた。活動に取り組む男性住民の中でもとくに，郊外空間における地域との関係性を確実に変化させていたのは男性退職者であった。彼らは多摩市内において，高頻度にサークル活動を行っていることがわかった。とくに彼らは，自宅近くの「桜ヶ丘」ではなく「多摩市」の空間レベルを指向していた。このことは，団地住民との接点がほとんどなかった男性たちの活動が，活動のバラエティや充実した施設，さまざまな興味・関心をもつ人間を期待できる「多摩市」の空間レベルに集中していることを示しており，地域における社会関係の再構築にとって，非常に特徴的な傾向であると考えられた（木村，2006a）。

男性退職者たちにとって，自身が向き合う時間の長くなった郊外コミュニティは，社会関係を取り結ぶ新たな場所となっている。男性退職者の行動様式は，家事や育児などの再生産労働に従事しながら，それを媒介としてコミュニティへと参与していく主婦とは異なる。彼らが参加する活動は，現在のところ自己充実型のサークル活動が中心であり，社会奉仕型や地域問題解決型のよう

な活動は必ずしも多くない。だが，今回の個別事例のように，自己の充実のみならず，生産労働で培ってきた知識や経験を活かす形で地域の充実にも関心をもつ男性退職者も確認できた。また，退職以降，自宅の家事労働など新たな経験に携わることで，郊外コミュニティへの関心をもち始めた退職者なども存在した[8]。

　彼らの事例は，都市空間において男性たちが，職場を基軸とした生産労働者としての行為主体から，家庭や地域を中心とした生活者としての行為主体へと変化を成し遂げようとしていることを示すものである。桜ヶ丘で行った著者によるアンケート調査によれば，彼らの定年退職後のおもな収入は，その半数が年金である[9]。男性退職者は，定年退職を契機として，そのおもな経済的基盤を年金に拠っていることになるが，それは同時に生産活動から退き退職者となり，縮小化しつつある都市システムおよび都市財政における「再分配」という課題に直面する存在となっていることを示すだろう。もちろん，個人差は存在するが，退職者という主体も広い意味で捉えれば，生活保障を国や自治体など公的な部門に依存し，社会的・経済的「再分配」に依拠して生きていかなければならない存在である。

　また，男性退職者たちは，地域へと参加し，地域社会の新たな関係の中で「承認」の要求を実現しようとしている。その際，注目されるのは男性退職者たちが，自らの周囲の人間との関係性をどのように再編しながら，地域社会および家庭内における自らのジェンダー役割をも改変しようとしているのかという点である。まず，本章で紹介した単独実行型の事例は，よくも悪くも独立的であり，地域において自己を中心に据えた活動が特徴的であった。このような住民たちは，アンケートでも多数派を示していたような，男性退職者のある典型を体現している人々であるといえるかもしれない。媒介者の有無にかかわらず，会社勤務の頃あるいはそれ以前から，彼らは仕事の傍らに関心をもって取り組んできたことがあり，その延長線上に現在のサークル活動があったという捉え方もできよう。地域のサークル活動は，それゆえ彼らにとって退職後の生活変化にも影響されることのない，生き方そのものとして継続されているのである。

　卓球サークルのAさんは，在職中からサークル活動を行ってきた。Aさんは，会社生活において，仲間内同士の積極的なつながりを築くことに努めてい

た。彼のこのような行動は，引退後も強い信念として残り，会社から地域に場所を変えて展開されている。Cさんについても，現在のサークル活動を継続させ，支え続けるのは，幼少期から始まり，在職中を通して欠かすことのなかった趣味としての合唱への熱意である。また，Bさんは，AさんやCさんのように在職中よりサークル活動こそしてこなかったが，仕事における企画という分野にこだわりを持ち続け，退職後にサークル活動と地域貢献という形でスキルと専門知識を活かしている。

　この一方で，男性退職者のなかには，周囲との関係性を見直すことを通じて，社会的役割を構築し直そうと試みている人々も存在した。例えば，近所支援型の事例として紹介した歴史勉強会参加のDさんは，在職中の過重労働と父親役割のために，家庭を顧みることができなかったことを反省していた。Dさんは退職後，妻の近所の知り合いが行っていた地域活動への参加や，そこでの社会関係構築に努力した。こうした関係の中で，家庭・地域を支えてきた妻とともに引退生活を過ごすことに価値を見出している。

　しかし，男性退職者たちが，これまでの会社勤めをそのまま自地域内でのサークル活動へとシフトさせることは，社会的役割の変化に対応しようとする積極的姿勢の半面，ネガティブな側面も含んでいる。男性たちの地域への帰還は，家事労働や子育てからの妻たちの引退生活とともにあり，本来ならば妻との家庭内における労働の「再分配」や彼女たちからの活動への「承認」も当然求められてくるはずだからである。だが，彼らの語りからは，ジェンダー役割分業が，（意図せずとも）在職中そのままのかたちを残すことになってしまっていることがうかがえる。

　このような中で，妻支援型として紹介したGさん，Hさんの事例は興味深い。まず，福祉ボランティアに参加したGさんは，当初，ひとり新たな地域生活での葛藤を抱えていたが，妻とともにサークル活動に参加することを通じて，地域や家庭におけるジェンダー役割やその志向性を発見し，主体的に見直そうとしている。また，仕事（起業）と趣味への熱意をもちつつ，地域においてテニスクラブを設立したHさんは，退職後の自らの身の振り方ばかりでなく，妻との関係性，さらにはサークル参加者の男性たちの関係性までをも配慮した活動を展開しようとしていた点で，注目される。こうしたことから，ジェ

ンダーの視点に立てば，サークル参加を通じて地域への足場づくりを行おうとする彼らのなかにも，さらに自らを取り巻くジェンダー役割の改変に積極的な人と，必ずしもそれを自覚していない人とがいることがわかる。

　しかし，彼らに共通していえることは，地域での「承認」を求めるサークル活動が，いわゆる会社人間であった自身を，地域生活の中で相対的にとらえ直す契機となっていることである。この点で確かに，男性退職者によるサークル活動への参加は，地域コミュニティへの参加の第一歩であるとはいえそうである。ただし，彼らが今後，持続的に地域運営を担う主体となり得るのかという点では，まだ疑問の余地がある。なぜなら，彼らが地域参加する際には，これまで地域において再生産労働を支えてきた女性たちとともに協働し，その中でこれまでの自らのジェンダー意識や役割を脱構築することが求められると考えるからである。彼らは，都心の生産空間とそこで展開される生産労働から離脱し，郊外空間の地域コミュニティへの帰還を果たした。その際，彼らは媒介者としての隣人や妻を通じて，地域の足がかりとしてのサークル活動に参加をしていったが，彼ら自身は彼女たちが一手に引き受けてきた（あるいは今後も引き受け続ける）再生産労働を主体的に担いながら，地域にかかわるまでには及んでいないのが実情であった。

　このような中で，男性退職者たちには地域社会への新たな願望として「承認」を求め，社会関係ばかりではなく，その先にある地域内および家庭内役割分業の再構築に自覚をもつ住民として振舞うことが求められるだろう。事例にも紹介した近所支援型や妻支援型の男性たちがもつ隣人や妻との関係性は，勤め人として現役の頃から培われてきた，信頼に基づく関係性として評価できよう。こうした媒介者の存在は，少なからず役割依存的な自らの立場を，他者との関係性の中に見直す貴重な機会をつくりだしていると考えられる。

　以上，述べてきたように，郊外空間に生活していこうとする男性退職者たちにとって，サークル活動への参加という段階は最初のステップであるが，まだ十分なものではない。なぜなら，再生産領域として創出された郊外空間において，その役割が少しずつ変りつつあるとはいえ，地域の「承認」を得るための前提条件ともなっている再生産活動[10]に男性たちが無縁である限り，無償労働と日々隣り合わせの地域を担うことは難しいことであると考えられるためで

ある．

　今後，団塊の世代をはじめとする多くの勤め人が退職後に地域へと帰還すること，またこれまで地域コミュニティの問題解決や維持を無条件に女性まかせにしてきたことを考えれば，地域とのかかわりをつくりだし，そこに自らの役割を見出していこうとする男性退職者は，地域コミュニティの新たな担い手として，大いに期待されるべき存在となってくるはずであろう．

（注）
(1) 調査対象者は，著者の桜ヶ丘におけるフィールド調査により知り合った人々（桜ヶ丘自治会会長，会員，桜ヶ丘内コミュニティセンター「ゆう桜ヶ丘」の館長，施設の利用者）を介して2003年5月から8月，11月，12月の期間中に依頼した．これに加えて，アンケート回答においてインタビュー調査の承諾を得た住民も含まれる．とくに後半部分において対象とされる8名の男性退職者は，設立者，参加者としてサークル活動を頻繁に行う人々である．設立者からは，設立したサークルでの現在の活動詳細（内容，場所，メンバーなど）を聞き取った．また，設立者および参加者からは，在職中から退職後の参加に至るまでのライフヒストリーを，各対象者につきそれぞれ2～3時間程度聞き取った．
(2) ここで挙げる個別事例は，先ほど触れた「多摩市」の空間レベルにおいて活動するサークルに参加する住民の活動事例である．彼らの個別事例は，サークルへの参加を行うことで，主体的に地域における社会関係を取り結ぼうとする住民たちの姿を考えるための事例として適切であると考える．
(3) 自前のパソコンをそれぞれが携帯し，私生活や活動の上で不便した操作やわからないことを教えあい，メンバー間で行われる「パソコンの教習会」を開き技術的な向上に努めているという．活動日は毎週決められた曜日に行うが，これがキャンセルされる場合には別の曜日で極力数日以内に行うなど徹底した活動を続けている．
(4) 桜ヶ丘団地は丘陵地に位置するため，団地内または団地のある場所を「上」，団地外を「下」と呼ぶ住民もいる．
(5) 金銭的な報酬は出ないが，多摩市からの委託で地域のコミュニティセンターの運営を行うボランティア組織である．ちなみに桜ヶ丘団地にあるコミュニティセンターの運営協議会は，メンバー全員が桜ヶ丘団地の居住者である（多摩市くらしと文化部，2003）．

(6) 多摩市のコミュニティセンターの立地とそのエリアは，学区を基準に分割され，当初17区に各1カ所ずつコミュニティセンターが建設されるはずであった．だが，バブル経済の崩壊により，市の予算が大幅に削減された．予定されていたコミュニティセンター17カ所は，結局，最終的に10カ所（建設予定を含む．2018年の和田・東寺方コミュニティセンターの完成により，10カ所がすべて揃う）になったのである．基本的に多摩市の在住（通勤・通学を含む）ならば，個人・グループ問わず使用できる．しかし，その半数は各エリアの住民でなければならない．

(7) 日野市のテニスサークルで知り合った元メンバーも勧誘している．それゆえ，彼らの自宅は日野市や八王子市など多摩市外にあることが多い．また，多摩ニュータウン内の参加者が多いのは，妻の活動するボランティアグループがニュータウン永山地区，諏訪地区に活動拠点を置くためであると考えられる．

(8) 聞き取り対象者への生活時間調査によれば，妻を介したサークル活動参加者（Eさん，Fさん）の2人は，サークル活動以外の時間を，買い物や掃除・洗濯など家事労働時間に費やしていた．家事労働の指揮をとっていたのは妻であったが，夫婦が日常的に分担して取り組んでいた．

(9) 年金所得に加え，退職後に再就職をして給与所得や事業報酬（弁護士，会計士など）を得ている住民が目立った．その他，年金所得を上回る収入源として不動産収入や株式配当を得ているという住民もいた．

(10) 影山（1998, 2004）は，子育て期の主婦らがジェンダー役割によるさまざまな制約を受けながら，教育や環境問題などの活動に取り組んでいることを指摘している．

第Ⅲ部　「縮小化」する郊外空間と主婦による地域への参加

第6章 「都市の縮小化」と自治体の民営化

　第Ⅲ部では，再生産領域として固定的に捉えられることの多かった空間である郊外空間が現在どのような状況に直面しつつあるのか，そしてこのような空間の変容のなかで，住民と地域の関係性はどのように再編されつつあるのかを考える。そのために，以下では，郊外コミュニティの中心的な担い手とされてきた主婦たちをとくに取り上げて，検討していく。また，ここでは，「縮小化」する郊外空間における自治体のアウトソーシングにかかわる全体像を把握するための統計とともに，主婦をはじめとした住民主体による地域への参加に関する質的なデータを使用する。郊外空間の「縮小化」と自治体のアウトソーシングの波の中にビジネス・チャンスを見出そうとする住民たちの組織化と実践を追い，彼／彼女たちの新たな活動がもつ可能性と限界について考察していきたい。

6.1　公的部門のリストラクチャリングと「都市の縮小化」

6.1.1　郊外化の終焉と東京大都市圏の「縮小化」

　江崎（2006）や井上・渡辺編（2014）によれば，少子化が進み，きょうだい数が減少していく一方で，今後首都圏に人口が流入し，高度経済成長期前後のように社会増加によって人口が大幅に増加する可能性はもはや低いという。さらに都心地域での住宅供給の活発化が，郊外地域における住宅需要の落ち込みに拍車をかけていると指摘する。

　矢部（2003），宮澤・阿部（2005）は，1990年代後半から顕著に行われた都心部の再開発の影響による，人口・都市機能の都心回帰のようすと，これに寄与した住民の属性を明らかにしている。都心23区の人口は，長らく微減が続

いてきたが，1995年を境に大幅な増加に転じた。その要因として，バブル経済崩壊以降の都心における地価下落とともに，マンション開発が活発化したことを挙げ，そのおもな供給源となってきた東京23区南東部，南西部に位置する千代田区，中央区，港区，江東区において高学歴である非ブルーカラー層の流入により，人口増加が顕著になっていることを示した（宮澤・阿部，2005）。

　首都圏における郊外化は，かつて地方圏からの就職・進学を契機に流入してきた若年層が，その後住宅取得に伴い郊外へと移動することで生じた。しかし，この傾向は1990年代後半から盛んに行われた都心地域の再開発に伴う人口・都市機能の都心回帰とともに弱まり，東京大都市圏における郊外化はいよいよ終焉を迎えた。都心縁辺部では，住宅需要の落ち込みから宅地化や若年層をはじめとした人口増加の停滞・減少，定住人口の高齢化が報告されはじめ（松原，2006；江崎，2006；谷，2007），これに伴う「都市圏の縮小」傾向も明らかにされている（国土交通省都市地域整備局，2005）。とくに江崎（2006）は，このような人口減少のなかで，首都圏遠郊部に位置する住宅地，とりわけ鉄道駅からバスに乗り換えてアクセスするような住宅地で，今後とくに急激な人口減少と少子高齢化が不可避であると予測している[1]。成立からわずか30～40年程度しか経過していないにもかかわらず，ベッドタウンとして開発された郊外のニュータウンは，新たな転入人口の減少とかつて転入した特定の世代に属する住民たちの高齢化によって，コミュニティの衰退・崩壊すら招く深刻なものとなっている（長沼ほか，2006）。

　「都市圏の縮小」傾向とともに，都市機能や人口が都心部に一極集中するなか，その影響を強く受けているのが郊外空間である。郊外は都心との「相互依存的な関係性」（Bondi，1991；McDowell，2003）を保ってきたが，このことは都市の空間構造の変化を考えるうえでこれまで十分に可視化されてこなかった（Duncan，1991）。それは，その関係性が決して対等なものではなく（岡本，1995；谷，2000），「都心＝生産領域」は中心的で公的なものとされる反面，「郊外＝再生産領域」は周辺的で私的なものとして序列化（影山，1998；吉田，2002，2006a）されてきたためである。また，経済構造の変動に伴い，いまや都心における人口回帰，職住近接を求める住民層の出現により，都市郊外は居住の場としての地位を必ずしも独占できなくなっている状況にある（例えば，

長沼ほか，2008；佐藤・清水，2011）。

6.1.2　主婦に関する研究動向と主婦をめぐる新たな活動

　すでに述べたように，日本の地理学における主婦を対象とした研究では，大きく，(1) 就業機会や通勤移動など主婦の就労に関するもの，(2) 生活行動や市民活動など主婦の地域生活に関するもの，という2つの側面からのアプローチが試みられてきた。

　前者，すなわち就業機会や通勤移動など主婦の就労に関するテーマをめぐっては，谷（1998）や若林（2004）が，主婦が結婚・出産というライフイベントを期に自ら退職することで，夫の職を支えていくという家父長制的な行動[2]が，都市システムを構成し，家族の移動パターンに大きく影響を及ぼしていることを明らかにしている。また，有留・小方（1997）や川瀬（1997）は，既婚女性たちが子どもの育成やライフステージに合わせて，自宅近隣のパートタイム労働を志向することを明らかにしている。主婦の就労には，家庭に起因する時間的・空間的な制約が常に生じており（神谷ほか，1990；宮澤，1998；久木元，2006；久木元，2016：187），彼女たちは専業・兼業をその都度モザイク状に組み合わせながら「主婦業」を維持することに努め（由井・加茂，2009），ライフサイクルあるいは日常のレベルで自らの生活行動パターンを男性中心的な世帯の動向や状況に合わせて柔軟に適応させてきたのである（田子，1994；笹川，2005；庭野，2007）。

　このような都市システムの柔軟性を担う既婚女性，つまり主婦が取り組む郊外のパートタイム労働に関しては，90年代後半以降の企業による非正規雇用へのシフトとともに，若干の変化[3]がみられることが指摘されている（武石，2002）。だが，その職種の幅は依然として限定的であり，外食産業をはじめとするサービス業や，中程度の専門性で従事できる労働[4]が大半を占めている（東京都産業労働局，2006）。こうした仕事は，人手不足などを背景に，実際のところ勤務時間の自由度がほとんどないうえに，昇進の機会を見込むことができない。彼女たちは主たる稼ぎ手である夫に対して，周辺的，家計補助的な稼ぎ手としての選択を行っている（竹中，1994；Ida，2003）。郊外の高学歴の主婦たちにとっては，現状のパートタイム労働は「単純なもの」として不満が強

く，彼女たちの欲求と職種との間にギャップがあることは否めない（杉浦・宮澤，2001；山内，2001；乙部，2004）。

　地理学における主婦をめぐる研究の中で，第二のテーマすなわち主婦の地域生活に関しては，家事や育児など再生産労働を背負う主婦の日常的役割についての把握がなされている。神谷（1993）や宮澤（1998）など時間地理学的手法を用いた研究では，都市生活を時空間パターンとして確認することで，女性をはじめとする特定集団の生活行動に対する制約を明らかにした。このように，時間地理学をはじめとした手法とともに，ジェンダー地理学という一分野が日本の地理学界にも知名度をもちはじめるなかで，岡本（1998）は，地理学で対象とする都市化や都市におけるパーソナルネットワーク研究など主婦をめぐる問題が広く物理的な空間の問題を含んでいること，また子どもや高齢者のケア，人口の少子高齢化など目下地理学で扱われている課題や現象に，主婦が中心的にかかわっていることから，空間に関する議論は，主婦を基軸に捉えていくべきであるとする。

　また，自治会・町内会，消費・教育などの自助組織，サークル活動などさまざまな地域社会を支える活動の運営も，もっぱら主婦たちによって担われてきたことが明らかにされている（影山，2000，2004）。このような研究は，女性の文化的「承認」の所在を探る，日本の地理学でも希少な意義深い研究である。一方で地域活動は，自らのボランタリーな労力と資金の持ち出しによって行われることが多いため，地縁に基づかない社会関係を志向する居住歴の短い主婦にとっては，積極的な取り組みの熱意に欠け，持続し難いことも指摘されてきた（竹信，2000；葛原，2001；松村，2012）。

　都市の職住分離構造において，画一化された計画空間としての郊外空間を考えようとする際，積極的に世帯や地域の変化に対応してきた主婦を，社会集団として注目することは重要である。なぜなら先述したように，「計画空間」とは，ある特定の目的があり，意図的に開発された空間であることを意味しており，ニュータウンなどの郊外空間は，「国の意思を受けながら，再生産が生産に従属するような空間論理に則った街」（西川，2000：237-260）として設計されているからである。それゆえ，郊外空間においては主婦たちは，生産を支える再生産領域の中に閉じ込められ固定化されながら，分断された生産領域へと

6.1 公的部門のリストラクチャリングと「都市の縮小化」　135

必死の思いでアプローチするしかなかった。こうしたことを背景に，これまでの地理学における研究においては，主婦の特性について，彼女たちの就労と地域生活とを別々に描き出そうとする傾向が強かった（McDowell, 1991；吉田，2007：40）。しかし，本章で扱おうとするのは，近代核家族における性別役割分業の変化と，郊外自治体のリストラクチャリング過程に対応し，両者を接合しながら郊外空間を新たな場として再構築していこうとする主婦の存在である。

　近年，各自治体における業務のアウトソーシングによって，住民に公的サービスの担い手としての期待が高まるなか，有償労働とボランティアの間に位置する中間領域的な活動として，NPOなどを中心とする非営利セクター[5]での新しい働き方が生まれている。非営利活動を主とする団体の活躍は，公の業務を担うということから，社会的にも広く認知されている（葛原，2001）。図6-1は，東京都におけるNPO事業所[6]の分布を示したものである。事業所そのものとNPO団体のおもな活動場所などは，必ずしも一致しない場合はあるものの，都心23区や中央線沿線などにおいてNPO事業所がとくに密集していることがわかる。だがその一方で，立川市や八王子市（京王高尾線周辺部），町田市，

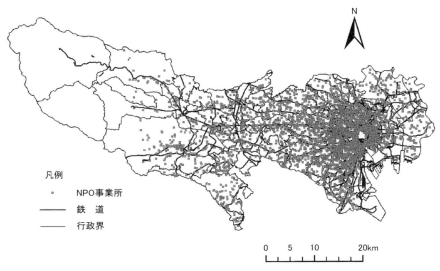

図 6-1　東京におけるNPO事業所の分布
（資料）東京都NPO法人認証団体一覧2008より作成．

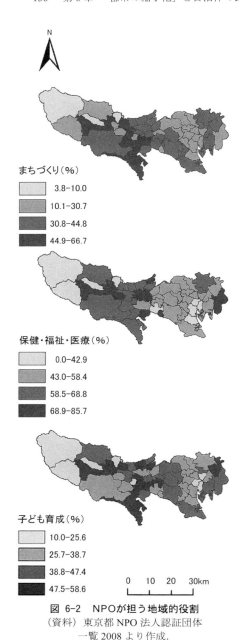

図 6-2　NPOが担う地域的役割
（資料）東京都NPO法人認証団体一覧2008より作成.

そして多摩ニュータウンの位置する多摩市南部など，都心から30〜40kmの距離帯にある東京の西郊においても，比較的多くNPO事業所が位置している。

このような事業所分布と関連し，図6-2は，東京都NPOの活動業種[7]のうちで「まちづくり」，「保健・福祉・医療」，「子ども育成」それぞれの分野を中心的に担うNPOの数が，全体に占める割合を示したものである。それぞれの分野は，福祉など地域生活における身近なセーフティ・ネットとして実際に機能する分野でもあるが，都心23区では，NPO事業所数の多さにもかかわらず，実際にNPOがこれらの分野を担う傾向は少ないようである。これに比べて，多摩ニュータウンが位置する東京西郊，とくに多摩市，八王子市，町田市などをみてみると，これらの分野の割合がとくに高く，NPOが担う地域的役割が多様化しており，その幅が広がりつつあることがわかる。とくに「保健・福祉・医療」に関しては，60％以下にとどまる都心，および都心周辺地域に比べて，多摩市，八王子市，町田市を含む西郊では60〜70％台を示している。

非営利セクターにおける非営利の公共サービス提供は，地域生活においても身近な存在となりつつあることから，多くの住民からの関心を集め，その役割の重要度が住民の生活の間に定着しつつある。安定的な雇用を得ている夫をもつ主婦たちにとっては，働く際に単なる利潤追求ではなく社会に参加・奉仕するという大義は，安価な報酬を埋め合わせてくれるものであり，同時に自己実現の機会を提供してくれるものとなる（渋谷，1996；大槻，2006）。一方で，自治体側にとっては，ポテンシャルの高い人材である主婦たちが，コミュニティにおける無償あるいは安価なサービスの担い手となってくれる（大沢，2000；吉村，2007）。このことは，自治体でのリストラクチャリングとコスト削減という目的を達成させることにつながるであろう。

　だが，郊外自治体のリストラクチャリングをめぐるこうした「利害の一致」は，果たして肯定的にのみ捉えうるものだろうか。そもそも，主婦をはじめとする女性たちが，郊外空間の地域活動を担ってきた背景には，「他者へのケア」という言葉に象徴されるようなボランタリーで，献身的な役割を担うことが，妻であり母である主婦の役割とされてきたことがある（西村，2001；大沢，2003；天野，2005：17）。このため，自治体によるアウトソーシングと主婦の関係性のなかに存在する問題や矛盾を，ジェンダーの視点から改めて考察していく必要がある。

6.2　開発主体・東京都によるアウトソーシングの経緯

　多摩ニュータウンが位置する自治体の一つである八王子市におけるアウトソーシングの取り組みに言及するに先立って，多摩ニュータウンの開発経緯と，開発主体である東京都によって90年代に進められたアウトソーシングの流れを説明しておきたい。

　先述のように，高度経済成長期にあたる1955年（昭和30）の東京では，地方からの都心への人口流入が約800万人を超えた。約180万世帯にまで増大した東京では，住宅不足が深刻化した。同様に，戦後に建設された応急住宅や狭小な民間アパートが主であった東京の住宅事情は，今日住環境の改善も大きな課題となっていた。こうしたなかで多摩ニュータウン計画は，地価高騰により

鉄道や主要幹線道路に沿って次々とスプロール化する区部周辺部へ小規模で無秩序な開発を抑制し，都市基盤施設の脆弱な都市郊外における宅地開発を秩序に基づき行うための構想であった．当時，大阪や名古屋で開発されて評価を得ていた千里ニュータウンや高蔵寺ニュータウンの影響もあり，多摩ニュータウン[8]は多摩丘陵一帯のスプロール化防止と，区部で深刻化する住宅問題を大きく緩和し，良好な住宅地を大量供給することを目的としていた（東京都都市計画局，1987）．

1963年（昭和38）には，従来，新市街地の開発に用いられていた「土地区画整理事業」や「都市計画法による一団地の住宅経営」に対して，「新住宅市街地開発法」[9]が制定され，東京都における多摩ニュータウンの基本方針が決定された．これにより，大規模開発によって生じた宅地分譲が可能になり，住宅の大量供給が効率的に，かつ急ピッチで行われるようになった．「健全な住宅市街地の開発および住宅に困窮する国民のための居住環境の良好な住宅地の大規模開発を図り，国民生活の安定に寄与する（新住宅市街地開発法）」ことを目的としたニュータウンが構想されたのは，都心から25〜40km圏に位置する当時の多摩町，由木村，稲城町，町田町の4市町村にわたる総面積約3,000haの丘陵地域であった（図6-3）．

開発者である事業主体は，国と東京都，日本住宅公団である．複雑な地形構造と交通条件の悪さから，なかなか市街地化が進展しなかった多摩川対岸の武蔵野台地から取り残されていた多摩丘陵は，1966年（昭和41）ニュータウン開発とともに切り崩され，宅地造成が行われ始めた．これに伴い広域交通網として，都心とニュータウンとを結ぶ私鉄の小田急多摩線や京王相模原線の乗り入れが行われ，都市幹線道路である府中・相模原線（野猿街道）や府中町田線（鎌倉街道）の発達は，都心ばかりでなく隣接する都市間や各住区間のアクセスを可能にした．また，近隣河川からの給水も行われた．多摩町を中心としたニュータウン開発事業は，中学校の学区を基本単位として，21の住区に分けられ，1971年（昭和46）の諏訪・永山地区の入居を皮切りに段階的・計画的に進められた．こうしてニュータウンは，東京都市圏のサラリーマン世帯に，良好な居住環境と耐久性に優れた住宅を提供した（東京都都市計画局，1987）．

しかし，多摩ニュータウンでは居住希望者の住宅に対する「量から質へ」と

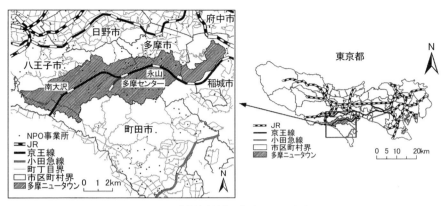

図 6-3　研究対象地域：多摩ニュータウン
(資料) 著者作成.

いうニーズの転換や，バブル経済の崩壊などに伴い，1990年代以降は需要の落ち込みが顕著となった。かつて都市計画人口として「30万都市」が目指されたニュータウンだが，国勢調査によれば，2000年（平成12）現在で，およそ19万人[10]にまでしか達していない。

とくにバブルの崩壊は，企業・事業所の業務移転や住宅の分譲などに深刻なダメージを与え，ニュータウンの発展に暗い影を落とした。都心における地価下落の結果，オフィス・店舗などのテナント需要の減少，さらにニュータウンに移転した企業[11]の都心への（再）流出がみられ，企業誘致は期待ほど見込むことができなかった。ニュータウン内には売れ残り物件も目立ち始めた[12]。この状況下で，住宅公団の分譲部門からの撤退，東京都の住宅施策の見直しにより，2000年までのニュータウン計画の終了と開発主体の撤退が決まった[13]。

ニュータウン計画を進めてきた開発主体である国や住宅公団，東京都は，それぞれ多摩市や八王子市などの各自治体へと引き継がれることになった。しかし，これまで進められてきたニュータウンの開発事業には，大規模で質の高いインフラストラクチャーの整備をはじめとして，莫大な費用がかけられてきた。たとえこれらを維持するためとはいえ，国や東京都などが多くの財政的負担を背負って進めてきた事業を，関係自治体が税収をもって継続することは，きわめて困難であることが予想されていた。そこで，東京都は1994年から西部地

区センター地域活性化対策事業[14]を開始し，東京都の撤退をスムーズにする方策を，八王子市だけではなくそこに暮らす地域住民活力の利用に求めたのである。八王子市側では，東京都から買収した土地に業務施設[15]を建てるなど，ハード面の充実をはかる一方，地元の企業や住民団体はプログラムを通じた住民間のネットワーク形成に努め，ソフト面の充実を目指した。

地域活性化対策事業では，民間に向けて案件を募り，都から選ばれた団体や民間企業が助成金を用いて，都から受注した事業を行った。地域のサービスを，行政に代わって住民が行ってゆく「委託型」事業は新たな試みであり，話題を呼んだ。この事業に参加した大半の団体は民間の法人企業であったが，本章で取り上げる有限会社 S 社[16]の前身となる市民団体も含まれていた。1995 年から始まり，東京都が撤退するまでのニュータウンにおける一連の取り組みは，全国的に活発化した NPO を中心とする協働のまちづくりの先駆けとなったのである。東京都によるアウトソーシングを引き受けた住民側の姿勢は，八王子市移譲後のニュータウン形成に大きな影響を及ぼしている。

6.3 八王子市における協働の受け皿の拡大

6.3.1 南大沢地区における女性の就業

研究対象地域である多摩ニュータウンの南大沢地区は，八王子市の一画にあり，ニュータウンの南西部に位置する（図 6-4）。南大沢地区は 1983 年（昭和 58）代以降，東京都と東京都住宅供給公社および一部住区は住宅公団によって開発・分譲された。都営南大沢団地，グリーメゾン南大沢など 1,018 戸の住宅が供給された地区（第 14 地区）では，事業開始以降 10 年の年月を要したが，1971 年（昭和 46）から入居が開始された多摩ニュータウン事業計画の諏訪・永山地区などの住区と比べ，比較的新しい地区である。住区には「美しい丘」という名を冠したベルコリーヌ南大沢など，南欧風の景観が話題となる高層住宅なども建設されて，90 年代に人気を博した[17]。地区の中心には京王相模原線の南大沢駅があり，新宿や渋谷へのアクセスに加え，相模原など神奈川県方面へのアクセスも便利である。

多摩ニュータウンの総人口は，2016 年現在で約 22 万人であり，ニュータウ

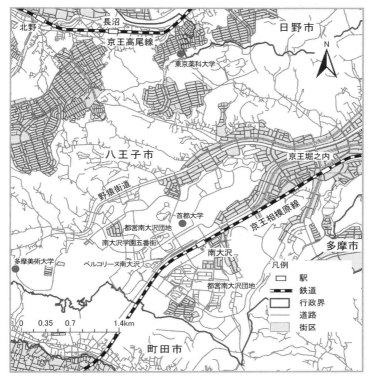

図 6-4　八王子市南大沢とその周辺
(資料) 著者作成.

ン全体の人口高齢化率は 22.2％に及ぶ[18]。2015 年の国勢調査によれば，そのうち南大沢地区は，総人口約 1 万 8000 人，人口高齢化率は 22.8％となっている。ちなみに，多摩ニュータウンと南大沢地区の 5 年前の人口高齢化率は，それぞれ 13.5％，11.2％であったので，その進展はだいぶ急速なものであることがうかがえる。図 6-5 は，2001 年から 2005 年における，南大沢地区の年齢 5 歳階級のコーホート変化率を示したものである。40 歳代前半のコーホート以外は，10 代，20 代，30 代のコーホートは概ね減少（変化率 10 ～ 30％）気味であり，増加傾向がほとんどみられない。一方で，60 代のコーホート以降では，変化率 100 ～ 200％であり増加傾向にある。全体として多摩ニュータウンの初期入居開始地区[19]に比べて世代間の均衡が保たれており，特定世代の急激な

142　第6章　「都市の縮小化」と自治体の民営化

図6-5　2010-2015年における南大沢のコーホート変化率
(資料) 国勢調査より作成.

増減はみられないものの，ここ数年においては住民の緩やかな高齢化の傾向がうかがえる。

　このように開発時期も新しく，ニュータウン内において比較的若い世代が暮らす，南大沢地区の女性たちは，現在，どのような働き方をしているのだろうか。

　表6-1は，南大沢地区における家事労働にかかわる労働者を，東京都と八王子市とで示したものである。「家事のほか仕事」に就く女性に着目すると，東京都平均では，女性労働人口総数に占める比率が26.1%（約69万人）であるのに対して，南大沢地区では31.8%（約1,200人）であり，平均よりもやや高い割合で兼業主婦（仕事と家事に取り組む女性）が存在することがわかる。

　他方，女性の非労働人口総数に占める，「家事」を専業として行う女性（専業主婦）の割合は，東京都平均が61.9%（約148万人）であるのに対して，南大沢地区では60.0%（約2,200人）と同程度の割合である。八王子市平均59.8%（約7,400人）とともに，「家事」を専業として行う女性の割合は，およそ6割程度存在する。15歳以上の生産年齢における専業主婦の割合は，依然として兼業主婦の割合よりも高いが，近年は女性が家事を行いながら働くという世帯が，ある一定割合以上存在してきたこともわかるだろう。

　上記に関連して表6-2は，東京都において働く女性たちのおもな職場を示し

6.3 八王子市における協働の受け皿の拡大　143

表6-1　南大沢地区における兼業主婦と専業主婦

	男女	労働力人口（15歳以上）								
		就業者の就業状態						完全失業者	割合	総数
		おもに仕事	割合	家事のほか仕事	割合	休業者・その他	割合			
東京都	総数	4,970,764	77.8	754,971	11.8	286,801	4.5	374,938	5.9	6,387,474
	男	3,254,938	87.9	55,315	1.5	149,867	4.0	242,337	6.5	3,702,457
	女	1,715,826	63.9	699,656	26.1	136,934	5.1	132,601	4.9	2,685,017
八王子市	総数	200,411	74.1	36,758	13.6	16,751	6.2	16,489	6.1	270,409
	男	138,016	85.7	2,677	1.7	9,351	5.8	11,081	6.9	161,125
	女	62,395	57.1	34,081	31.2	7,400	6.8	5,408	4.9	109,284
南大沢	総数	6,804	72.2	1,353	14.4	712	7.6	553	5.9	9,422
	男	4,628	84.9	90	1.7	387	7.1	346	6.3	5,451
	女	2,176	54.8	1,263	31.8	325	8.2	207	5.2	3,971

	男女	非労働力人口（15歳以上）						総数	
		家事	割合	通学	割合	その他	割合		
東京都	総数	1,611,516	45.9	705,697	20.1	1,196,317	34.0	3,513,530	
	男	126,531	11.3	375,517	33.7	613,174	55.0	1,115,222	
	女	1,484,985	61.9	330,180	13.8	583,143	24.3	2,398,308	
八王子市	総数	79,435	42.3	46,502	24.8	61,867	32.9	187,804	
	男	8,089	11.8	26,910	39.3	33,407	48.8	68,406	
	女	71,346	59.8	19,592	16.4	28,460	23.8	119,398	
南大沢	総数	2,462	42.4	1,739	29.9	1,606	27.7	5,807	
	男	190	9.4	1,015	50.2	818	40.4	2,023	
	女	2,272	60.0	724	19.1	788	20.8	3,784	

（注）性別不明を除く．
（資料）国勢調査，2010より作成．

たものである．本表からは正規／非正規の別は読み取ることはできないが，上記では「家事のほか仕事」を担う女性の割合が男性に比べて高かったことから，いずれの職場にも女性たちがパートやアルバイトなどのかたちで，非正規雇用として就業する割合は高いことが推測される．また，東京都全体を概観すると，市部では区部に比べて職場は少ないが，「個人経営」や「会社」などいわゆる会社法人のほかに，「会社以外の法人」や「その他団体」などで働くケースが目立つ．「会社以外の法人」，「その他団体」で働く女性の数は，東京都総数と比較して八王子市の場合，それぞれ24,757人（4.5％），110人（2.2％）である．「会社以外の法人」，「その他団体」のカテゴリーにおいては，事業所や企業が密集する23区内の千代田区，港区，新宿区などに次ぐ数であり，都心のオフィスから離れる八王子市においては，働く女性たちの職場の選択肢の一つとなっ

144 第6章 「都市の縮小化」と自治体の民営化

表 6-2 働く女性のおもな職場（東京都の場合）

	個人経営			会社			会社以外の法人			その他団体		
	総数	女	(割合)	総数	女	(割合)	総数	女	(割合)	総数	女	(割合)
総数	486,070	258,306	—	7,387,811	2,815,690	—	978,594	545,645	—	10,204	4,906	—
千代田区	16,914	8,017	3.1	852,442	318,009	11.3	82,941	34,369	6.3	1,865	795	16.2
中央区	18,123	9,819	3.8	704,625	267,397	9.5	33,251	16,015	2.9	1,179	474	9.7
港区	18,883	9,850	3.8	906,580	314,391	11.2	74,211	35,506	6.5	1,158	521	10.6
新宿区	20,847	10,683	4.1	570,107	225,399	8.0	73,179	35,366	6.5	771	388	7.9
文京区	9,728	5,301	2.1	146,539	52,152	1.9	49,675	26,017	4.8	326	162	3.3
台東区	15,536	7,675	3.0	196,634	70,128	2.5	17,502	9,006	1.7	200	77	1.6
墨田区	12,644	6,265	2.4	128,263	49,025	1.7	12,652	7,342	1.3	111	57	1.2
江東区	12,320	6,516	2.5	317,666	100,994	3.6	27,557	14,773	2.7	126	50	1.0
品川区	14,895	7,761	3.0	337,150	107,505	3.8	18,817	10,681	2.0	145	86	1.8
目黒区	9,622	5,233	2.0	97,066	42,816	1.5	15,834	8,965	1.6	423	239	4.9
大田区	24,024	12,843	5.0	307,102	114,009	4.0	27,396	16,769	3.1	183	92	1.9
世田谷区	25,642	14,174	5.5	198,459	85,756	3.0	41,096	23,146	4.2	211	114	2.3
渋谷区	20,726	10,517	4.1	456,177	187,203	6.6	40,716	19,719	3.6	460	190	3.9
中野区	11,998	6,321	2.4	95,346	37,328	1.3	14,537	8,705	1.6	92	51	1.0
杉並区	19,760	10,659	4.1	114,061	47,889	1.7	23,784	13,914	2.6	207	118	2.4
豊島区	14,497	7,563	2.9	218,823	87,700	3.1	25,621	13,623	2.5	315	131	2.7
北区	11,930	6,258	2.4	93,998	34,229	1.2	19,555	11,541	2.1	168	98	2.0
荒川区	8,272	4,053	1.6	56,985	20,106	0.7	10,741	6,567	1.2	84	40	0.8
板橋区	17,056	9,153	3.5	138,652	52,755	1.9	34,749	21,984	4.0	135	61	1.2
練馬区	20,970	11,382	4.2	126,017	54,579	1.9	25,906	16,610	3.0	148	77	1.6
足立区	22,927	11,866	4.6	165,951	66,034	2.3	27,727	17,517	3.2	94	63	1.3
葛飾区	16,608	8,518	3.3	93,072	37,488	1.3	19,089	12,288	2.3	63	27	0.6
江戸川区	19,018	10,173	3.9	137,567	56,050	2.0	20,550	13,386	2.5	17	11	0.2
八王子市	17,135	9,034	3.5	155,438	63,430	2.3	43,080	24,757	4.5	206	110	2.2
立川市	6,247	3,487	1.3	89,387	39,078	1.4	15,759	9,804	1.8	164	55	1.1
武蔵野市	7,273	4,113	1.6	63,672	28,461	1.0	11,320	6,928	1.3	41	30	0.6
三鷹市	5,049	2,737	1.1	38,871	15,453	0.5	12,577	7,654	1.4	77	30	0.6
青梅市	5,120	2,568	1.0	31,476	11,871	0.4	11,001	7,242	1.3	73	35	0.7
府中市	6,961	3,954	1.5	81,063	28,045	1.0	14,366	9,129	1.7	132	72	1.5
昭島市	3,377	1,902	0.7	35,074	13,350	0.5	6,314	4,262	0.8	24	18	0.4
調布市	6,330	3,474	1.3	53,126	24,566	0.9	13,239	8,118	1.5	72	29	0.6
町田市	10,907	6,223	2.4	96,562	46,050	1.6	27,047	17,779	3.3	74	31	0.6
小金井市	3,130	1,730	0.7	17,095	7,590	0.3	10,292	5,373	1.0	87	75	1.5
小平市	4,954	2,869	1.1	37,934	13,454	0.5	12,463	7,728	1.4	94	42	0.9
日野市	4,751	2,729	1.1	42,897	14,611	0.5	9,620	5,848	1.1	52	30	0.6
東村山市	4,079	2,394	0.9	23,974	10,815	0.4	8,369	5,818	1.1	85	57	1.2
国分寺市	3,755	2,177	0.8	24,129	10,456	0.4	6,119	3,587	0.7	17	7	0.1
国立市	2,998	1,748	0.7	17,810	7,375	0.3	6,014	3,518	0.6	27	16	0.3
福生市	2,453	1,405	0.5	11,608	5,426	0.2	2,672	1,793	0.3	6	3	0.1
狛江市	2,043	1,094	0.4	10,492	4,642	0.2	2,946	2,002	0.4	51	42	0.9
東大和市	2,809	1,649	0.6	15,930	6,950	0.2	3,781	2,785	0.5	10	6	0.1
清瀬市	2,203	1,264	0.5	9,274	4,495	0.2	7,242	5,024	0.9	5	3	0.1
東久留米市	2,886	1,676	0.6	21,458	9,456	0.3	4,294	3,078	0.6	18	8	0.2
武蔵村山市	1,926	1,028	0.4	20,091	8,309	0.3	3,597	2,590	0.5	28	16	0.3
多摩市	2,826	1,691	0.7	47,497	23,344	0.8	10,381	6,928	1.3	151	103	2.1
稲城市	2,038	1,112	0.4	16,723	7,179	0.3	3,667	2,609	0.5	14	5	0.1
羽村市	2,136	1,212	0.5	19,755	5,621	0.2	2,735	1,891	0.3	1	—	—
あきる野市	2,958	1,517	0.6	13,872	5,572	0.2	4,487	2,975	0.5	33	7	0.1
西東京市	5,554	3,216	1.2	33,441	16,375	0.6	8,694	5,983	1.1	224	175	3.6
瑞穂町	1,132	529	0.2	18,899	6,362	0.2	1,659	1,075	0.2	27	14	0.3
日の出町	521	251	0.1	5,787	2,617	0.1	2,795	1,677	0.3	24	11	0.2
檜原村	231	114	0.0	235	64	0.0	284	178	0.0	—	—	—
奥多摩町	318	191	0.1	976	310	0.0	600	313	0.1	54	31	0.6

(注) 島嶼部, 性別不明を除く.
(資料) 経済センサス活動調査 2016 より作成.

表 6-3　非営利セクターに分類される団体一覧と八王子市における団体数

	内　容	団体数
特定非営利法人 (NPO 法人)	社会的な使命の達成を目的に，自発的かつ非営利で行う社会的，公益的活動としてとらえ，活動を継続的に行う．原則として，特定非営利活動促進法（NPO 法）に基づき，法人格を取得する．法人格を取得するため，団体として資産を所有したり，契約を結ぶこともできる．また，法的に権利や義務が明確になり，社会的信用も得やすい．福祉，教育・文化，まちづくり，環境，国際協力などのさまざまな分野での役割を担う．	約 168
社会的起業 (コミュニティ ビジネス)	個人事業，任意，NPO，会社，組合など事業形態は問わないが，国や自治体などによる補助・助成に頼らずに，活動による独立した事業収入を得ていることが特徴である．コミュニティビジネスは，住民が主体となって，地域が抱える課題をビジネスにより解決し，その活動の利益を地域住民に還元するような事業を目指す．	約 76
任意活動団体 (ボランティア を含む)	NPO 法人の取得をせずに，市民（住民）が自らの信念や関心に基づいて，自分たちの生活の充実や地域コミュニティの貢献を目的に，自発的に活動を行う．福祉や教育，防災や環境問題など，非営利性や公益性を特徴とした活動を行う．	約 973

（資料）八王子市協働事例集 2006 および市民活動冊子 2007，聞き取り調査より作成．

ていることがうかがえる[20]．

6.3.2　八王子市のアウトソーシング概要

　先にも述べたように，90 年代後半に南大沢地区において行われた東京都によるアウトソーシングは，西部地区の拠点として発展する同地区において，大型商業施設の撤退などを背景とする経済的な地域活性化を目指すものであった．これに対して，本章で扱う 2000 年からスタートした八王子市によるアウトソーシングは，全国的な「協働のまちづくり」[21]（以下，「協働」）に端を発するものである．この協働では，本来サービスを享受する側であった住民が，サービスの提供側にもなることで，よりきめの細かい柔軟な公的サービスを実現すること[22]が目指されており，このような地域の協働を担う団体は，現在，非営利セクターとして郊外空間の地域形成の場に生じつつある（大江・駒井編，2008：22）．

　八王子市において非営利セクターに含まれる団体は，具体的にどのようなものが存在するのだろうか．表 6-3 は，八王子市における非営利セクターに分類される団体を一覧としてまとめたものである．1999 年の NPO 法制定により，増加した NPO（特定非営利法人）を中心として，協働を請け負う住民団体が

多く存在している。事実,自治体による協働には日本国内のボランティア・ブームもあり,多くの住民の関心が寄せられ,その役割の重要性と存在が広く認知されつつある。NPO法人に関していえば,東京都をはじめとした各都道府県レベルにおける行政での認証が必要であるという点で,任意活動団体(ボランティア団体を含む)に比べて社会的信頼を得やすいことが指摘されている(葛原,2001)。

また,非営利であるが運営資金を自らの事業でまかなうという点で,活動に関する「持ち出し」の負担が比較的少ないといえる。また,社会的起業(コミュニティビジネス)に関していえば,経済的な独立性も視野に入れつつ,事業収入を得ている。コミュニティビジネスは地域が抱える課題をビジネスにより解決し,その活動の利益を地域住民に還元するような事業を展開する。形態は問わないものの,そこには会社法人も含まれている。NPO法人が設立される以前は,このようなコミュニティビジネスの形態をとることで,公的な資金の運用を任された際に,社会的信頼を得ていたというケースもある(澤登ほか,1999:52)。いずれも,住民個々の経済的・社会的事情に合わせて設立されており,利潤追求を目的としない非営利活動によって社会的意義を追求し,「新しい公共」問題としての地域問題の解決や,住民の生活ニーズに応えようとしている。

それでは,八王子市のアウトソーシングの実態と動向は,近年どのような変化をみせているのか。以下,八王子市の資料を通して検討してみたい。

図6-6は,2003年度から2005年度における,八王子市の一般会計決算に占める民間委託事業の推移を示したものである。2003年度にはその年の決算に占める民間委託事業費,つまりアウトソーシングにかけた市の事業費は17億円(決算額の1.1%)であり,2004年度にはやや減少して約15億円(0.9%)であった。だが,2005年度になると事業費は32億(2.1%)と,およそ2倍以上に増加する。平均して決算額の1.0%強程度が,毎年アウトソーシングのために支出されていることがわかる。

協働事業は,受託者に業務の責任を委ねる「委託」のほかに,業務に対して財政的な支援を行う「補助」,市と共に業務を主催する「共催」などの区分がある(図6-7)。行政側は,協働の形態やその目的などに合わせて細かく業務内容を設定し,公募という形で住民に対して募る。市はNPO法人や財団・社

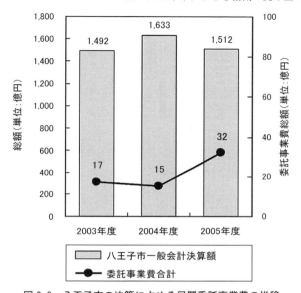

図 6-6　八王子市の決算に占める民間委託事業費の推移
（注）最新の委託事業費合計が公開の 2005 年度までを利用した．
（資料）八王子市協働事業調査各年度報告資料・決算報告書より作成．

団法人など特定の団体に限らない，さまざまな規模や構成員の団体に向けた協働事業体制をつくりだし，住民参加の間口を広げている．全体の件数は，2004年度に一度下がるものの，年々増加傾向を示している．

　2003 年度の 177 件に対して，2006 年度には 388 件となり，4 年間で約 2 倍に増加した．2005 年度以降には「事業協力」，「アドプト制度」[23]などの新たな業務区分が加わり，協働事業の多様化も進んでいることがみてとれる．2004年度まで中心的に行われ，協働全体のおよそ 5 割以上を占めてきた「委託」，「補助」が，翌年以降にはおよそ 4 割弱にまで減少しており，「共催」，「後援」，「事業協力」などが協働の半分以上を占めるようになったことがわかる．これらの業務区分は，これまで中心的であった「委託」，「補助」に比べて，必ずしも財政支援が協働の目的とされていない．このことは協働事業がその件数の増加とともに，実質的には住民参加による無償ボランティアの方向へと年々シフトしつつあることをうかがわせるものである．

148　第6章　「都市の縮小化」と自治体の民営化

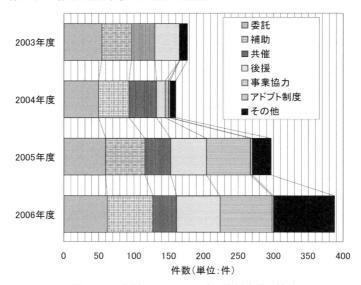

図6-7　区分別にみた八王子市の協働事業の件数
（注）事業協力・アドプト制度が開始されたのは2004年度以降である．
（資料）八王子市協働事業調査各年度報告資料および市決算報告書より作成．

6.3.3　協働事業の内容の多様化

　非営利セクターの側では，具体的にどのような団体がアウトソーシングされた業務を受託しているのであろうか．

　表6-4は，2005年度における八王子市の協働事業の一覧である．任意団体，NPO法人などの団体が件数の半分以上を占めるものの，大学や企業，町会・自治会など実にさまざまな団体が，多様な事業を引き受け，自治体のサービス提供に携わっていることがわかる．事業内容も市の施設の管理や整備を中心に，子ども会・市行事開催と運営，外国人の生活相談まで，協働される事業分野はバラエティに富んでいる．しかし注意すべきことは，このなかには障がい者や高齢者の生活支援など，これまで国や自治体が担ってきた社会的重要性の高い福祉サービスが含まれているにもかかわらず，その総額が低いことである．同じ業務を遂行するとき，民間企業など営利団体に委託するよりも，市内の任意団体やNPO法人に担わせるほうが，コストは低額で済むことがその背景にある[24]．

　こうした非営利セクターによるサービス提供がなされるのは，市民生活にお

表 6-4　2005 年度における八王子市の協働事例一覧

受託している団体	代表的な事業内容	おもに協働している部署	件数	合計額（千円）
任意団体	・外国人のための無料専門家相談 ・郷土資料館古文書所在調査 ・部活動外部指導員制度 ・公園アドプト制度 ・心身障がい者（児）通所訓練等事業補助	◎市民活動推進部 ○生涯学習スポーツ部 ○健康福祉部	126	1,340,448
財団法人・社団法人	・コミュニティ施設等管理等委託 ・芸術文化会館管理運営委託 ・拠点施設管理運営委託	◎市民活動推進部 ○産業振興部	12	820,813
町会・自治会	・集会施設整備事業 ・市史跡絹の道環境整備 ・八王子市行財政改革推進審議会	◎市民活動推進部 ○生涯学習スポーツ部	26	340,597
青少年育成協議会等	・自主学童クラブ管理運営事業 ・青少年対策地区委員会活動補助 ・子ども会事業委託	◎こども家庭部	9	180,891
企業	・高校美術展 ・精神障がい者共同作業所通所訓練事業補助 ・はちおうじ出前講座	◎市民活動推進部 ○健康福祉部	6	130,812
NPO 法人	・障がい者生活支援事業 ・トイレ清掃等業務委託 ・生活支援ヘルパー事業 ・市民生活支援センター管理運営業務委託	◎健康福祉部 ○市民活動推進部 ○生涯学習スポーツ部	28	104,056
福祉協議会・福祉協会	・障がい者団体補助 ・精神障がい者グループホーム運営補助 ・ふれあい館管理業務委託	◎健康福祉部 ○市民活動推進部	11	66,863
個人	・農業体験事業 ・在宅心身障がい者緊急一時保護事業 ・学校安全ボランティア	◎産業振興部 ○健康福祉部	14	59,717
各種協会・連盟等	・市民水泳大会 ・各地域の運動会等への参加 ・産学公連携推進事業	◎生涯学習スポーツ部 ○選挙管理委員会	33	17,500
その他	・成年後見制度市民相談会 ・美術館八王子児童作品 ・いきいき健康づくり事業	◎市民活動推進部 ○健康福祉部	7	15,835
幼稚園・小中学校等	・旧学校施設（小学校）の試行開放 ・ピーポくんの家（子ども緊急避難所）の設置 ・小中学校合同作品展	◎生涯学習スポーツ部 ○学校教育部	10	3,930
大学	・大学の先生と楽しむ理科教室 ・学園都市づくりの推進 ・市環境指標による地域環境診断	◎市民活動推進部 ○環境部	11	671
老人クラブ等	・シルバー人材センター運営費補助 ・老人クラブ運営費補助事業 ・やさしい年金講座	◎健康福祉部 ○生涯学習スポーツ部	4	0
総計			297	3,082,133

(注1) ◎は最も協働の多い部署．○は比較的協働の多い部署．部署名は 2006 年当時のもの．
(注2) 団体の区分は，八王子市の区分に準じて，筆者がまとめなおしたものである．
(注3) 一部不詳の箇所があるため，合計額は 2005 年度の協働事業費総額とは一致しない．
(注4) 1 件あたりの業務コストが集計された，公開の最新のものを利用した．
(資料) 八王子市協働事例集 2006 より作成．

表 6-5　分野・年次別にみる協働事業の件数

(単位：件)

分　野	2003年度	2004年度	2005年度	2006年度
文化・スポーツ振興	59	52	81	114
子育て支援	1	4	15	58
教育・国際交流	24	22	37	50
まちづくり	13	10	30	47
障がい者支援	35	23	48	34
環境保全	8	11	17	21
高齢者支援	14	14	19	15
施設・公園管理	7	9	16	14
広報・情報	2	2	3	6
男女共同参画	1	3	3	4
調査・分析	2	1	5	0
その他	11	9	23	25
総　計	177	160	297	388

(資料) 八王子市協働事業調査各年度報告資料より作成.

けるどのような場なのであろうか。

表6-5は，協働内容の分野別にみた事業の件数を示したものである。全体的に非営利セクターの数が年々増加していることと連動して，委託される協働事業の内容も多様化している。だが，その分野での増減傾向をみていくと，はっきりと二極化していることがわかる。例えば，「子育て支援」，「教育・国際交流」，「文化・スポーツ振興」そして「まちづくり」の分野においては，件数が急増している。これに対して「高齢者支援」，「障がい者支援」では，件数において横ばいもしくは減少傾向がみられる。このことは，協働事業とこれを担うことになった非営利セクターに求められる役割が，年々多様化しているにもかかわらず，分野による住民の参加傾向には少なからず偏りがあることを示している。このような偏りは，今後住民による広い領域・分野への参加が求められる協働においては，必然的に人材不足を招くことにつながりかねない。また，市のねらいでもあるような，多様な担い手の活躍の場としての協働が活性化することも，難しくなってしまうだろう。

6.4　非営利セクターの活動と協働における問題点

これまで見てきたように，自治体と住民との協働の取り組みが年々重要度を

表 6-6 非営利セクターと協働事業

	団体 O（NPO 法人）	団体 P（NPO 法人）	団体 Q（NPO 法人）	団体 R 任意団体
開始時期	2000 年 5 月	2001 年 1 月	1999 年 10 月	2002 年 6 月
協働形態	指定管理者	補助・助成	補助・助成	共催・後援
目的	・自然公園の管理・緑地整備. ・異文化・多世代間交流. ・地域の環境保全.	・高齢者の交流と居場所づくり. ・多世代間交流. ・住民による情報の発信・共有.	・家事・子育て支援. ・働く女性のための支援. ・高齢者の生活支援.	・住民の居場所づくり. ・都市計画への提言. ・地域情報の発信・共有の促進.
メンバー	主婦, 男性 (退職者), 学生	主婦, 男性 (退職者)	主婦, 学生	主婦, 学生, 男性 (会社員等)
活動の内容	①公園の清掃・緑地管理. ②環境保全活動と環境教育. ③多摩ニュータウン向け情報誌の作成. ④商工会, 大学とのパートナーシップ.	①託老所と学び・体験スペースづくり. ②市民提案型まちづくり支援事業に採択. ③安価な食事を提供. ④独居老人の見守り支援.	①空き店舗を利用した生活や子育て支援. ②訪問介護と宅配食事提供サービス. ③デイサービス提供 (会員 40 名).	①図書室・カフェの利用施設を充実. ②空き店舗を利用した SOHO や食堂. ③外国籍住民向けのサービス提供. ④農業体験や地元野菜の販売.
制約・問題点	・他団体との連携が困難. ・イベント時の人材の不足.	・ボランティアの限界 (人件費問題). ・少人数でのローテーション. ・資金源の不足.	・病院などとの連携が困難. ・経済的な負担 (私財の持ち出し).	・資金の限界 (経費のみ参加者負担). ・競合関係のため, 補助金の確保が困難.
評価	八王子の指定管理者制度に採択される. 多摩ニュータウン内での生活情報提供の場として認知され, 行政をまたいでの複数の事業所を展開.	毎日通う常連の高齢者あり. 安価に提供される食事が住民から人気である. 独居老人の支援は, 市役所からの支援金事業として採択された.	利用者およそ 50 名. 代表者のネットワークにより, 賛助会員も多数. 住区内の身近な事業所として, デイサービスの利用者は増加している.	外国籍の利用者のネットワークが広がっている. 地域通貨を通じた, 地域住民との交流にも参加している. 都市計画の専門家が有志として参加.

(資料) 聞き取り調査より作成.

増していることが明らかとなった. しかしそのような中で, なぜ公募による住民参加の分野（領域）に不均衡があるのだろうか. この疑問を解くカギとして挙げておきたいのが, 非営利セクターにおける「慢性的な活動資金の不足」という現実である.

協働事業では, たとえ財政的な支援である「委託」や「補助」でも, 一部の事業以外では人件費が考慮されないことが多い[25]. これは事例地域である八王子市に限らず全国的なレベルにおいてみられることであり, 十分な人件費が賄われないままに, 住民によるボランタリーな活動が期待されている場合が多

いという。このため，非営利セクターでは少ないボランティアスタッフによる過密なローテーションを余儀なくされたり，経営にかかる経済的な負担を代表者やメンバーが持ち出しで補填したりするなど，自治体から経費の支援が仮にあったとしても「半ボランティア」のような活動を続けざるを得ない状況も存在するのである。八王子市および市周辺で活動する非営利セクターの具体事例を挙げながら紹介したい。

表6-6は，自治体での協働事業を行う非営利セクターの一部事例を，協働の形態ごとに挙げたものである[26]。それぞれの協働形態ごとに，協働内容やメンバー構成，人件費の有無の差異が関連するが，公共サービスにおける重要な内容を担っていることがわかる。指定管理者として事業委託を受ける団体Oは，市からの予算により自然公園の管理を行っており，施設長を務める退職者（男性）と平日パートタイマーとして働く主婦たちのほか，日給数千円の複数の学生アルバイトが有給で働いている。団体Oのように，協働事業において雇用を創出できる団体は，協働事業全体として非常に稀である。

一方で，団体の多くはP，Qのように「補助」や「助成」といった形態で，限られた経費で運営を強いられることになる。このような団体は，子育ての支援や障がい者，高齢者への福祉サービスの提供を行っている場合が多いため，運営は必然的に切迫することが多い。団体Pなどは高齢者の見守り支援を行い，独自のサービスや取り組みによってニュータウン内でも有名な団体である。主婦3名とニュータウンの開発にも携わった退職者の意欲によって団体運営は支えられているが，主婦3名はみなボランティアである。内容的にきめ細やかなサービス提供が必要とされているために人材を要するが，数年間なかなかメンバーは増えることがなく，現メンバーの家庭生活までをも圧迫している。

また，団体Qも同様であり，代表者である女性の私財を活動のために投入して協働事業に当てている。利用者である高齢者への食事やレクリエーションの充実のために，必要経費はほぼこれらに費やし，基本的に市からの補助としての人件費などは支出されていない。運営・活動資金の不足により，無償ボランティアの人材はなかなか確保できない。仮に人材が確保されたとしても，時として過酷な労働と見合わない報酬が要因となって人材が定着しにくく，結果的に流動性が高くなってしまうのが実情である。

自治体との協働事業は，個人の時間的・経済的な負担によるボランティア活動や主婦の地域活動に，一定の経費の補助と社会的承認，やりがいをもたらしてきた．だが，それは現実には住民たちの地域への奉仕や，暗黙のうちに彼／彼女らの「善意」[27]に依拠しており，結局のところ活動におけるボランティア労働を前提としたものになっている．このような状況は，協働事業の持続可能性という点において，非営利セクターで働く人材の確保や彼らの質の高い働きの維持を難しくする，非常に深刻な問題であるといえよう．

　NPOをはじめとする非営利セクターの側では，こうした状況にどのように対応しながら，活動の持続可能性を確保しているのであろうか．次章では，東京都および八王子市のアウトソーシングの隙間に生じた機会を先駆的に活用しながら，自治体の受け皿から社会的企業として収益部門をもち，団体としての自立性・継続性を目指した有限会社S社に着目する．S社の事業とスタッフの働き方の分析を通して，自治体の事業を支える実質的な担い手がどのような主体なのか，またどのような戦略が用いられているのかを考えたい．

（注）
(1) 若年層の減少，急速に進行する高齢化，公共交通機関の維持への不安などの複数の類似点より，江崎（2006）は郊外住宅地の非持続性を中山間地域の「過疎化」に例えており，将来的に65歳以上の人口が全体の50％以上を占める「限界郊外」の存在を指摘する（江崎，2006：145）．
(2) 笹川（2005）は，女性たちが夫に合わせて退職や勤務のキャリアを中断させる行動は，あくまで家族役割の一環であり，妻・母である彼女たちを拘束し続けてきたことを指摘している．
(3) これまで中心的であったレジ打ちや飲食業などのほかに，事務的業務も加わった．勤務形態については，派遣社員や在宅での下請けなどバリエーションが広がり，午前9時〜午後5時の拘束を必ずしも必要としない柔軟な働き方を選択できるようになった．
(4) 著者が行った聞き取り調査によっても確認されたが，こうした主婦が就き得る平均的な非正規雇用職種の労働賃金の相場は，時給800〜1,000円である．
(5) 本書における非営利セクターの定義は，東京都による認定を受けたNPO法人，任意団体，地域企業（コミュニティビジネス団体），その他市民サークルの総称と

する．収益事業と無償ボランティアとの中間領域的な活動を担い，地域住民や拠点とする行政区内の問題の解決に積極的に貢献する活動主体を指している（大沢，2000）．

(6) 2011年（平成23）の改正非営利活動促進法により，所轄庁（認証権および監督権をもつ行政機関）独自による認定制度の創設や特例認定が始まり，これに伴い全国で所轄庁認定や特例認定法人というスタイルが新たに誕生している（内閣府，2016）．なお，本書では法改正などによる NPO 法人を取り巻く環境の変化を考慮して，調査を行った 2008 年時点での東京都認証 NPO 法人情報を使用する．最新のデータは，http://www.npo.metro.tokyo.jp/ を参照されたい．

(7) 上記と同じく，2011年（平成23）の改正非営利活動促進法により，東京都における認証 NPO の 17 業種は，新たに 20 業種に変更された．特定非営利活動法人の定款に記載された活動業種は，新規の第4号，第5号，第20号を加えて，以下の通りである（東京都生活文化局，2017）．

1	保健，医療または福祉の増進を図る活動	11	国際協力の活動
2	社会教育の推進を図る活動	12	男女共同参画社会の形成の促進を図る活動
3	まちづくりの推進を図る活動	13	子どもの健全育成を図る活動
4	観光の振興を図る活動	14	情報化社会の発展を図る活動
5	農山漁村または中山間地域の振興を図る活動	15	科学技術の振興を図る活動
6	学術，文化，芸術またはスポーツの振興を図る活動	16	経済活動の活性化を図る活動
7	環境の保全を図る活動	17	職業能力の開発または雇用機会の拡充を支援する活動
8	災害救援活動	18	消費者の保護を図る活動
9	地域安全活動	19	前各号に掲げる活動を行う団体の運営または活動に関する連絡，助言または援助の活動
10	人権の擁護または平和の活動の推進を図る活動	20	前各号に掲げる活動に準ずる活動として都道府県または指定都市の条例で定める活動

(8) 多摩ニュータウンは，千里ニュータウン（1,160ha），高蔵寺ニュータウン（702ha）を上回り，日本最大規模のニュータウンである．

(9) ニュータウン事業計画においては，新住宅市街地開発事業（新住事業）により丘陵地を利用した宅地造成を中心に行うとともに，土地区画整理事業により尾根地を利用した道路・公園などの整備を行った．ニュータウン計画が終了した後は，規制が比較的緩やかななかで開発されてきた土地区画整備事業地区に民間マンションが造成されている．

(10) 人口は当初の計画人口である30万人にも達することなく，ピークで約20万人に留まり，90年代以降に減少傾向に転じた．緩やかに人口増加傾向にあるニュータウンの稲城市域，八王子市域とは対照的に，多摩市域は既に1万人の減少傾向に転じている（宮澤，2006）．
(11) 多摩ニュータウン活性化検討委員会の活動資料によれば，店舗やオフィス，大学などを対象に，駅前業務施設内へのテナント誘致を行っていた．
(12) 一部地区では，公的住宅の値引き売出しも行われた．
(13) 開発主体の撤退は，計画の不備を自治体に責任転嫁するものという見方もある（例えば，鈴木，2006）．
(14) ニュータウン内における地域活性化を促進するために，ニュータウン内に東部地区（永山），中央地区（多摩センター），西部地区（南大沢）のそれぞれ3拠点を設置し，事業の展開を図った．
(15) この業務施設は，土地信託方式によって民間企業に貸し出されている．現在は八王子市の文化ホール・市民センター等の公共施設の整備や，民間の店舗やオフィスをテナントとして誘致して収益施設の運営も行っており，南大沢地区でも中核的な機能をもっている．
(16) S社はその後，活性化対策事業の推進を目的として，95年から有限会社として活動をはじめている．NPO法が施行される以前は，活動に応じて法人化する団体が多かった．
(17) バブル経済期に計画の進んだ高級物件が多く，これまでの画一的な団地に対して独特の住居デザインや景観が話題になった．しかし，90年代の不況の影響下で売れ行きは下火になり，物件が売れ残ることが多くなった．
(18) 多摩ニュータウンにおける総人口などの統計については，多摩市，八王子市，町田市，稲城市にまたがる4自治体の統計であるため，東京都都市整備局HPのデータを参考にした．（http://www.toshiseibi.metro.tokyo.jp/bosai/tama/ 最終閲覧日2017年8月16日）．
(19) 永山・諏訪地区を中心とした多摩ニュータウンの初期入居開始地区の定住人口は，同一世代に属する家族が大量に入居し，現在彼らが後期高齢者となりつつあるため，加速度的に少子高齢化している（東京都総務局，2008）．
(20)「会社以外の法人」にはNPO法人などが含まれており，八王子市内でも「個人経営」とともに，女性たちの雇用を支えている．なお，資料となった経済センサスのベースは，2006年まで行われていた事業所・企業統計調査である．
(21)「協働のまちづくり」は，自治体によっては「市民協働」や「開発まちづくり」

などと呼ばれている．自治体が公的サービスの一部を住民側へ委ねることで，市民のアイディアを存分に活かすことができ，真のニーズに合った取り組みができるとされている（八王子市市民活動推進部，2005b）．
(22) 大江・駒井編（2008：22）では，これまで行政と市場，従来の自治会や町内会などの地域社会組織を「強い専門システム」と括り，こうした既存のシステムと当事者との間にあって，公共の問題を新たに解決するシステムを「弱い専門システム（協働）」として位置づけている．
(23) アドプト制度は通称「里親制度」とも呼ばれ，道路や公的施設，公園，森林，川など，これまで自治体・行政の管理下にあった公共財を住民の手に委ねたうえで，実質的な管理を住民主体で行っていこうとする新たな試みである．もともとadoptは，「養子縁組をする」といった意味をもち，公共財を地域で引き受けるという制度を指して使用されるようになった．アメリカにおいて道路のメンテナンス・美化活動を，住民ボランティアによって担ったことに端を発している．
(24) 非営利セクターによる福祉事業の価格設定には，人件費が含まれておらず，民間企業に委託するよりも半額近いコストの削減が見込めることが指摘されている（市民，NPO等による福祉のまちづくり研究勉強会編，2001；油川，2003）．
(25) 聞き取り調査によれば，人件費は支払われる場合でも日給で3,000～5,000円が相場であり，また500円相当の商品券などを1日分の「謝礼」として支給することで，活動の対価とする団体も存在するようである．
(26) 聞き取り調査は，2006年から2007年まで行ったS社の参与観察期間中，またその前後に，NPO事業所の訪問や団体が主催する数回のイベント参加を通じて行った．協力を得たNPO法人や任意団体の中には，S社を介して聞き取り調査を依頼した団体もあった．
(27) 市側では「目的は経費削減ではなく，よりよいまちづくりのための市民の意欲と積極的な参加である」とする．これに対し，住民側からは協働を「自分たちの活動が認知される」としながらも，「気軽な参加のために参加費は高額に設定できず，自己資金を投入することは非常に辛かった」としており，財政面に関しての困難があることがうかがえる（八王子市市民活動推進部，2005b）．

第7章 多摩ニュータウン南大沢地区における主婦の起業

7.1 非営利セクターの活発化と主婦による地域の起業活動

　近年，多摩ニュータウンでは，住民組織が自治体に代わってコミュニティの運営を行う，地域の「協働」がNPOを中心に盛んに行われている。住民による団体の数が年々増加していることと平行して，委託される協働事業の内容も多様化している。このような地域住民を母体とした非営利セクターの拡大は，公共施設の管理や緑地の整備，イベント運営から，高齢者の食事宅配，子育て支援までを請け負う，協働体制の「受け皿」としての地位を確立してきた。

　協働事業を請け負う非営利セクターは，市域内を拠点としてローカルな活動を展開し，そして同じ住民としての立場からサービス提供を行い，地域問題の新たな解決にも大いに貢献している。例えば，独居老人の見守りや世代間交流などは，従来自治体の実現できなかった成果であり，彼／彼女らが提供するサービスの質のよさは，自治体や地域住民から高い評価を受けてきた。また，非営利セクターが提供するサービスの価格設定が安いことも，住民の人気や評価につながっている。

　ところで，自治体と並びいまや郊外コミュニティの維持に欠かせない存在となった非営利セクターは，収益事業とボランティア事業との中間領域的な活動を展開している。このような非営利セクターの活動は，自治体，場合によっては地元企業との協働で，「公的な存在」として注目された結果，一定の報酬と社会的承認を得られるようになった。これは，これまで私的な時間と経済的な負担によって成り立っていた，ボランティアとしての地域活動を大きく変えるものであった。

非営利セクターで活躍する住民には，多くの主婦たちが含まれている。彼女たちは，完全な無償労働としてではあったが，かつて家事・育児のために PTA や自治会などの活動を通じて，地域における密なネットワークを地道につくってきた。現在，彼女たちは従来培ってきた経験と知識を最大限に活かし，自治体に代わる主体として，協働事業を中心とした活動を展開している。再生産労働を引き受けてきた主婦をはじめとする女性たちの創造性の高い活動は，地域で多くのニーズや評価を受けながら，地域活動という枠組みを越えて質の高いビジネスとして運営されるようになった（三橋，2007；木村，2008；関村，2012）。

そこで本章では，自治体による公共サービスのアウトソーシングのなかで有限会社として誕生し，現在も自治体や企業との協働を通して，生産活動と再生産活動を往来しながら活躍するS社に着目し，その活動を経済的「再分配」と文化的「承認」の観点から考察する。彼女たちは，自らの活動に対する確固とした自信とともに，生産領域においてこれまで存在し得なかった自分たちの活動を持続させようとする「戦略」を有している。収益部門を交えた事業展開ではあるが，単なる利害追求のための生産活動ではないその起業活動は，再生産のための空間として位置づけられてきた，郊外空間におけるジェンダー役割分業の変容を感じさせる新たな動きの事例として，大変示唆的であると考える。

本章では，起業動機および事業内容，そして地域のイニシアティブを握る主体の一つとして定着するまでの経緯を詳細に探ろうとするために，とくに彼女たちの家族や周囲との関係性に焦点を当てながら検討を進めてゆきたい。なお，主婦の起業をめぐるデータは，非営利セクターの事業体に，筆者自身がおよそ1年間，ボランティアとして参加することを通じた参与観察[1]により得られたものである。

7.2　S社の事業展開とパートナーシップ

7.2.1　ニュータウンのアウトソーシングとS社の誕生

事例として取り上げたS社について，簡単に触れておく。S社は，1995年5月に多摩ニュータウン南大沢地区内および近隣地区に住む女性たちによって

7.2 S社の事業展開とパートナーシップ 159

設立された，イベント企画や運営を専門とする有限会社である。設立の経緯は，東京都のニュータウン西部地区活性化対策事業の運営事務局を引き受けるために，任意団体ではなく，会社法人である事業体としてスタートしたことにはじまる。およそ600万円の資本金をもとに4名のスタッフによって興されたS社は，従業員規模や業務内容の拡大を行ってきた。スタッフはいずれも主婦たちであり，50代2名，40代4名，30代1名の計7名によって構成される。年商は現在約6,000万円に及ぶ。

同社の前身は1994年より活動を始めた，南大沢および近隣地区に暮らす，家事の傍らにフルタイム労働に従事する主婦たちを中心とした任意団体であった。ニュータウン女性住民の就業の支援，生活情報の提供，スーパーなど大型店舗誘致，住人同士のネットワーク強化などの活動を，精力的に続けていた。地域での生活経験に富んだ住民が，地域振興を多角的に促進しようとする案件は，行政主導の地域政策からの転換を図ろうとする住民の，大きな期待と関心を集めるものであった。

これら事業が1994年に東京都に採用されて以降，S社は6年間にわたるニュータウンの活性化対策事業[2]に携わった（表7-1）。全国的レベルで始まる自治体との協働に先駆け，おもに東京都など行政側のアウトソーシングの担い手として，南大沢地区のイベントの企画・運営や，商業施設誘致などに取り組んできた。バブル崩壊による転入住民の減少，企業誘致・定着の進まないニュータウンの西部地区における活性化対策事業として，S社は2000年以降も東京都や公団の業務を受託し，地域住民の交流やネットワーキング，東京都や住宅供給公社，住宅公団などのニュータウン内住宅物件の販売促進活動なども行った。S社は行政によるアウトソーシングの業務内容を通して，着実に自社の経営ノウハウを形成してゆき，その成果を蓄積していった。1996年から2001年にかけての住宅や宅地販売促進事業では，地域でのニーズを的確に捉えた独自のアイディアや，地域住民との交流を通して彼らの賛同を獲得していく方法が，多くの地区住民の共感を得た（八王子市市民活動推進部，2005a）。その後，ニュータウンの地域形成で得たリソース（資源）によって，2002年以降，民間企業の事業受託，収益部門の立ち上げへとシフトしてゆく。

S社の事業内容は，(1) 非営利活動，(2) 協働事業，(3) 収益事業の3つに区

表7-1　起業以降のS社のパートナーシップ

年	S社	八王子市	東京都	東京都住宅供給公社	都市再生機構	民間ディベロッパー
1995	●S社設立		■西部地区センター地域活性化対策事業.			
1996	●ニュータウン内における生活情報収集のためのボランティア部門を結成.			■南大沢地区内住宅の広報担当.		
1997			■南大沢活性化対策まちづくりPR事業.			
1998	●ニュータウン内生活意識調査.		■南大沢地区内の分譲住宅見学会会場運営.	■南大沢地区内住宅の販売促進イベント開催.		
1999	●HP・メーリングリスト作成.	●フラワーフェスティバル運営事務局.	■東京都立大50周年運営事業.	■南大沢地区内住宅見学会会場運営.	■ニュータウン物件販売促進事業.	
2000	●ボランティア部門の会報を発行.		■多摩センター宅地分譲広報. ■宅地分譲広報(東京都が撤退).	■借上型都民住宅広告.	■住民「地域じまん」の公募・展示会開催.	
2001			■宅地販売事業. ■旧東京都立大学オープンカレッジ実行委員会.		■多摩市内分譲住宅PR事業.	
2002	●民間マンションとの事業を開始.		■多摩センター分譲宅地販売広報.	■ニュータウン内都民住宅現地案内事務局.		■多摩ニュータウン内, 千葉県の民間マンション事業.
2003			■旧東京都立大学セミナー運営実行委員会.	■ニュータウン内都民住宅促進事業.		■マンション入居者交流会の開始. ■「生活情報冊子」発行.
2004		◎駅前植込みの整備活動開始.			■ニュータウン物件販売促進事業.	■神奈川県, 千葉県マンション事業. ■入居者向けカルチャー講座の運営.
2005	●国土交通省と他NPOとの共同調査.「NT住み替え事業」支援参加.				■ニュータウン内分譲住宅入居者交流会運営.	■神奈川, 埼玉県マンション事業. ■入居者向け生活情報セミナー実施.
2006	●大学連携事業の開始.	◎子育て家庭向け情報冊子の出版.				■ニュータウン内, 千葉県, 23区内, 神奈川県マンション事業.

(注)　●：無償ボランティア事業, ◎：協働事業, ■：収益事業を示す.
(資料)　S社歴および聞き取り調査より作成.

表 7-2 S社の事業内容

事業形態	パートナー	業　務　名	活動頻度
非営利事業	― 任意団体 A 任意団体 B 駅前商店街	生活相談所「情報相談センター」 生活改善・向上のための市民会議 駅前花壇整備 「元気な街」協力会プロジェクト	通年 月1回 月2回 月1回
協働事業	八王子市	フラワーフェスティバル運営 幼稚園情報冊子作成（多摩・八王子版）	年2回 年1回
収益事業	民間ディベロッパー （約 25 企業）	「コミュニティ事務局」運営 ガイドブック作成 交流会の企画・運営	通年

（資料）S社パンフレットおよび聞き取り調査より作成.

分することができる（表7-2）。このうち非営利活動は，東京都の西部地区活性化対策事業での取り組みを引き継ぐものであり，協働事業は八王子市のアウトソーシングに端を発する。そして，新たな事業展開として始まったのが，収益事業である。

第一の非営利活動であるが，S社にとっては完全なボランティア事業として，南大沢地区のコミュニティ活動に取り組んでいる。例を挙げれば，生活の相談所「情報相談センター」の運営と生活改善のための会議がある。これは住民同士のつながり，とくに「女性のネットワーク化」をはかるための活動で，S社が誕生するきっかけともなった活動である。1996年から行ってきたこのサービスでは，S社のパートタイム・スタッフが，地域で子育てや家族のための家事をこなしながら暮らしてきた主婦の一人として相談を受け，利用者に対して自身のこれまでの経験として所有する地域情報を提供している。S社独自で設ける登録システムを使って，人材や活動場所の紹介を行い，地域での活動参加や地域団体などの運営を支援する。

また，「元気な街」協力会プロジェクトは，南大沢商店街に加盟する団体が，夏祭り，ハロウィン，花コンテストなどのイベントを定期的に開催するものである。地域活性化事業の一環として行ってきたこの活動は，現在は南大沢駅前の活性化の活動として継承され，地元住民や商店街がボランティアとして担っている。S社はそこに事業体として名を連ね，社長Aさんは，月1回の会合に代表者として参加する。このように現在も続く地域形成の素地は，東京都のアウトソーシングを通じた事業運営の名残としてだけでなく，Aさんの活発な地

元住民との交流やネットワークから，住民や地元企業がもつニュータウン南大沢地区への強い帰属意識にも由来するものと解釈できる。

　第二に協働事業は，駅前花壇整備やフラワーフェスティバルなどを中心に，S社スタッフが，それぞれ苗木の支給[3]や，市の名義の使用許可[4]を受けて行ってきた。人件費が支出されず，収益を前提としていないので，S社にとっては「半ボランティア」のような形であるが，南大沢地区にかかわる地域活動として行っている。フラワーフェスティバルに関してS社は，運営事務局を担当しており，主催者として参加住民を集め，意見を取り入れながらともにイベント運営を行う。

　八王子市からS社が業務を受託したのは，設立から4年目にあたる1999年である。S社の運営は自社のネットワークを活用したもので，主婦を中心に隣人，PTA，サークル活動を介した知人や友人が参加する。主婦である参加者の家庭的事情が考慮され，個々の女性たちの意見と役割によって運営されるこのフェスティバルについては，協働した八王子市の市職員，参加した主婦や高齢者からの評価は高い。

　また，2006年に新たに始まった協働事業に，ニュータウン内の保育園・幼稚園の詳細や，市の支援サービスの利用法などを，独自に取材して解説を加えた幼稚園情報冊子の作成がある。この冊子は，ニュータウン女性に向けて子育てや介護支援のための情報提供を行ってきた，これまでのS社の活動の集大成ともいえる。住民が自分たちの居住地域の運営にかける意識は，少子高齢化や大型商業施設の撤退など，日常的な地域の衰退への危機感から生じてきた。したがって，行政による同地区のアウトソーシングは，住民たちによる積極的な意識の形成という点では連続したものであり，住民参加の素地を引き継ぐものであった。これらの非営利事業や協働事業は，地域の住民生活に貢献するというS社の活動理念に沿うものであるが，利潤を生み出すことは困難であり，ボランティア的な性格をもつ。

　これに対し，次に触れる第三の収益事業は，S社におけるボランティア部門の経費を補填し，非営利事業，協働事業の継続的な運営を可能にする資金的な基盤となっている。次に，彼女たちの関心と実践を持続可能にする収益事業の内容についてみていきたい。

7.2.2　民間企業とのパートナーシップ

　S 社が 2002 年以降着手した収益事業は，民間マンションのディベロッパーからの委託を受け，マンション住民を対象として取り組まれている。内容は，東京都区部を中心とした新規建設マンションの入居者に向けた生活の支援であり，マンション内に設置された「コミュニティ事務局」の運営，マンション周辺における生活情報提供のためのガイドブック作成，そしてマンション入居前から開催される住民交流会の企画・実施などが含まれる。

　これらの事業内容は，マンション住民の新生活に向けた環境づくりを，「お膳立て」することが目的である。入居前・後に用意される生活支援サービスは，従来住民同士の接点がなく，人間関係が疎遠になりがちであった都心の集合住宅の入居者から，斬新なサービスとして受け入れられている。こうしたサービスは，都心回帰によるマンション建設ラッシュのさなか，ディベロッパー側にとっても重要な付加価値となる。事業の推進には，S 社のスタッフたちがこれまで主婦として家族内や地域において築いてきたスキルや発想，また主婦として生きてきたからこそ共有し得た同様の問題関心に基づく，地元ニュータウンでの主婦ネットワーク[5]の存在が不可欠であった。

　S 社の 2007 年のある 1 カ月のスケジュールをみると（表 7-3），S 社が提携する民間マンションは年間 25 社ほどあり，S 社にとっておもな業務対象になっている。売り出されるマンションの所在地は，多摩ニュータウン周辺の市部から，東京都 23 区内，そして神奈川県，千葉県，埼玉県など，東京都市圏に広く分布している。ほぼ毎日のように，担当の S 社スタッフが交替で，マンションのディベロッパーとの会議[6]や打ち合わせのために，八王子市南大沢から本社ビルや販売中のマンションへ赴いている。ここで注目したいのは，全般的に都心でのマンション事業が増加し，S 社がそれを中心的な業務として据えているにもかかわらず，S 社は都心への事務局移転をせずに，南大沢を拠点とし続けていることである。

　もちろん都心に事務局を移転すれば，賃貸料が業務を圧迫することが大きな要因であることは確かであろう。しかし，重要な点はコミュニティや地域形成を担う先駆的な事業体である S 社を支えているリソースが，ニュータウンという郊外の地域社会にあるということである。S 社が都心移転を行った場合，

表7-3　1カ月のS社のスケジュール（2007年）

	事務局					情報相談センター	
	A（代表取締役）	B（取締役）	E（社員）	F（社員）	G（契約社員）	H（契約社員）	I（パート）
（金）	東京23区内 マンション会議			東京23区内 マンション会議			情報相談センター
（土）		南大沢駅前 駅前花壇整備	埼玉県内 ガイドブック取材			南大沢駅前 駅前花壇整備	
（日）	神奈川県内 マンション会議	神奈川県内 マンション会議			多摩市内 交流会の運営	多摩市内 交流会の運営	
（月）		多摩市内 マンション会議	埼玉県内 ガイドブック取材		東京都市部 マンション会議	情報相談センター	
（火）	神奈川県 マンション会議	東京23区内 マンション会議		午前休み	多摩市内 交流会の運営	情報相談センター	情報相談センター
（水）	東京23区内 マンション会議	東京23区内 マンション会議		東京23区内 マンション会議	午後休み	情報相談センター	
（木）				神奈川県 マンション会議		情報相談センター	
（金）						情報相談センター	
（土）							
（日）	多摩市内 交流会の運営			東京23区内 交流会の運営	東京都市部 交流会の運営		
（月）	東京23区内 マンション会議	東京23区内 マンション会議			東京都市部 交流会の運営	情報相談センター	
（火）					東京都市部 交流会の運営		情報相談センター
（水）		東京23区内 マンション会議		東京23区内 マンション会議			情報相談センター
（木）		東京23区内 マンション会議		東京23区内 マンション会議	東京23区内 マンション会議		情報相談センター
（金）		多摩市内 マンション会議	多摩市内 マンション会議		多摩市内 ガイドブック取材	多摩市内 交流会の運営	
（土）		多摩市内 交流会の運営		東京23区内 交流会の運営	東京都市部 交流会の企画		
（日）	千葉県内 交流会の運営			千葉県内 交流会の運営	東京都市部 交流会の企画		
（月）						情報相談センター	
（火）		生協にて会議	生協にて会議			情報相談センター	情報相談センター
（水）		東京23区内 マンション会議		東京23区内 交流会の企画			
（木）	茨城県内 マンション会議	南大沢駅前 駅前花壇整備				南大沢駅前 駅前花壇整備 情報相談センター	
（金）							
（土）		午後休み 東京23区内 マンション会議			ガイドブック校正	ガイドブック校正	
（日）	東京23区内 交流会の運営	神奈川県内 交流会の運営		東京都市部 マンション会議			
（月）				東京都市部 交流会の企画		情報相談センター	
（火）				東京都市部 交流会の運営		情報相談センター	
（水）	東京23区内 マンション会議	埼玉県内 ガイドブック取材					情報相談センター
（木）	東京23区内 マンション会議	東京23区内 マンション会議	東京23区内 マンション会議	東京23区内 マンション会議	東京都市部 交流会の企画	情報相談センター	
（金）				東京23区内 マンション会議	東京都市部 交流会の運営	情報相談センター	
（土）			多摩市内 交流会の運営				

（注1）情報相談センターは，南大沢地区S社事務局の同ビル内にある．
（注2）空欄は，事務局内および情報相談センター内での勤務（休暇含む）．
（注3）大文字アルファベットは本文中のスタッフと同一人物を示す．
（資料）S社資料および聞き取り調査より作成．

このリソースを現在と変わらず活用することは難しくなる。ニュータウンでのアウトソーシングの試みに対応し，地域生活の改善のために利害をともにしてきた地域住民のネットワーク，また，そこで試行錯誤されてきた人々による協力体制を構築するための工夫こそが，新たな都心住民が求めるものなのである。S社は地域に根づいたリソースに立脚しながら，こうしたリソースを活用することのできる都心でのビジネスチャンスを活用している。

以上のように，S社の収益部門での事業アイディア，人材などのリソースは，ほとんど非営利部門や協働事業などで取り組んでいる南大沢地区での活動によって支えられている。つまり，各事業は序列化されることなく，相互に補完し合っている。S社にとっては，自らの存続にとっていずれの事業も不可欠なのである。

7.3 スタッフのライフコースからみる主婦の仕事と家庭

以上，行政のアウトソーシングによって生まれてきたチャンスを活用して起業し，ボランティアとビジネスを巧みに両立させながら成長してきた，S社の事業体としてのプロセスを追ってきた。こうした事業体は，どのような主体によって形成されてきたのか。その詳細を，個々のスタッフの働き方とライフコースに焦点を当てながら，考えていきたい。

7.3.1 S社スタッフの労働環境

S社に勤めるスタッフは計7名であり，そのうち6名が常勤[7]，1名がパートタイム勤務である。スタッフは午前9時までに出社するが，その後数名が日中の時間帯に都心などへ外出する。業務内容はスタッフ間で分業がなされており，ディベロッパーとの会議や住民交流会運営などの収益部門であるマンション関連事業は，事務局常勤スタッフが行う。これと並行して行われている市からの協働事業や，地元商店街での会議など，非営利部門は同ビル内にある「情報相談センター」[8]に常駐するスタッフHさん，Iさんが実質的に担当する。この部署は，事務局の営業と異なり，1日6時間制で平日のみの営業であるが，南大沢にコミットしたS社の活動を年間を通して支えている。

S社スタッフは，2007年当時で年間約25社の民間ディベロッパーから仕事を受託しており，こうした事業の分担を，1事業につき2～3名のチーム単位で割り振っている。スタッフたちは，外出する者と社内に残る者とを均等に配置し，スケジュール管理を行っている。マンション関連事業などはおもに日中に集中させており，外出したスタッフは現地の仕事を終えて午後5時までには必ず事務局に戻る。職住分離の郊外空間に暮らす主婦が，家事・育児を行いながらフルタイム労働を持続的に行えるような工夫がなされている。

　S社では常勤スタッフをおよそ6名前後に限定しており，業務は彼女たちを支えるアルバイトやパートタイム勤務のスタッフに大きく依存している。地域のイベントとマンション業務の重なる夏場などの繁忙な時期には，近隣の大学生がアルバイトとして，そしてS社に登録[9]された主婦たちがパートのスタッフとして，簡単なレポートやアンケート入力等の業務を請け負う。この他にガイドブック作成のための市場調査など，専門性を要する仕事は別途委託[10]している。

　このように，主婦をはじめとした多くの人材によって構成されるパートナーシップは，「仕事を郊外女性のネットワークで補完し合う」という構想を見事に実現させており，ニュータウンに暮らす主婦にとって良好な雇用の機会を提供するものである。だが反面，十分な人件費をなかなか確保できない現状から，地元のパートやアルバイトスタッフは，都心での多忙な業務を遂行するS社を支え続ける重要な存在なのである。

7.3.2　出産・結婚から再就業まで

　概観してきたように，S社ではこれまでの主婦の不満を解消するような新しい労働環境が創造されてきている。こうしたS社での労働環境に主婦たちは，どのような志向性をもって入ってきたのだろうか。

　表7-4は，インタビュー[11]を行ったS社スタッフの属性である。新旧スタッフは延べ9名，年齢構成は60代から30代までと幅広く，Cさんを除く全員が子育てを経験している。Fさんのみが3世代家族であるが，ほかは核家族である。スタッフの住まいは，八王子市内か隣接する市に位置する。

　S社への入社理由として，多くのスタッフたちが職住近接の職場環境を挙げ

7.3 スタッフのライフコースからみる主婦の仕事と家庭

ている。世代にもよるが，30代・40代のスタッフの最終学歴は，全員みな4年制大学か短期大学であり，高学歴のスタッフが多いことがわかる。スタッフの「前職を辞めた理由」をみてみると，起業に携わった幹部つまり設立者は，起業のための辞職である。また，先ほどの30代・40代スタッフは，就業経験のないHさんを除き，S社に入社する直前の辞職を「結婚・出産のため」としている。

図7-1は，インタビューを行ったS社スタッフのライフコースと職歴を示したものである。スタッフの主婦たちが，最終学歴後に職を得て以降，結婚・出産を経験して再就業するまでの経緯をみていこう。

まず，当時それぞれ44歳，35歳，37歳であったAさん，Bさん，CさんによってS社が設立された。彼女たちは，それぞれ異なる職場に勤めていたが，仕事を通じての知り合いであり，既にはじめての就業から15年以上が経過していた。新聞社や広告代理店，放送局など専門的な職に就いて，かなりの職業経験を積んでいた3人は，Dさんを加え，働くことについての問題意識を共有しながら，起業について構想した。構想から資金準備を経ておよそ1年半後，S社は事業を開始した。

S社の設立者で社長であるAさんは，1950年生まれの団塊世代の女性である。大阪府出身で，高校卒業後に上京して就職した4年後，結婚を機に退職している。しばらく育児に専念しながら知人の経営するアパレル店を手伝い，末子が幼稚園に入学したのを機に，数名の友人とともに婦人専門のブティック店を開店し，再びフルタイムで働きはじめる。その後，地域専門誌を発行する新聞社に転職した。この転職がきっかけで，起業パートナーであるBさん，Cさんと出会った。この頃，当時3歳の次男の育児を抱え，固定的な雇用体系と職場仲間の理解不足など働き方に悩んでいたBさんは，Aさんと意気投合した。

この背景には，都心に比較して，とくに雇用機会に恵まれてこなかった郊外ニュータウンの女性，とくに主婦たちの不満があった。郊外の地域労働市場には正規雇用の職場が少なく，ほとんどの主婦たちはパートやアルバイトなどに職を求めている。育児や家事のために自宅の近くでの就業を目指そうとすれば，スーパーのレジ係やファミリーレストランのウェイトレスなど，マニュアル化され自らの意思決定をはさむ余地がないような仕事の中から選ぶしかなかっ

表7-4 S社スタッフの属性

類型	スタッフ	年齢	家族構成	住所	最終学歴	夫の職業	前職を辞めた理由	現在の地位
役員	A	56	夫（59） 長女（30） 長男（27） ※長女は別居.	神奈川県相模原市	専門学校	公務員	会社設立のため	社長
役員	B	46	夫（56） 長男（21） 次男（17） ※長男は別居.	東京都日野市	短期大学	会社員	会社設立のため	取締役（役員）
役員	C	49	夫（36）	神奈川県横浜市	短期大学	自営業（情報通信業）	前職の契約期間終了のため	1999年より非常勤
役員	D	60	長男（37） 次男（35） ※ひとり暮らし.	神奈川県相模原市	高等学校	—	S社の仕事を任されたため	1998年より非常勤
従業員	E	40	夫（44） 長女（13）	東京都八王子市	短期大学	会社員（情報通信業）	結婚・出産のため	社員
従業員	F	36	父（73） 母（69） 夫（35） 長男（9） 長女（7）	東京都八王子市	4年制大学	会社員（造園業）	結婚・出産のため	社員
従業員	G	43	夫（62） 長男（18） 長女（7）	東京都多摩市	短期大学	会社員（サービス業）	結婚・出産のため	契約社員
従業員	H	46	夫（46） 長男（22） 長女（20） 次男（18） 次女（16）	東京都八王子市	4年制大学	教師	（就職経験なし）	契約社員
従業員	I	54	夫（56） 長男（31） 次男（27） 三男（20） ※次男以外別居.	東京都八王子市	高等学校	会社員（不動産業）	結婚・出産のため	パート勤務（週1回）

（注）大文字アルファベットは本文中のスタッフと同一人物を示す．
（資料）聞き取り調査より作成．

たという．大学・短期大学を卒業した高学歴で，高いスキルをもつ彼女たちは，こうした労働にやりがいと，魅力を感じることができなかったようである．

　設立にかかわり，現在取締役としてS社の中心的な存在であるBさんは，長い間複数の会社においてフルタイムで働き，キャリアを積んできた．だが，育児と仕事の両立については常に苦労が絶えなかったという．

7.3 スタッフのライフコースからみる主婦の仕事と家庭

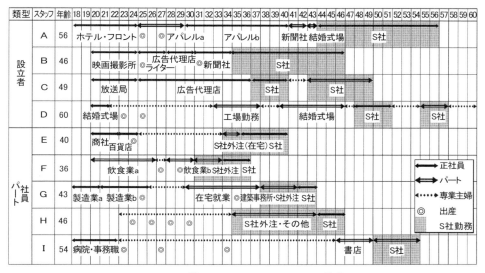

図 7-1　S社スタッフのライフコースと就業
（注）太文字アルファベットは本文中のスタッフと同一人物を示す．
（資料）聞き取り調査により作成．

「上の子どもを職場に連れて行って寝かせてやるという暮らしをしていたので，無理だなと思って辞めた。子どもを保育園に入れて，自分は前みたいな仕事でしか働く気しかなかったので，探したのだけれど，（希望の職場は）都心にしかなかった。○○の子会社がイベントとか編集をやっていて，そこに行く予定だったが，母に『日野から四谷まで通って何かがあったら助けられないわよ』といわれて，また，主人にも四谷まで行くというのは反対されて。自分も上の子が3年生で下の子が2歳で，毎日四谷まで通ってしかも編集だから。（中略）まだ当時，出張校正というのがあって，印刷物を入れるときは印刷所のところで刷る会社だったから，夜中に印刷所（市谷）に行って泊まり込みで校正しなければいけない仕事のある会社だった。『それでも何とかなる』と，行くって決めてから，何日か前にやめた。（育児を考慮してくれるような条件の職は）結局，都心にはなかったのね」（Bさん）

現在社員として働くEさんは，24歳の時に出産のために退職した。その後，長女が小学校高学年になるまで専業主婦として決意を固めてきたという。Eさん自身は，かつて経験したような人の役に立つ仕事がしたかったという。だが，子どもが小さかったために，就業のために自宅を離れて都心には行くことができないとあきらめていた。同時に，ニュータウン近隣での再就職に期待をもてなかったそうである。この点に関して，末子が小学校入学したばかりのGさん，Fさんも入社の理由に関連して，次のように述べる。

「その当時，ニュータウンには仕事がなかったので。パートか派遣かみたいな感じで，職種も限られていた。いろいろな働き方がなかった。大きいところでは，△△（多摩市の企業）ぐらいしかなくて，あとは都内に出るしかなかった。でも都内に出るには通勤に時間がかかったり，子どもを預けたりするにも問題があったから。その当時は，まだ子どもが一人だったのだけど，まだ低学年ぐらいで4時に上がれる仕事があれば，それだけでありがたい状況だった。そうこうしているうちに，下の子どもも生まれ，赤ちゃんを抱えながらの仕事だと，パートも厳しくなってきた。なので，できれば時間を自分で調整できて，かつ，やりたい仕事（本人強調）をしたかったから」（Gさん）

「（S社が）出版社との仕事をするかしないかというときに，『手伝わないか』と誘われたというのが，本格的に手伝い始めたきっかけで。結局……姉（Bさん）から誘いがあった。〇〇社（出版社）との仕事を始めるにあたって，Aさんの面接を受けて。だから，〇〇社の担当のようになった。このときの雇用形態は，正社員だったか，あまり覚えていないけど，……3カ月ぐらいたってから社員になっていたと思う。S社に通いはじめたのは，私がこっちに引っ越してきたのが，それの1年ぐらいあと。それまで原宿に住んでいたので，2003年の1月ぐらいに実家（八王子市）に戻ってきている。近所ではダメだと思ったが，自分の会社経験やらが活かせるような職が近所にみつかったときには，本当に嬉しかった」（Fさん）

彼女たちが働く際に抱く主要な関心は，いかに家庭とのバランスを保てるか，ということである．この点に関して，社長であるAさんは育児に関する自身の見解を，次のように述べる．

> 「子育て終わって40歳くらいで外に出て行っても，社会との接点がないからきついわけ．それまで（女性の再就職まで）人間関係をつくりながら，サポートできるような組織があったらいいじゃないかと．胸を張ってそういうことを支援していければいいと考えたの．ニュータウンの中では，そういう環境の中で仕事しているときに，そう遠くまではいけないわけですよ．都心まで（南大沢から）1日往復2時間．子どもが熱だしてもすぐに戻ってこられない．緊急対応なんかは無理なわけよ．子育ては24時間対応だから．職住近接の環境が一番なわけ」（Aさん）

ところで，S社の業務内容の特性として挙げられるのが，主婦としての生活経験が直接的に活かせるということである．

Gさんは出産後より，在宅での入力作業や建築事務所の外注として働いてきた．彼女は出産後の就業と並行して，子育てサークルを中心としたボランティア活動を行ってきた．彼女はこの活動の参加について，自らが抱える問題意識や経験を，生活環境の向上のために役立てようとしたことを理由に挙げる．

主婦として過ごした時間も，職業・技能上の経験となり，自らのアイディアがS社内で意見として反映され，直接的に仕事に結びつくS社の活動は，能力と意欲のある主婦を引き寄せている．彼女は出産後の就業と並行して，子育てサークルを中心としたボランティア活動を行ってきた．Gさんはボランティア活動の参加について，次のように述べる．

> 「本格的に仕事をするようになったのは，S社で民間マンションの仕事をしだしてから．（当時は）外注だったので，空いている時間はほかの仕事も入れられるので，S社の仕事や（ボランティアの）地域の仕事や（別の外注で請け負う）入力の仕事が並行してできた．（中略）S社から仕事がくるようになるきっかけは，自分のライフスタイルにあった仕事をみつけ

るネットワークで，○○○（サークル名）というサークルをやりだして，そのサークル経由でS社の仕事をもらっていた。自分にとって都合のよい形態で働けるし，子どもも小さいときであったので，ライフスタイルに合っていた。それをやりながら，このサークルで請け負った地域の仕事なども並行してやっていた。自分が結婚して，子どもを育てる中で，抱える問題意識や経験を，生活環境の向上のために役立てたかったのね」（Gさん）

商社，百貨店などの会社勤務後，40歳まで14年間ほど専業主婦で子育てに専念し，S社の外注スタッフとして働き始めたEさんも，次のように語る。

「出産にあたり育児休暇をとったのだけど，復職にあたり自分で子どもを保育園に預けながら仕事をしていく勇気がなかった。そのようなことを乗り越えてゆく状況にも，気持ちにもなれなかったし。なので，結局育児休暇をとったのだけど，復職せずそのまま退職したの。（中略）当時は，育児休暇は3年取れたのね。なので，3年申請したけど。いざ，自分で子育てをし始めると，子どもを手放せなくなってしまい……それで，預けながら仕事をするよりも，自分で育てたいという思いのほうが強くなってきた。景気も悪くなったので，販売の方に出てゆかなければいけなくなってきてしまった。それで，未経験の販売業をやりながら，子どもを育てながらやらなければならない状況になりそうであったことも，考えたんだよね」（Eさん）

「……最初は入社というか，パートで声をかけられたので，在宅で入力業務を請け負っていた。当時，子どもが小さかったので，家でできる仕事ならばいいと思いはじめたのね。外注のような形態だった。時々会社にきて，指示を受けた。東京都の宅地の販売をやっていた時期だったので，現地に常駐する仕事も始めた。あとは，近所の駅前でチラシ配りなども。そう，2000年の秋ぐらいには，ガーデニングショーのときにチラシ配りをやった。宅地販売のアンケートをとったりもした。そのうち，週2日か3日ぐらい来てくれないかと話があった。それで，家に無理のない程度，9時か

ら4時まで週2回ぐらい出社して。ここ（S社）が民間の仕事を取り始めていた時期だったので」（Eさん）

　一般企業では，むしろマイナス評価の対象になるような，生活者として過ごしてきた主婦の時間の一つひとつが職業・技能上の経験となり，時に自らのアイディアが意思決定に結びつくこともあるS社の活動は，能力と意欲のある女性たちが活躍できるような場となっている。
　S社の非営利事業である，生活相談のための「情報相談センター」窓口を担当するHさんとIさんは，長年，専業主婦として家事を行いながら，南大沢地区の住民としてボランティア活動を熱心に行ってきた。

「かかわりだしたのは94年から。西部地区センター活性化対策事業というところから。これで地域を町名ごとにブロックに分けて，そのなかでリーダーとかいうのを引き受けて。1人ずつ何人かにアンケートをとって回収し会社（S社）に届ける仕事を，同じ丁目に住んでいる長男の友だちのお母さんがしていたから。その人が隣地区に引っ越すというので，担当が替わるので，引き継ぎを頼まれてはじめました。アンケートの配布と回収を毎月していたのよ。（中略）アンケートは，毎月テーマは変わっていて，例えば，『住んでいるところにどんな設備があったらよいのか』とか，住まいの中のことであったり地域のことであったり，公園にはどのような遊具がほしいか，近くにあってほしい公共施設は何かとか，というような暮らしに関するアンケートを，月替わりでとって回収して，届けていた。3番目の子どもが幼稚園に入る前から，このアンケートは行っていたので，94年の2月あたりからはじめて1年間ぐらい。（中略）……っていうかね，こういうのはお金じゃないの。やりたいから，やっているだけなんだよね」（Hさん）

　Iさんは，ニュータウンに暮らすようになってからは，専業主婦で育児と家事をこなしてきた。初めての就業は千葉県の病院の事務職であったが，彼女は結婚，転居と同時に職を離れた。

「お父さんが東京に仕事が決まったから，一緒に向かうために辞めた。今なら単身赴任でも考えたけど，さすがに当時は。残念ながら，公務員だったのにあきらめたの。今は，まだ友だちが働いているのね。5人いる仲間がみんな現役で。自分が専業主婦でいるこだわりは，とくになかった。知らない街で働くのが怖かっただけ。怠け者なのかもしれないけど。でも，子育てと両立している親もいた。当時はみんな子ども育てたら，パートやらやっていた。私は器用でなかったのかも知れない。もう少し，キャリアがあればよかったかなと思う。（中略）私みたいなのがお役に立てるのかどうかと，不安もあるのね。……（S社を指して）民間なのに，こんな事業内容の会社ないと思う。これは，本来行政の仕事なのに。だから，S社で働けてよかったと思っている。（中略）ボランティア的なことだけど……うちが農家なので，お金にならなくても役にたつことってわかる。できちゃうのよね。人のためになるなら，お世話し過ぎちゃうほどで」（Iさん）

　これらの語りに象徴されるように，彼女たちには自らの仕事が有償労働となっている経済的自立性よりも，むしろボランティア的な活動であることの強調と，それを通じて達成されるやりがいや，社会貢献への意欲の高さが感じられる。S社の強みは，個人の学歴や企業でのスキルに加え，これまで女性たちの自由な就業を制限する「足枷」となってきた結婚や出産にまつわる経験が，むしろ巧みに活かされていることである。S社は，主婦の経験と悩みを共有するスタッフが，主婦としての生き方を戦略的に利用して事業展開していくことで，新たなビジネスチャンスを拡大していった。また，一方でS社の仕事は，彼女たちにとってある程度の収入と社会貢献とが両方見込めるような仕事として，さまざまな人生経験をもつニュータウンの主婦たちに選択されたのである。

7.3.3　事業の継続と家事の両立

　主婦であるS社スタッフは，家事との両立や周囲（家族）の理解を，どのように可能にしているのか。以下，紹介しながら，検討してみたい。
　設立者であるAさんは，女性たちが能力や経験をもちながらも，自分たち

に課せられた家事・育児と仕事との両立という条件の間で悩み，仕事の選択も思うようにならなかった状況を，次のように語る。

> 「家事か，仕事か。ニュータウンに暮らす女性たちは，いつも選択を迫られることになる。仕事しながら子育てしたりできる環境が，理想だと思った。私はどちらも選び取りたかった」（Aさん）

自分たちの手でこの状況を打破していこうとしたことが，S社創立のきっかけとなった。Aさんを含む設立者たちは，これまで従事してきた家計補助的で，周辺的である労働以上のものとして，自分たちの働きを周囲に認めさせたいと願っていた。

> 「……私たちの周囲にはポテンシャルの高い人たちが大勢いた。主婦のエキスパートが集まってみんなで仕事を補完していけば，立派なビジネスになる。企業を待っていても始まらないから，自分たちで会社をつくろうと。（中略）私も55歳になるのだが。男女雇用機会均等法ってありましたけど，それまでは女性は肩肘を張って生きていかないと，みたいな時代だったからね。がんばらないと。女性は今もそうなのだけど。働きながらも，結婚したり子育てしたりできる環境ができれば，というのが理想。現実問題，仲間うちでも能力があるのに仕事に没頭できない仲間もいる。6時になれば子どもを迎えに行って，親が倒れれば介護しなきゃいけない。『子育ての次は，介護』みたいな感じです。自分らしく生きたいじゃないですか。そりゃ，ずっと専業主婦で働かない人ももちろんいい。だけど，（一方で）こうして働く女性がわがままといわれることも多かった」（Aさん）

Aさんの言葉が象徴するように，起業以来，S社における働き方は，家事・育児をしながら働く女性の存在を肯定的に捉え，家庭との関係が持ち込める職場環境が形成されてきた。

家庭生活と仕事の両立がいかに難しいものなのか。S社設立の原点でもあるというこのテーマについて，会社生活を長く経験した設立者の一人である

Cさんは，S社スタッフ同士のコミュニケーションのようすを振り返りながら，次のように述べる。

「皆それぞれの家庭環境のことをよく知っていて，その状況を察してあげることができる会社であったと思う。とても仲間意識はある。主婦の集まりというのもあったかも知れない。例えば，子どもが受験の年であるとか，子どもが何人で，旦那が何をやっていて，彼がいくつであるか，家族構成もすべて知っている。なので，その状況を察してあげることが，皆できる会社であったと思う。プライベートな事情（反抗期，認知症等）をふつうにいうことができる。普通の会社ではなかなかいえないことでも，いえる。それは，仕事場であるけど，仲間の集まりであるような要素もある。Bさんなんかも子どもを連れてきたこともあったと思うし，Hさんなんかも子どもたちが帰り立ち寄ったとか，そういう意味でも思いやりのある会社だったと思う。家庭をもって働いている女性の悩みを感じ取ってくれるので，ずっと繋がっていられるのだと思う」（Cさん）

このようなCさんの語りからもわかるように，母親であるスタッフが育児に関してお互いにフォローし合い，他のスタッフや保育所や家庭にお互いの子どもを預かったり，送迎をしたりすることもあるという。

「当時は上の子は幼稚園で，下の子はまだどこにも行っていなかった。その前の年に（S社を）一回手伝う話があったのだが，下の子どもが保育園に入ってからでなければ無理な状況だった。なので，春から保育園に行かせる準備をしていたのだけど。上の子は幼稚園の年長にいたけど，上の子が帰ってくるのが早かったので，ほかの保育園に入れなおそうと思っていたの。（中略）そのとき，その話を聞いていたほかのお母さんたちが，幼稚園が終わった後で子どもを預かってくれるといってくれたので，曜日ごとに4人ぐらいのお母さんが自分の子どもを預かって，5時か6時に送ってくれるようになった。半年ぐらいずっと来てくれていたのね。あと，○○さん（S社の元社員）がとても手伝ってくれて，子どもを迎えに行って

くれたり，面倒を見てくれたのね」（Fさん）

子どもの成長や家庭生活が透けて見えるようなS社の魅力は，活動を通じた家族ぐるみの交流にもみてとれる。実際に，職場では子どもの学校や保育園の話，親の健康の話，隣人の話，そして夫の発言や生活態度の話などが頻繁に取り交わされており，各スタッフがお互いの家族のようすを詳しく理解しているようであった。

「イベントがあったり，人が足りなくなったりしたときは，娘も息子も応援にきていた。結婚後は，嫁も娘婿も応援にきていた。結局，アルバイトを山ほど入れないと行事ができない部分があるので。人がいないから手伝ってほしいというと，来てくれていた。そのような面では，AさんやBさんの家族もそうだが，自分の家族を引っ張り出してこないと手が回らないし，家族は信頼があるので，皆イベントのときや人が足りないときには，家族が手伝っていたかな。なので，私は家族がどれだけ忙しいのかをわかっていたので，やりやすかったです。夜遅いのがやむを得ない部分も，家族がみているので，説明をしなくても大丈夫だったという意味で。夜遅くまで働けました。子どもたちも忙しさをわかってくれていたので，協力的だったよ」（Dさん）

このように，それぞれの家庭生活，とくに育児に理解のあるS社の職場環境は，高いスキルや働くことへの意欲をもちながらも，職場への復帰や要望に見合った就業のできない主婦たちを多く集めた。

ところで，彼女たちへの周囲（家族）の反応は，どのようなものだろうか。彼女たちは，おもに夫の反応について話す。

「結構，好き勝手にやらせてくれている。まだ子どもがいない若い頃は，仕事の愚痴などを主人にこぼすと，『好きでやっているのだから』といわれることが多かったね。最近は愚痴をこぼすこともなく，好きでやっているので，とくに何かいわれることもないかな。家で愚痴をいうこともない

ので，別にいいのではないか，と主人は思っているはず。ただ，3番目の子どもだけは家にいてほしかったようで，今も私にいてほしいと思っているみたい」（Hさん）

「仕事を続けている理由は，自分で社会に出て，向上心をもってやってゆきたいと思っていたので。それと，自分で働いて稼いだお金で好きなことをしたいと思うし，主人が汗水垂らして働いたお金で，自分の好きに使うのは嫌だったので，そのようなことでやりたいことを我慢するよりは，自分で稼いで好きに使う方がよいなと思ったからね。（中略）『好きなことをやって，楽しそう』といわれる。何も口出しはしないけど，助けてくれるわけでもない。……あきらめているのかもしれない。とくにいわれたことはないけど，（夫は）大変ならば辞めてもいいと思っているみたい。大変だと口に出すと『辞めた方がよい』といわれそうなので，いわない」（Eさん）

「あまりブツブツいうと，『僕は君に働いてくれと頼んだことはない』といわれるから。基本的に（夫が稼ぎ頭なので）私は働かなくてもよいと，本人（夫）はいっている。（中略）すごく頑固なので，自分が嫌なことがあると，それについては絶対に曲げないという感じ。だけど，それ以外のことはどうでもよいらしいから楽。ただし，（夫は）子どものことだけは絶対に譲れないから，子どもが平和でスクスク育っている分には別段問題ないけど，子どもに何か起きたら絶対に仕事も反対だと思う。裏を返せば，子どもさえ無事であればどうでもいいらしい」（Gさん）

こうしたスタッフたちの，苦笑混じりの話ぶりからは，彼女たちが仕事を続けることについて，夫が肯定的であるというよりも，むしろ彼女たちの活動にはあまり関心をもたない素振りであることがうかがえる。

しかし，その一方で，家事役割を担おうとする夫たちの姿もある。

「あらかじめ仕事が遅くなるとわかっているときは，主人が仕事を調整してくれて，可能な限り早く帰ってきたりするかな。日常の家事で必ずやっ

てくれることは，夕食後の皿洗いと，洗濯をたたむこと。食事は私がつくるが，たまに主人がつくることもある。そのように主人が家事をするようになったきっかけは，私が忙しくて大変なときに，例えば皿などが次の日に残ってしまうことが多くなって，自発的にやってくれるようになったことだったのね。あと，主人は食事をつくれないので，洗濯物をたたむであるとか，できることをやってくれている」（Eさん）

「そもそも，同居している両親なしでは，考えられないけど。それはそうとして，うちの主人に関しては，私の仕事について文句は一切いわない。その代わり，（夫は）できることは自分でやる。本人も忙しいし……それについてこちらからは何もいわない。主人は子どもを大切にしていて，自分（夫）がいるときは，必ず送り迎えをしているし，何か買い物があれば行ってくれている。学校で何かつくるときはつくってくれるなど，できることはやる。それ以上は求めることができない」（Fさん）

「忙しいときは，家事をおもに娘が手伝ってくれたが，息子はしなかった。主人もどうしても，というときは簡単なものをつくってくれたり，食器洗いをやってくれた。洗濯はしないけど取り込むぐらいはやってくれたの。主人もその当時は忙しかったので，あまり迷惑はかけたくなかったけど，やむを得ずお使いを頼むこともあったかな。あまり多くはないけど」（Dさん）

積極的に夫が家事を担当している家庭では，彼女たちの活動を積極的に支える夫の姿もうかがえた。

「数年前までは，（自分の）活動で，休みの日に夫が子育てをすることに関して不満を抱いていたが，最近，下の子どもの出産あたりから理解を示すようになった。夫は下の子どもが生まれて，○○○（サークル名）を始めてからは協力的だった。土日に出ることもあるから，夫に子どもをみていてもらわなければいけないこともあるなあ。自分が家庭にいないで，夫

に子どもをみていてもらったり，子どもの体調が悪いときなど，保育所に子どもを迎えに行ってもらったり，結構夫にしてもらっているかな。いまは，主人が在宅でやっているので，食事をつくってくれたり，洗濯したりもする。洗濯は主人の仕事で，掃除は私の仕事。食事はできる方がやる。子どもたちのお弁当も彼の担当」（Gさん）

このように，彼女たちの夫は，S社の仕事と家事との間で忙殺される彼女たちへの理解ともとれる態度をとっている。このことは，彼女たちの担ってきた固定的な家庭内分業が，少しずつではあるが流動的になってきていることを示している。彼女たちがS社で活動を続ける間に，夫との関係性は少なからず変化しつつあることも指摘できよう。

しかし，彼女たちにとってS社での活動は，あくまで自分たちに割り当てられた家事・育児をこなして，初めて家族から認められるもの[12]と位置づけられている。

「夫のように外へ働きに出るなら，子どものことだけは落ち度があってはいけないと思った。自分が子どもの病気に対応できるようにと。だから，近くで職をみつけようと努めたんじゃない」（Bさん）

「食事の準備や洗濯はやらない。一度もしたことがない。あ，結婚してからご飯をつくってくれたことは一度ぐらいあったかな。働いていない頃から，ご飯やお洗濯とか，いわゆる家事というのはやらされたことがないのだと思う。昔から。だからといって，部屋が汚いなど文句をいうかというと，あまり汚いときには何か思うらしいけど，文句はいわない。（自分が家事をこまめにできないことに対して，夫は）我慢強いのだと思う」（Fさん）

「△△（ほかのパートタイム職）は，4時半くらいから。あまりS社のパートと重ならないようにしている。家には，9時20分くらいに帰るね。手の込まない料理を，帰宅後につくる。豆を煮たり，魚を焼いたり，野菜をいためる。それくらいの簡単な料理をね。どんなに私が遅く帰っても，お

父さんや息子たちが私のつくるご飯を待っています。何にせよ，夫が稼ぎ頭ですから」（I さん）

　スタッフの多くが，正規雇用の夫をもつ主婦である。このことから，郊外における協働や地域活動が，経済的に安定した世帯を基盤としながら，従来のような主婦の二重負担を伴って達成されているという側面は，少なからず指摘できるだろう。家庭生活を念頭においた労働環境づくりを目指すS社だが，業務の数に見合った人材を正規雇用として確保できない現状がある。アルバイトやパート労働に大きく依存してはいるものの，スタッフ1人あたりの仕事量の多さは解消しきれていない。場合によっては，個人が残業や家庭への仕事の持ち帰りなどを行い，勤務時間外で自分の仕事をフォローせざるを得ない現状にある。ある程度の収入は見込めるものの，S社の労働が時にボランタリーな働きによって補われることは否めない[13]。

　この背景には，スタッフの多くが，正規雇用の夫をもつ主婦，安定した収入を得る夫をもつ主婦であるという事実がある。つまり，主婦の非営利活動や起業が，郊外空間における経済的に安定した世帯を基盤としながら，彼女たちの家事と仕事との過重負担を伴って達成されるという側面が，少なからず存在することは指摘できるだろう。

7.4　住民による新たな空間形成と起業活動の継続性について

　近年，公的部門のリストラクチャリングが進む中で，自治体主導のアウトソーシングは活発化し，非営利セクターの役割の増大は著しく，非営利セクターは多様なサービス内容を担うようになった。NPO法の制定もあり，住民はさまざまな形態で自らの活動を組織化し，そうした住民団体で構成される地域の非営利セクターは，アウトソーシングの受け皿として機能するようになった。こうしたアウトソーシングは，これまで私的なものとされ全体像が見えにくかった，ボランティアを含む地域の活動に光を当て，その有用性と存在意義を社会に認知させた。

　ニュータウンにおける非営利セクターの活動には，多くの主婦たちが参加し

ている。これまで高い学歴・能力をもちながらも，そのポテンシャルを十分に発揮する場をみつけられずにいた主婦たちは，社会奉仕という大義と一定の対価を得られる行政の協働事業にやりがいを見出したのである。また，行政側からしてみれば，意欲ある非営利セクターの活動は，公共サービスの質的向上とコスト削減をともに促進させた。自治体との協働は，主婦・自治体の両者の利害を「一致」させるものとして，また地域活動の一つの形態として定着しつつある。実際，住民による公共サービス提供は，柔軟性と迅速性に優れ，サービスを受ける側（おもに住民）の親しみやすさも増し，高い評価を受けている。

しかし，こうしたアウトソーシングの多くが，非営利セクター参加者の「善意」に基づくボランティア的な働きに依拠していることも確かである。自治体からの事業費が限定される中，こうした非営利セクターは，慢性的な運営資金の不足によって，団体の持続可能性を低下させている。非営利セクターの特徴ともいえる中間領域的な活動は，リストラクチャリングの産物として生じたアウトソーシングに付与されるコスト削減要求の圧力の下で，結果的に無償労働や，働きに見合わない過小な報酬を構造化し，過酷な働き方を住民に強要しかねない状況にあるといえる。

こうした流れの中で，行政のアウトソーシング受託のための団体からスタートし，収益部門をもつことで長期的な持続可能性の実現を図ってきたＳ社の存在は，先駆的な事例として注目される。Ｓ社では自治体のアウトソーシングを通して，コミュニティ内での住民同士の交流事業や，ニュータウン内での行事を請け負い，ノウハウを蓄積した。そして，Ｓ社は主婦たちの欲求と意欲を満たす働き方と，独自のネットワーキングによって，地域の「担い手」としての立場を戦略的に利用した事業展開を行ってきた。

いまやその活動は郊外住民ばかりでなく，都心マンションの住民やこれを付加価値として商品化しようとする民間ディベロッパーからも，大きな期待を集めている。買物や病院の情報，子どもの保育園や就学情報などの相談・交流会は，マンション住民である若い主婦たちに好評である。家事・育児との両立を目指す主婦が，生活実感を活かし，その経験を役立てながらかかわることのできる業務だからこそ，マンション住民との連帯感が生まれ，サービスへの信頼を得ることができた。

高学歴で，スキルのあるニュータウンの主婦たちが活躍できる場をつくりだしたS社だが，その活動には問題点も指摘できる。収益部門をもつが非営利部門に基礎を置くS社では，手間を要する割に対価の少ない収益と，スタッフ数に見合わない膨大な仕事量を抱え，結局ボランティア的な働き方を避けられていない。確かに収益部門を設けることで，他の団体と異なる形で活動を持続的に展開させている。しかし，こうした活動はスタッフの過剰になりつつある自己犠牲的な働きぶりと，スタッフの世帯の家計を支える夫の安定した収入が前提になっているのである。女性の働き方を追求しようと志した設立者の動機とは異なり，家事・育児への影響や周囲のまなざしを気にかけ，主婦としての規範・限定性を受け入れようとするスタッフの声も聞かれた。彼女たちのこうした思いは，個人の意図しないところで，行政にとって都合のよいアウトソーシングの受け皿，また，家庭における副次的で家計補助的な稼ぎ手としての役割へと押し込められてしまう危うさをもはらんでいる。

　彼女たちの実践は，地域社会や行政など公的な場において注目を浴びつつある。無償労働に対する「承認」に加えて，経済的「再分配」をも獲得しようとするものであった。自治体のアウトソーシングの存在は，これまで私的でボランタリーとされてきた地域活動に光を当て，経済的な「再分配」と社会的な「承認」を得るための機会を探し求める郊外の主婦に，新しいビジネスチャンスを与えたといえよう。

　だが，たとえこれまでの私的な無償労働が，公的な領域において「雇用」として認められようとも，結局のところ彼女たちの労働は，社会や地域における十分な経済的「再分配」を達成しているとはいいがたい。なぜなら，アウトソーシングの中心的なねらいは，自治体のコスト削減であるためである。地域形成や住民参加において，自治体は良質なサービスを低いコストで提供するためのリソースとして，主婦や年輩者を見出し「動員」している。しかも，こうしたことは，郊外ニュータウンにおける主婦の二重労働と既存のジェンダー役割を再生産しているという側面ももっている。

　一方で，S社は郊外空間において，これまでほとんど利用されなかったスキルや高い学歴とモチベーションのある主婦の活躍の場をつくった。活動に従事している女性たちは，S社の活動に参加することで，既存の性別役割と規範を

変えるための機会を得,地域と家庭において「承認」を得ることができたといえよう。だが,S社の活動には,収益部門と非営利部門の間の釣合いに関して深刻な疑問が残る。つまり,収益部門から得られる彼女らの利潤は,非営利部門のための労働の費用をカバーするものとはなっていない。S社のビジネスは,有償労働としてカウントされない,スタッフの献身的な働きによって維持されているのである。さらに,安定した収入を得ている夫をもつ主婦たちは,語りにも垣間みえるように,家庭内における役割分業関係を交渉し,「承認」を得ようとする一方で,「よき妻」としてのジェンダー役割分業(矢澤ほか編,2003),つまり男性稼ぎ手モデルを受容してもいる。

自治体と非営利セクターの間で行われる協働やアウトソーシングが,非営利団体側の創意工夫と,参加する市民の意欲とボランティア的な働き方に依存したものである限り,住民の主体的な地域形成の取り組みというものはいつか力尽き,途絶えてしまうだろう。アウトソーシング事業分野の一部は,明らかに資金不足であり,個人が自由意思でやっているという「自己責任」の範囲を超えた過酷な労働を要請する結果になっている。これは,指摘されている非営利セクターの「万能論」[14]の危惧にも通じるものである。そこには,さらにジェンダーの問題が横たわっている。郊外の地域社会において,こうしたボランティア的な不払い労働を自発的に担いうるのは,住民の複数性にもかかわらず,多くの場合経済的な安定と,自己実現の意欲と能力を併せもった主婦や高齢者である(朴,2007)。

しかし,自治体の経費削減を目的としたアウトソーシングが,非営利セクターの側に十分な報酬をもたらさないまま行われる現状では,新たな働き方を求める主婦たちに,家事役割を一手に引き受けながら,副次的に働き続けることを余儀なくさせ,過重労働やこれまでの性別役割分業を再生産するという結果をもたらしてしまうだろう。本章では,主婦たちの起業活動での実践を通して,近年のアウトソーシングによる郊外コミュニティの変容と,その中で発展してきた非営利セクターの役割とその課題を明らかにした。今後はこうした状況を乗り越えるべく,住民同士がいかに組織間でのつながりを強化しながら,コミュニティ運営の分業を行っているのかを,ジェンダー関係に着目して考察することも課題となるであろう。

(注)
(1) 著者は，2006年6月から2007年7月までの1年間，おおよそ週1回の頻度で有償ボランティアとして参加し，参与観察を行った．S社での参与観察中には，同社で働く女性たちのライフヒストリーや参加動機のほか，これまでの職業や仕事に対する思い，家庭生活との両立なども聞き取ることができた．
(2) 多摩ニュータウン事業は，既に触れたとおり，高度済成長期における住宅不足や，急速なスプロール化に対応するための良好な住宅開発の事業であった．しかし，事業開始当初に計画された住宅開発を完了しつつあった1990年代などは，業務，商業施設を誘致するなど，住宅以外にオフィスなどを兼ね備えた多機能型複合都市を目指してしていた．S社がかかわっていた「西部地区センター地域活性化対策事業」もこの流れの一つであったが，1997年から2000年には，「南大沢センター地域活性化対策事業」（東京都委託）と名称を変更した．2000年代はじめから現在は，初期入居地区を中心に進む建造環境の老朽化，住民の少子高齢化，近隣センターの機能低下などの課題に対応するための「ニュータウン再生事業」が展開されている（東京都都市整備局，2012）．
(3) 駅前花壇整備は，S社が南大沢駅前の花壇で市民とともに支給された苗木を植え，管理する活動である．八王子市の協働区分では，受託者に同市の統括する公共物を預けて，保険や物品の支給を行うという「アドプト制度」に入る．
(4) S社の担っていたフラワーフェスティバルは，八王子市の協働区分では，名義の使用許可を受けて主催などする「後援」に入る．
(5) 都心マンションの業務に関して，南大沢での登録メンバーなどに仕事の分担をしている．おもに主婦で構成される登録メンバーが，ガイドブックの作成やマンション内イベントでのS社スタッフのアシスタントを行う．
(6) S社と業務提携をするマンションディベロッパーの本社所在地は，多くが東京都23区内の業務地域である．会議はたびたび本社で行われる．
(7) 在宅勤務ではなく，南大沢地区に所在するS社に平日フルタイムで通勤するスタッフを指す．彼女たちは長期休暇以外，年数回の有給休暇を有している．
(8) 「情報相談センター」はあくまでボランティア部門なので，収益はない．この部署での光熱費，賃料，およびスタッフの給料（1日あたり6時間×880円）は，S社の収益部門からまかなわれている．S社の決算報告は両部門を合わせたものであるために，どの程度の儲けで非営利事業をカバーしているのかについては，把握できなかった．
(9) 自社のマッチングシステムで，外注スタッフや臨時パートも募集している．希

望者は「会員」とされ，名簿に登録されることになっている．S 社にはおよそ 800 名近い登録スタッフがいる．
(10) 数名の外注スタッフである女性たちは，S 社の仕事を専門的に請け負っている．彼女たちは，自営業や株式会社として起業しているメンバーが主である．
(11) 彼女たちのライフコースについては，S 社の参与観察終了後，改めて 2007 年 9 月，10 月に補足的なインタビュー調査を行った．対象者は S 社で現役スタッフとして働く 7 名，退職したが中心的な設立メンバーである元スタッフ 2 名である．
(12) F さんや B さんは，子育てと起業の両立に苦労した時期を振り返る．働き方から生じたフラストレーションは，自分たちのように起業活動に追われる立場でないにもかかわらず，延長保育サービスなどを彼女たちと同じように利用する，ほかの家庭の専業主婦に向けられていた．
(13) 残業代は 1 カ月のうちに一定額しか支出されないという．個人が抱える 1 日の仕事量を大幅に超える場合は，実質的にボランティア的な労働になってしまう危険性がある．
(14) 各地の自治体の事業運営を効率化させる「協働」が，非営利セクターへの信頼感とともに過度な期待をつくりだしている．このようなことから，非営利セクターが行政（自治体）の失敗や限界までをも補完するかのような存在である，という誤解を生じさせている．

第IV部 結 論

第8章 ジェンダーの視点からみた郊外空間の変容と住民による地域への参加

　以下では，本書におけるこれまでの議論を振り返りながら，変容する郊外空間と地域における住民生活のあり様について，ジェンダー役割の変化とジェンダー公正の視点から，総括してみたい．

8.1 再生産領域としての郊外空間の限界とジェンダー関係の再編

　本書のおもな目的は，第一に，郊外空間の変容に対応する個々の主体としての住民を，ジェンダーの視点を通じて描き出すことであった．そして第二に，郊外空間の変容に伴うこのような住民主体の日常的な実践が，空間におけるジェンダー関係（あるいはジェンダー秩序）の再編にどのように影響力を及ぼすものなのかという点を，具体的な事例から明らかにすることでもあった．こうした目的を掲げた本書からみえてきたのは，都市空間をめぐる地理学的研究を，ジェンダーの視点からあらためて検討することの有効性とともに，現代日本の社会的・地域的背景のなかで，都市郊外空間の変容から生じた住民参加が，これまでとは異なる新たな可能性と課題（限界）をもつということであった．
　高度経済成長期の日本では，地方から都市の雇用機会に吸引されるように，労働者たちが移り住み，大都市圏の人口が急増した．人々のための住宅不足が深刻な問題となった1960年代，この問題を解消するために受け皿となったのが，大量の計画的な宅地開発とそれによる住宅の供給であった．東京の縁辺部へと急激に波及していった郊外化は，1970年代以降の私鉄系不動産資本による住宅団地の開発や，公団をはじめとするニュータウン計画によりいっきに進展した．東京においては，大規模で緑豊かな郊外空間の出現が，都市で働く人々

のこれまでの住宅のイメージを一変させた。そこにおける生活は，彼／彼女たちのステイタスとして定着し，「住宅双六」の最終地点としてのマイホームの獲得は，サラリーマン世帯の憧れとして定着していったのである。

　だが，ジェンダー役割分業に基づく核家族の存在，また核家族という「ユニット」を保障する日本の社会政策を背景として，都市空間は生産活動を行う公的領域と，再生産活動を行う私的領域とに完全に分離した。こうした都市における職住分離と，再生産に特化した人々の暮らす計画空間の成立は，単なる労働者向けの住宅不足の解消（緩和）だけではない，労働力の再生産や福祉を担う核家族のための居住空間の提供という，明確な目的をもっていた。こうした空間的特性こそが，そこに住む人々にとってさらなる役割分業，再生産活動を促すことになったのである。

　ところで，日本の職住分離を下支えしてきた近代核家族のあり方は，社会政策によっても強化されてきた。もっぱら職場において賃金労働（生産労働）や会社生活に邁進する夫と，家庭内におけるケアワーク（再生産労働），ときに家計補助的なパートタイム労働を提供する妻というユニットは，日々の生活を（国によって）保障された生き方であった。入居世帯の過度な限定や均一化や，入居世帯の暮らし方を規定するような空間の整備は，それ自体が良質な労働力を再生産するための「装置」となっていた。

　しかし近年，少子高齢化における人口構造の変化や，グローバル化の進展による経済・政治構造の転換などにより，日本の都市空間は大きく様変わりしようとしている。同時に，かつての資本の論理や社会政策の論理の前提をもとにつくりだされた郊外空間も，大きく変容の時を迎えている。かくして，起こりつつある郊外空間の変容のなかで，ジェンダーの視点を導入しながら本書が明らかにしようとしたのが，郊外空間を舞台とした行為主体としての多様な住民の活動であった。

　住民たちの活動は，都市空間を支えてきた再生産領域としての郊外空間と，これを実質的に機能させてきた近代核家族のもつ家庭内役割の仕組みを乗り越える志向性をもっていた。本書で取り上げた，男性退職者と主婦の活動は，それぞれ異なる位相をもつものであったが，ともに住民一人ひとりの郊外空間における「生活の論理」からの批判や異議申し立てであると捉えられ，個の重視（あ

るいは差異の重視）に基づき，既存のジェンダー関係やジェンダー秩序を再編しようとする実践とも捉えることができる。本書では，住民の日常的実践にジェンダーの視点から切り込んだことにより，彼／彼女らが有する生活経験の詳細を浮き彫りにすることができ，さらには郊外空間を支配するジェンダー秩序を，その内部から変えていこうとする「行為主体」のダイナミズムとして，描き出すことができたと考える。

8.2　ジェンダーの視点からみた住民の差異

　住民のジェンダー関係再編への実践に関連して，これまで均質な存在としてとらえられてきた郊外住民の参加を，問題にするのがこの論文の第二の目的であった。本書では，ジェンダーの視点を導入することにより，彼／彼女らの地域への参加を明確なものとして示すことができた。

8.2.1　男性退職者のサークル活動を通じた地域への参加
　日本の計画的な郊外空間の形成は，すでに述べたように良好な住宅の確保が優先されていた。このような背景に基づき，計画的郊外空間は，一定の所得階層に属するホワイトカラー世帯の受け皿としての性格が強かった。ベッドタウンとしての性格を色濃く反映した計画的な郊外空間は，都市としての機能が労働力の再生産に限定され，生産活動からは分離されてきた。家族賃金に支えられたサラリーマン世帯の生活は，郊外空間に暮らす一家を扶養し，家父長制に基づく夫婦間の性別役割分業を可能にしてきた。それゆえ，在職中の男性サラリーマンは，会社の福利厚生と引き換えに，家事などをはじめとする一切の家庭の責任を，自分の妻に任せてきたのである。第4章，第5章で取り上げた勤労者としての男性たちにとって，これまでの計画的な郊外空間とは，あくまで生活の断片的な部分を過ごす空間であり，まさに「眠るための場所」，「休息するための場所」でしかなかった。

　定年退職に伴う会社からの引退は，彼らの生活を大きく変化させた。彼らは退職者となって，職場から郊外空間での日常生活を余儀なくされたのである。地域や家庭での時間を多く有するようになった男性退職者にとって，地域は新

たな生活行動を展開するべき空間であり，また社会的な人間関係を取り結ぶ空間としての可能性を秘めるものであった。だが，上述したように，職場を中心とした人生を送ってきた彼らにとって，郊外空間への帰還，地域における関係の構築は，必ずしも容易なものではなかった。それは，再生産領域に拘束された妻たちと同様に，彼らもまた公的領域への奉仕を強いられ，生きるための空間を制限された存在であったからである。

　地域の人間との接点が少なかった彼らにとって，その関与のために最も有効な手段の一つとなったのが，地域におけるサークル活動であった。これらは，自らが勤労者の頃から持ち続けた趣味の活動や，職場で培ってきた知識や経験を活かした活動として特徴づけられる。これらのサークルは，いずれも特定の文化的・社会的な目的をもつ者同士の集まりとして成立する「知縁的な」サークルであり，自治会など特定の地域の共通財産に限られた人間同士の集まりである「地縁的な」サークルとは異なる。共通の目的を設定し，これを探求するサークルは，退職後より社会関係を構築していく男性たちにとって，大変身近な回路であった。

　本書の知見によれば，男性退職者によるサークルへの参加には，彼らのサークル参加を促す（後押しする）媒介者としての女性住民の影響が，色濃く見出された。つまり，妻や家族や近隣住民を含めた女性の存在は，現状において男性退職者の社会関係の形成にとって重要な存在であり，男性退職者による郊外コミュニティへの参加は，女性のネットワークに依拠する部分が大きい。男性のサークル活動参加が，自己充実型の活動を中心として成り立っていることとあわせ，これは郊外空間の再編の担い手としての男性の力が限定的であることをうかがわせる。しかし，このような男性退職者のサークル活動は，いわば「地域における足がかり」であり，彼らの参加プロセスは，郊外空間における生活を，本格化させる「過渡期」として捉えることが適切であろう。実際に郊外空間における彼らの活動内容は，自己の充足から地域の貢献へと，社会関係の充実とともに段階的に変化していた。

　ただし，そこにはいくつかの課題もある。とくにサークル活動にかかわる男性たちが，主体的に地域運営を担い得る存在となるのかどうかという点に関しては，いまだ発展段階といわざるを得ない。男性退職者たちは地域でのサーク

ル活動への参加を通じて，地域における社会関係を構築し，地域社会における「承認」を求めようと努めていた。だが，これらの男性たちは，彼らが地域参加の際に直面する「会社人間から地域社会の一員へ」という社会的役割の変化に対しては，ある程度意識的ではあったものの，自らのジェンダー関係を再確認しながら，これらの再構築に向き合っているとは決していえない。とはいえ，多くの留保が必要ではあるが，男性たちの地域への参加は，彼らのジェンダー関係を相対的に自覚し，見直すような機会をつくりだしているとはいい得るだろう。

男性退職者たちは，地域コミュニティの維持に専念してきた女性たちとともに，家事労働や新たなジェンダー役割を共有し，地域や家庭における「再分配」を抱え込むことができるのかが求められるだろう。男性退職者たちの中には，地域社会の一員として参与する新たな願望として，「承認」を求めようとする際，妻との家庭内役割分業を共有し，役割依存的な自らの立場を，他者との関係性のなかに見直しつつある人もいた。ジェンダーを含む社会関係の再構築に自覚的でありながら，彼らが地域へとかかわることができれば，これまでもっぱら女性たちが担ってきた，従来の地域形成にも本格的に参加することにつながり，郊外空間の再編にも積極的な影響を及ぼし得るのかもしれない。

造成後から 50 年以上経った古い住宅団地，ライフステージが高い，成熟した住民の暮らす街においては，男性退職者などの地域への参加により，コミュニティの形成は必ずしも女性住民だけが担うものではなくなっている。今回，対象地域とした桜ヶ丘団地のように，これからの高齢化しつつある地域社会において，ライフステージの高い住民，つまり本書で扱ったような，長期的に当該地域で暮らしていこうとする男性住民にも視野を広げ，彼らのジェンダー再編や役割変化を考察していく必要があるだろう。

8.2.2　主婦の起業活動を通じた地域への参加

高度経済成長期は，日本で大正期以降より誕生した，専業主婦としての女性の生き方が，中流のサラリーマン世帯に広く普及して，いっきに大衆化した時期でもあった。彼女たちの無償の家事労働は，ときには忍耐や緊張も要する感情労働とも結びつきながら，一家の大黒柱としての夫を支える，献身的な労働として定着していった。このような女性（あるいは男性）の生き方に大きく影

響したのが,「男性稼ぎ手モデル」を前提とする,戦後の社会政策であった。

　世帯主であり,「絶対的な稼ぎ手」である男性の,リスクに応じて備えられた社会保険では,妻や子どもは男性世帯主に付随して保障された。このような「男性稼ぎ手モデル」は,終身雇用制や年功序列制,家族賃金などの「日本型雇用慣行」にも反映され,生産活動を担う男性たちに対し,女性たちは彼らを支える存在として,育児や家事のいっさいの責任を引き受け,ときにはパートタイムの賃金労働との二重負担を背負いながら,もっぱら再生産活動を担うようになってきたのである。

　計画的な郊外空間の女性たちは,家庭とその延長線上にある地域を中心とした日常生活を送ってきた。再生産労働に従事する女性たちは,地域コミュニティの維持やその管理者としての役割を期待され,事実,安定した豊かな住環境づくりに貢献してきた。しかし,彼女たちは子育てや環境など共通の関心を通して育んだ,地域での信頼関係を構築しながら,新たな活動を通して,強度のジェンダー振り分けによって生み出された郊外空間の秩序や制約を乗り越えるような生き方を模索してきたのである。郊外の主婦たちを取り囲む空間秩序と,ジェンダー規範を克服するような活動の一つとして本書が注目したのが,自治体のアウトソーシングと,既存のボランティア活動とのはざまに生まれた起業活動であった。自治体に代わり公的サービスを提供する彼女たちの活動は,郊外空間における生活の質を高めるものとして,サービスを享受する住民たちの大きな期待と信頼を集めた。

　主婦たちの起業活動は,非常に戦略的なものでもあった。それは,彼女たちがこれまで培ってきたようなボランタリーな,再生産労働の特質を活かしつつ,生産領域においてビジネスチャンスを広げてゆく方法を,積極的に採用しているためである。彼女たちの起業活動は,収益部門と非収益部門に分かれ,双方が事業体としてのバランスを保ちあいながら混在していた。彼女たちのこうした活動は,いまだ不十分なままであるアウトソーシングの報酬の問題を,収益部門で巧みにカバーしている。また一方では,自治体からの公的な仕事を担うという社会的信頼性を獲得することによって,生産領域におけるビジネスの新規参入を図っていた。S社での女性たちの働き方の中には,家事や育児といった再生産領域の活動を,相互に「承認」しあい,共有していくという志向性が

見出される。彼女たちの活動が目指すところは，男性たちが担ってきた生産領域に，単純に参入することでは決してなかったのである。

彼女たちの実践は，地域社会や行政など公的な場において注目を浴びつつあり，見過ごされ続けてきた無償労働に対する「承認」を得て行こうとするものであった。公的部門のリストラクチャリングは，これまでの私的な地域活動を公的な領域に巻き込み，社会的な「承認」を得ようとする主婦に，新たな参加の形態を広げた。だが，彼女たちの活躍は，公的領域における「承認」を得ようとも，社会や地域における経済的な「再分配」を獲得するには十分ではなかったといえる。公的部門のリストラクチャリングは，基本的にコスト削減を意図しているからである。そのため，主婦たちは「承認」と引き換えに，「再分配」への要望をあきらめざるを得ない。こうしたことは，郊外空間における主婦の二重労働を強化するとともに，既存のジェンダー役割を再生産する危険性をはらんでいるということに関しては，今後も留意すべきであろう。

計画空間である郊外空間の住民としての主婦たちは，結婚前に獲得した知識や職業体験，そして結婚後の主婦としての体験を十分に活かす機会をもたなかった。彼女たちの選択肢を狭め，彼女たちを固定的な規範に囲い込んでいる一つの要因となったのが，女性たちの仕事を時間的・空間的に分断し，これを除外してきた男性中心的な働き方であり，郊外空間における空間機能的な均一性・画一性であった。それゆえ彼女たちは，家事や家計補助的なパートタイム労働を超える起業活動によって，明確な家庭内役割分業のもとに成立してきた郊外空間における「母親」，「妻」以外のアイデンティティの再発見と，自己実現を追求していたのである。今後，「再分配」を十分に見込む，生活状況に応じたフレキシブルな働き方の追求と，アウトソーシングにおける働き方を含む地域労働市場の見直しは，ますます重要になっていくであろう。

8.3 郊外空間における地域参加の〈可能性と課題〉

8.3.1 郊外空間をとりまく環境の変化

良好な生活インフラを兼ね備えた居住の場を，多くの都市住民に提供してきた郊外空間であるが，誕生から半世紀以上が経過した現在，定住人口の少子高

齢化，経済・文化のグローバル化，これらに伴うリストラクチャリングの波に晒され，都市郊外空間をとりまく環境はさらに変化し，郊外空間そのものは新たな局面にある。

前掲の江崎（2007）によれば，多摩ニュータウンを含む都心から40km以遠に位置する大規模住宅団地においては，第一世代が既存の住居に住み続ける一方で，第二世代の定住や新規の若い世代の転入が見込めず，高齢化と人口減少が極端に進む状況をつくりだしている。このような状況を背景として，1960年代後半から1970年代頃に開発・分譲され，住民を迎え入れた郊外空間においては，短期間に進んだ少子高齢化により，人口の再生産や世代の更新もままならず，地域住民の生活維持が危ぶまれる状況も生まれ始めている。また，住民同様に年を重ねることになった建物や，インフラの老朽化という問題も深刻化している。

本書で対象地域とした桜ヶ丘団地や多摩ニュータウンにおいても，同様の状況に直面している。開発時に転入してきた第一世代のグループの加齢に加えて，利便性の悪さや住宅価格の高さに起因して，第二世代（子ども世代）のグループ，地域外からの新たな若年層のグループの転入・定着が見込めないことが，地域の少子高齢化を推し進めている。この背景には，仕事の成功の証として手に入れるとされてきた「終の棲家」としての持ち家，居住機能以外の一切を排した「ベッドタウン」という空間，そしてかつての郊外空間イメージそのものを，敬遠する若い世代の価値意識の変化もうかがえる。

また，建造環境や地区全体の老朽化・陳腐化は，今まさに暮らし続ける住民にとっても，非常に深刻な問題になっている。とくにかつては「ステイタス」の一つとして親しまれた，高台に通じる勾配の急な坂道や，住宅の間を縫う道幅の狭い道路，階段，段差の多い住居などは，身体的な不自由さを抱え始めた多くの住民たちにとり，支障をきたすものとなってきている[1]。勿論，これらの問題について，地域の住民たちが何もしてこなかったわけではなかった。事実，個々の住民たちで構成された任意の団体，NPOなどの非営利セクターが参画して，自治体とともに中長期的な地区の再開発計画をつくりあげる場面もあった（多摩市都市環境部，2012）。しかし，予算や労力の側面で，住民の力だけでは到底対応・調整しきれない課題が，未解決のまま残され，年々深刻

8.3 郊外空間における地域参加の〈可能性と課題〉　197

　既に述べたとおり，本書で取り上げた多摩ニュータウンは，2000年代に入り，当初の開発主体であった国や住宅公団の手を離れ，公的主体から私的主体へのシフトが起こっている。近年では，例えば多摩ニュータウン（諏訪地区）で，民間ディベロッパーが中心的役割を担い建物を高層化して新たな分譲を行うことで，働き盛りである若年ファミリー層の呼び込みと同時に，既存の高齢化した住民のための居住環境の整備が進められ，老朽化した団地の建替えに成功した。これら私的主体による（再）開発は，膠着状態にあった地域の問題群を解決する手段としても，ますます注目されるようになっている。

　また，本書で事例として扱った桜ヶ丘団地では，100坪を超えるかつての大きな住宅敷地の分筆がはじまり，手頃な価格帯の住宅として提供され，若い世代を呼び込んでいる。しばらく住み手を失っていた土地には，急ピッチで新しい戸建て住宅が建設され始めており，団地の景観を変化させていた。こうした民間ディベロッパーによる既存の空間の（再）開発は，自治体や住民たちが対応できなかった問題をいっけん見事に乗り越えているようにみえる。しかし，そこには不動産価値の有無など市場原理との結びつき次第で，その後の運命が左右されるというあやうさもあり，人々が暮らすあらゆる郊外空間の課題解決に対して普遍性をもつものなのか，という疑問も浮かぶ[2]。

　ところで，八王子市ではここ十数年の自治体業務の外部化を背景に，地域の協働体制や住民による地域への「参加」が進み，すでに市民生活の一部として定着した印象を受ける。多摩ニュータウンに含まれる地区を含む，八王子市における地域協働では，これまで私的でボランタリーな活動としてみなされてきた住民による活動が，行政のカウンターパートとしての地位を獲得したことにより，地域においては公的な活動として，すっかり認知されるようになった。

　行政側のカウンターパートという以外にも，学校などのネットワークを基盤として，日常的に取り組まれている彼／彼女たちの活動は，少子高齢化とともに，階層化やグローバル化により多様化・複雑化が進む地域社会にとり，不可欠な活動となっている（八王子市市民活動支援センター，2014）。そして，このような活動は，何より活動者自身の家庭・個人の生活そのものを支えている場合が多い。こうした非営利セクターの存在は，いまも地区の主婦にとっての

働く場の一つであり，出産・子育てによって分断された「キャリア」を活かす，活躍の場でもあるからである。

近年，全国各地でボランティアとその活動に注目が集まっている。これら非営利セクターの活動は，迅速かつ的確，そしてきめが細かく，公的主体とまさに肩を並べるほどの（あるいはそれ以上の）支援活動を展開する存在として認知されている。それゆえ現在では，特定の市町村に限らず，全国的な傾向として，その質の高い柔軟な活動の存在が，あらゆる分野・領域の展開において期待を寄せられていることは事実であろう。

ただし，これら地域協働に関しては，カウンターパートとなった後にも，活動のための財源や人材の確保が相変わらず困難であることは否めない。このため，南大沢のS社の事例でみられたように，ジェンダーによる制約を越えていこうとすることが活動の中心的動機であるにもかかわらず，家庭内役割を担う人々（とくに女性たち）に不利な状況を招いていることは危惧される。実際問題として，この10年間の中で，S社を含むいくつかの活動団体が非営利事業の見直しや削減を強いられている。行政の縮小化と外部化，そして近年，都市空間全体をとりまく階層化，グローバル化の流れの中で，住民のインフォーマルな資源に依拠する地域協働のメカニズムと，そこにかかわる住民の負担の所在は，まだまだ解明するべき点が多い。「新しい公共空間」における公正な地域「参加」の機会，さらにはジェンダー化された地域「参加」の議論を問い直す必要は，「多様な選択肢へと開かれた」（若林，2009）郊外空間をとらえるためにも，今後ますます重要になっていくだろう。

8.3.2 地域への住民参加の可能性

本書において最終的な目的としていた，住民たちの郊外空間への「参加」がもつ可能性と課題を検討してみたい。この検討については，フレイザー（2003）の提示する，ジェンダー公正実現の上での「再分配」，「承認」という二つの評価軸が有効であった。フレイザーは，不平等をめぐる問題を社会経済的／文化的なものに分けて定式化した上で，両者が異なる解決策，つまり「再分配」と「承認」を求めていることを指摘した。しかし，その一方で，現実の不平等の状況においては，両者が常に結合して現れ出てくるものであるとしている。このよ

8.3 郊外空間における地域参加の〈可能性と課題〉 199

うな分析枠組みを使いながら，都市郊外空間における「参加」に関しての可能性と課題を振り返ってみたい。

　生産労働と再生産労働のジェンダー役割分業を構造化した，計画的な郊外空間は，近年，さまざまな変化の波に直面してきた。家族賃金の理想はもはやヘゲモニーではなくなり，オルタナティブなジェンダー規範や家族規範，経済的配置と競合し合っている（フレイザー，2003：204-205）。これまで男性稼ぎ手モデルを体現してきた住民たちが暮らす，モデル化された郊外空間が変容してゆく過程において，地域コミュニティには，多様な，幅の広い「参加」機会が生み出されてきた。そして，このように新たに生じた地域への住民「参加」というものは，郊外空間において長きにわたり，「女性たちによる」，「私的な無償労働」とされてきた地域活動や，市民活動を大きく変質させてきたのである。

　このような，近年の住民による地域への「参加」は，住民たちに新たなジェンダー再編の可能性を与えることとなった。事例で取り上げてきたように，男性退職者たちは，生産労働に徹する勤め人としての役割を終え，職場から郊外空間における家庭や地域を中心とした生活へと，シフトしていった。彼らにとっての退職は，「家族を養うだけの力をもつ」存在として，社会・経済的な「再分配」と「承認」を受けてきた地位から，離脱したことを意味する。

　定年退職に伴い男性退職者たちは，これまで生産領域や公的領域において，そして家庭内領域においても，自らが当然なものとして得られてきた「承認」を，もう一度新たに獲得していかなくてはいけない立場に立たされる。地域における「承認」を，新たに得ていこうとする退職者たちにとって，社会関係構築の一つの足場として，サークル活動への「参加」は，新たな社会的・文化的な基盤となる地域コミュニティにおける，「承認」を得るための貴重な機会となっていた。このような地域「参加」を通じて，男性退職者の中には既存のジェンダー役割と向き合い，積極的に関係性の再編に努めることで，家族を含む他住民たちとのより大きな「承認」を得ようとする男性たちも確認できた。

　他方，実質的な責務としての再生産を担いながら生きてきた，郊外空間の女性たちにとっては，長年シャドーワークとしてみなされてきた働きを，地域の中で可視化させるような「承認」と「再分配」を求めてきた。起業活動を通して活躍した主婦たちは，高学歴やスキル，そして強い就労意欲をも持ちながら

も，家計補助的で代替可能な労働やボランティア人員としてしか扱われてこなかった自らの存在を，地域や社会に対して認めさせようとしていた。都市空間における近年の公的なリストラクチャリングの波は，彼女たちの働きを，地域における公的部門への「参加」へと推し進め，結果として彼女たちに地域住民や家族に対する「承認」と，わずかではあるが「再分配」をもたらした。

主婦たちは，既存の雇用に頼るのではなく，起業というかたちで自ら市場を新規開拓し，その思いを実現させた。彼女たちのビジネスが，単に男性中心的な生産労働への参入にとどまらず，家事・育児など再生産活動の担い手として生きてきた主婦たちの経験や知識に基づいたものであり，彼女たちの既存のジェンダー役割と向き合いながら，もてる資源を生かして創出した活動であることは，注目すべきであろう。

これまで過少評価されてきた，彼女たちの労働を組み替えながら，生産／再生産活動のあり方を問い直すような実践によって，「承認」と「再分配」を得たことは，彼女たちのライフスタイルにおける，オルタナティブを拡大することにつながった。主婦の起業活動は，単なるビジネスチャンスの創出としてではなく，「承認」と「再分配」を求めた，郊外空間における戦略的なジェンダー再編の動きとして捉えることもできるだろう。

8.3.3 郊外空間における住民参加の課題について

本書では，「承認」と「再分配」の概念を使いながら，日本の都市ホワイトカラー層や中流階級の世帯に属する住民に限定しつつ，郊外空間の変容に関する分析・考察を行ってきた。これまでみてきたように，住民の多様な日常的実践と「参加」の事例を通して，浮き彫りになってきたジェンダー再編をめぐる議論は，必ずしもポジティブな可能性ばかりに満ち溢れているわけではない。

ネオリベラリズムとグローバル化の中で，変容する郊外空間においては，国や行政によって，少なからず福祉をはじめとする公的なサービスのコスト削減を行っている。地域や住民による「参加」は，先にも述べたように，このようなコスト削減やリストラクチャリングによって開いた穴を埋めるために，巧妙に利用されているともいえる。「承認」のポリティクスは，たびたび「再分配」のポリティクスと切り離され，次第に前者が後者を隠蔽するようになってく

ることに注意しなければならない（フレイザー，2003：273；Cornwall，2011：210）。

　著者が検討してきた事例に照らしてみれば，彼／彼女たちが得た地域への「参加」機会というものが，一定の「承認」を彼／彼女たちに与えたにせよ，無償のボランティア労働や不払い労働を完全に避けられる状況ではないことは，上記の懸念を裏書きするものかもしれない。

　住民たちは，「承認」と引き換えに，「再分配」の問題を手元から取り上げられているかのようである。渋谷（1999）が指摘したように，労働とボランティアの境界線は，都市空間の変容とそこに生じた地域「参加」によって，次第に曖昧になり，遂には同じレベルで語られるようになる。さらに，地域という公共圏[3]においては，「生きがい」や「自己実現」という大義名分によって，主婦や男性退職者たちが非常に巧妙に動員される危険性もはらんでいる（渋谷，2003：54-58；岩上，2008）。

　地域におけるコミュニティ維持のための労働への対価をめぐる「再分配」の問題は，参加を行う当事者たちの異議申し立てのないまま，結局のところ曖昧なままとなっている。サークル活動へ参加していった男性たちは，役員や重役として終身雇用を終えたサラリーマン退職者であり，起業に挑んだ女性たちは，正規雇用の世帯主をもつ主婦であった。このため，今回，本書において取り上げた住民たちのもつ経済的な余裕が，地域におけるボランティア活動や無償労働の継続を可能にしている部分はあったといえよう。こうして郊外空間の住民たちは，「承認」を求めることはあっても，その欲求は国家や自治体に対する「再分配」の要求にまで及ぶことは，今のところない。自治体や国が支出を節約するため，「参加」の大義を利用しながら，有能で意欲ある住民たちのボランタリーな働きを動員しようとする危険性は，常につきまとうといわざるを得ない。このような「参加」は，彼／彼女らに過酷な二重負担の問題を生じさせ，結局のところ，これまでの郊外空間の前提とされてきたようなジェンダー役割を，再生産してしまう不安も拭えないのである[4]。

　最後に，本書が対象にしえなかった課題について触れておきたい。郊外空間を支える家族賃金や，日本的雇用慣行といった前提の崩壊や，都市の「縮小化」とともに，郊外空間の入居や転入制限はやや緩和されつつあるなかで，郊外空

間の家族の様態が多様化しつつある。現在では，計画的な郊外空間からこれまで排除されてきた異なる国籍や，異なる階級，また異なるセクシュアリティに属する住民が，ニュータウンなどの郊外空間に暮らす機会も増えている。彼／彼女らが計画的な空間である郊外空間に，どのような経緯や意思をもって転入し，フィジカルな空間やコミュニティと，どのような関係性を構築しつつ暮らしているのかという点は，今後の自らの研究の課題となると考えている。

また，近年，勢いを増したグローバル化の影響力の中で，これまでの日本の都市空間においても住民の経済基盤が揺らぎ，階層化，複雑化，そして内なる国際化が進んでいる。今後，そのような状況の中で，彼／彼女たちが直面する課題を明らかにするために，空間のリストラクチャリング過程における住民の地域「参加」を，ジェンダー地理学に包摂させるような新たな議論も求められるだろう[5]。文化的・社会的に多様化しつつある住民の，オルタナティブな欲求を可視化するような，都市郊外空間の未来を見据えた考察は，まだ端緒についたばかりである。

（注）

(1) 宮澤（2005）では，高低差や道路の凹凸など障壁に満ちた都市空間としての郊外ニュータウン（多摩ニュータウン）を分析・検討している．このほか，集合住宅などの住居スペースでは，風呂の排水やドア開閉の不具合なども報告されており，近年の郊外空間における建造環境の問題は，陳腐化，老朽化が入り交じっている．それゆえ，身体的な不自由さを抱える住民に限定されない，地域住民全体の日常的生活にかかわる問題が，さまざまに山積する状況である．

(2) 商業地区や主要駅との距離による郊外住宅の開発については，近年の都市地理学の中心的テーマになっている．郊外ニュータウンに限っていえば，オフィスが集中する都心との距離によって（再）開発の進行が二分されている．大阪府の千里ニュータウンと多摩ニュータウンの現在の状況などが例として挙げられる．なお，多摩市諏訪団地の高齢化問題，老朽化した諏訪二丁目の団地の建替え事業を含む「住宅市街地総合整備事業」の展開，官民の協働のまちづくりの試みについては，関村（2014）で考察している．

(3) 渋谷（2002）は，政策言説を例に挙げ，地域という公共の場では，とくに住民の実践が「自己実現」や「生きがい」といった言葉に結び付けられることにより，

フレキシブルな労働とフレキシブルな福祉供給というものが，同じレベルで語られるようになってきたことを指摘している．
(4) 定住人口の少子高齢化や建造環境の老朽化により変容する郊外空間では，再開発された地域に経済的余裕のあるホワイトカラー世帯が転入し，これまでの郊外空間が前提としてきたような固定的なジェンダー役割，規範などを再生産させているケースがある（Sekimura, 2017）．こうしたジェンダー役割を実現できる世帯・家族は，全体的な数としては少なくなってきたものの，いまだ郊外空間における一つの生活のあり方として選択されていることは，注目していく必要がある．
(5) マッシー（2014）は，都市の公共空間に迫る，新自由主義的な動き，つまり空間の商業的私有化（民営化）の動きを懸念する．その中でもとくに深刻な問題は，公共空間を「自由で平等な発話を可能にする空間」として理想化することであり，こうしたことは，ジェンダーや階層など社会的不平等の産物として空間が創り出されているという事実を見落としていると指摘している（マッシー，2014：284-285）．

あ と が き

　本書は 2008 年度にお茶の水女子大学に提出した博士論文「ジェンダーの視点からみた都市郊外空間の変容と地域への住民参加」を大幅に加筆修正して，再構成したものである．第 1 章と第 8 章は，学位論文執筆時に書き下ろしたものであるが，多くの章では公表済みの論文をもとにした．また一部，博士論文で行った議論を発展させて刊行した論文を参照した章もある．
　本書のベースとなるおもな論文は，以下の通りである．
　第 2 章：「都市空間をめぐるジェンダー地理学の視点と課題－英語圏諸国と日本の研究動向の検討を通じて－」．人間文化創成科学論叢 11：431-439，2009 年．
　第 3 章：「都市郊外空間の変容と住民の地域参加に関する一考察－ジェンダーの視点から－」．群馬県立女子大紀要 35，131-142，2014 年．
　第 4 章：「郊外地域における男性退職者のコミュニティ活動への参加プロセス－多摩市桜ヶ丘団地の事例－」．地理学評論 79-3：111-123，2006 年．
　第 5 章：「郊外コミュニティにおける定年退職男性の〈男性性〉再構築－ライフストーリーからの考察－」．人間文化創成科学論叢 12，335-344，2010 年．
　第 6 章：「都市郊外における自治体のアウトソーシングと主婦の起業－多摩ニュータウン南大沢地区 S 社を事例にして－」．人文地理 60-4：301-322，2008 年．
　第 7 章：「自治体の協働と女性たちの新しい働き方をめぐる課題－ライフストーリーを手がかりに－」．生協総研研究論文集 5：1-11，2009 年．
　本書を書き上げることができたのは，著者の研究を見守り，ご助力を賜った多くの人々の存在があったことに他ならない．必ずしも円滑に運ぶことのなかった著者の研究に，手を差し伸べてくださったすべての方々に対して感謝の

意を表したい。

　まず，調査対象者となってくださった多摩市桜ヶ丘ならびに八王子市南大沢にお住まいの皆様には，多大なご協力をいただいた。度重なる聞き取り調査とアンケート調査を自治会レベルでご承諾いただいた桜ヶ丘2丁目の皆様，これまでの会社や家庭生活の思い出や，これからの新たな生活に向けた希望や意気込みを丁寧に語ってくださった男性住民やそのご家族，そして参与観察を快諾し1年間会社の一員として迎えて下さったS社社長，聞き取り調査にお応えいただき，結婚や子育ての経験，家族への思いなどを熱心に語ってくださったS社スタッフの皆様，地域にお住まいの皆様のご厚意で本書は完成することができた。同様に，調査を進めるにあたっては，公的な資料の提供や，地域概要の説明など，関係自治体の皆様からのご協力も賜った。とくに修士論文作成時に初めて多摩市役所を訪れた際，研究の趣旨に耳を傾け，何も知らない学生であった著者に地域にお住まいの方々を快くご紹介くださった多摩市都市計画課（2003年当時）の増島英雄さん，整理途中の資料のご提供や，度重なる質問にもメールや電話，窓口でご対応いただき，時間を割くことを厭わなかった八王子市役所市民活動推進部（2007年当時）の立川寛之さんには，長きにわたり大変お世話になった。

　論文執筆にあたっては，修士課程を過ごした東京学芸大学の加賀美雅弘先生をはじめ地理学講座の先生方，ならびに博士課程を過ごしたお茶の水女子大学地理学講座の先生方には終始ご指導いただいた。とくに本書に関連しては，草稿を繰り返し見てくださり，すべての章に詳細なコメントをくださった主指導教員のお茶の水女子大学人間文化創成科学研究科の熊谷圭知先生，ジェンダーの最先端の動向と著者が目指すべき方向性をご教示してくださいました石塚道子先生，社会学の立場から本書の基盤となる部分を整理していただき，著者のオリジナリティを引き出していただき，概念的な捉え方を随所でご教示いただきました平岡公一先生，ジェンダー地理学の斬新さを既存の地理学研究との関連性から解説いただきながら，たびたび刺激を与えてくださいました水野　勲先生，都市地理学におけるジェンダー問題をご教示くださり，著者に対して多摩ニュータウンの詳細な情報やインフォーマントをご紹介くださりました宮澤仁先生のお力添えによるものである。審査員の先生方には多くのご指摘や論文

を精緻化させるための有益なご助言を数多くいただいた．著者の論文審査のために，貴重なお時間を費やしてくださったことに，この場を借りて感謝を申し上げたい．

　また，研究会や勉強会を通じて，研究についてのご指導・ご鞭撻を多くの先生方からいただいた．とくに思い出深いのは，2008年1月に開かれた「グローバル化時代における公共空間と場所アイデンティティの再編成に関する研究」研究会に主指導教員からお誘いいただき，研究代表者である高木彰彦先生をはじめ，人文地理学分野の第一線でご活躍される先生方から研究についての丁寧なご助言をいただいた経験である．拙い研究ではあったが，研究を通じてさまざまに展開される地域の生々しい現状や，これらを考察してきた個人の思いが（わずかながらも）初めて伝わったという感覚がこみ上げたことを記憶している．とても贅沢な時間を過ごすことができたことをひとり喜んでいたが，今思えば，一介の大学院生に研究活動の心の支えとなるような貴重な時間と場所を提供してくださった先生方には，今でも有難い気持ちでいっぱいである．

　学生時代より長らく支えてくださりました先生方にも感謝したい．著者の修士課程時代より，ご退官後も著者の研究のゆくえを案じてくださいました山下脩二先生（東京学芸大学名誉教授），博士課程時代より自主ゼミを開いて著者を含む多くの院生を見守ってくださいました田宮兵衞先生（お茶の水女子大学名誉教授），研究に対する取り組みについて教え示してくださいました太田陽子先生（横浜国立大学名誉教授），そして，お茶の水女子大学博士課程への進学を強く勧めてくださり，研究へのご助言に加えて，公私ともに支え続けてくださいました國學院大學経済学部の田原裕子先生により，著者は研究の基礎を固めることができた．その他，地理学講座OG，博士課程在籍中にともに過ごした諸姉からも，著者の研究に関する率直な意見，批判などを多くいただいた．あたたかいご支援をいただいたすべての方々に，心から御礼を申し上げたい．

　そもそも，地図を読むこと／描くことが特別得意でもなく，見知らぬ土地で（あるいは見知った土地ですら）地理的センスを発揮することのできなかった著者のような人間が，地理学の世界を志したのは，何よりもフィールドワークの深みを発見したためである．学生の時分に，地理学講座の先生方に連れて行っていただいた「巡検」においては，さまざまな場所を訪ね歩き，「地理学」と

いうフィルター越しに見えた，これまでに見たことのなかった新しい風景や雰囲気に興奮した。そして，自ら行い始めた実地調査においては，インフォーマントのご厚意のもとに大切な生活やそこでの経験・思いを見聞きさせていただいた（振り返れば，世間知らずの著者に対して我慢強く付き合ってくださった面も多々あったと思う）。彼／彼女たちがさまざまな感情を時折滲ませながら語ってくださる様子を通じて，（あくまでも研究のもとではあるが）他者の日常に分け入ることの意味と責任の大きさを実感した。こうしたフィールドワークを手がかりに，地域的な文脈から人びとの生きる諸相を掘り起こし，真剣に向き合って探究しようとする地理学は，著者にとって非常に魅力的なものとなったのである。

　最後に，著者の研究生活に対して長い時間をかけて理解してくれた家族，ひたすら応援し続けてくれた義理の家族，著者の研究を遠くから見つめながら，日々着実な成長の過程を見せてくれる娘の美織，著者の研究にストレートな意見を寄せ，ときにはアンケート袋詰めなどの実働要員となりながら，何度も折れかかった著者を励まして応援し続けてくれた夫の関村　慎に感謝したい（まだ手のかかる娘の面倒もそこそこに，本書の執筆に打ち込むことができたのは，何よりも夫の理解と協力のおかげである）。そして，ソーシャル・ワーカーとしてたくさんの人々から愛され，研究の道を歩み始めたばかりの著者のよき理解者であった渡部久美子さん，働く両親とともに著者を育てあげ，90歳の天寿をまっとうした祖母のいくには，直接伝えることができなくなってしまったが，著者をいつも見守り続けてくれたことを心から有難く思う。本書の出版をもって感謝の言葉と代えたい。

　本書のカバーデザインは関村　良氏に作成していただいた。本書の刊行に関しては，明治学院大学国際学部の森本　泉先生，古今書院の鈴木憲子氏の多大なお力添えをいただいた。鈴木氏には，大変なご迷惑をおかけしたが，本書の名称を決める段階から推敲に至るまで忍耐強く支えていただいた。本書の出版に際しては，日本学術振興会平成29年度科学研究費補助金（研究成果公開促進費　学術図書　課題番号17HP5113）の交付を受けた。記して，深謝したい。

　　　2018年1月　　　　　　　　　　　　　　　　　　　　　　　関村オリエ

参 考 文 献

秋山孝夫 2005.『ニュータウンの未来－多摩ニュータウンからのメッセージ－』. 多摩ニュータウン・まちづくり専門家会議.
東　秀紀・橘　裕子・風見正三・村上暁信 2001.『「明日の田園都市」への誘い－ハワードの構想に発したその歴史と未来－』. 彰国社.
阿部亮吾 2011.『エスニシティの地理学－移民エスニック空間を問う－』. 古今書院.
天野正子 2005.『「つきあい」の戦後史－サークル・ネットワークの拓く地平－』. 吉川弘文館.
有留順子・小方　登 1997. 性差からみた大都市圏における通勤パターン－大阪大都市圏を事例として－. 人文地理 49-1：47-63.
井岡　勉 2004. コミュニティ政策学へのアプローチ－地域福祉計画策定の視点と方法－. コミュニティ政策 2：58-76.
石塚道子 2010. 終わらない「問い」－「空間・場所・ジェンダー関係」再考－. お茶の水地理 50：2-26.
伊藤公雄 1993.『＜男らしさ＞のゆくえ－男性文化の文化社会学－』. 新曜社.
伊藤公雄 1996.『男性学入門』. 作品社.
伊藤公雄 2003.『「男女共同参画」が問いかけるもの－現代日本社会とジェンダー・ポリティクス－』. インパクト出版会.
伊藤弘文 2003. 三位一体の改革，そしてそれを超えて. 都市問題研究 55-9：16-23.
伊富貴順一・宮本京子 2002. ニュータウン再生における地域住民参加－歩いて暮らせる街づくり構想推進事業「ひがしまち街角広場」の取り組みを通じて－. 都市住宅学 39：79-84.
井上　孝・渡辺真知子編 2014.『首都圏の高齢化』. 原書房.
稲垣　稜 2014. 大都市圏郊外における中心都市への通勤者数減少の要因に関する考察－1990 年代後半以降の奈良県生駒市を中心に－. 地理学評論 87-1：17-37.
稲葉陽二・藤原佳典 2010. 少子高齢化時代におけるソーシャル・キャピタルの政策的意義－高齢者医療費の視点からの試論－. 行動計量学 37-1：39-52.
今村都南雄 2006. 公共サービスと自治体の役割. ガバナンス 67：20-22.

岩上真珠 2008. 団塊世代の世代間関係－家族変動へのライフコース・アプローチ－. 森岡清志編『都市化とパートナーシップ』182-215. ミネルヴァ書房.
上野 淳・松本真澄 2012.『多摩ニュータウン物語－オールドタウンとは呼ばせない』. 鹿島出版会.
上野千鶴子・電通ネットワーク研究会編 1988.『「女縁」が世の中を変える－脱専業主婦（えんじょいすと）のネットワーキング－』. 日本経済新聞社.
上野千鶴子 1990.『家父長制と資本主義－マルクス主義フェミニズムの地平－』. 岩波書店.
上野千鶴子 1994a.『近代家族の成立と終焉』. 岩波書店.
上野千鶴子 1994b.『40歳からの老いの探検学』. 三省堂.
上野千鶴子 2002.『家族を容れるハコ 家族を超えるハコ』. 平凡社.
上野千鶴子 2003a. 市民権とジェンダー－公私の領域の解体と再編－. 思想 955: 10-34.
上野千鶴子 2003b.「ジェンダーの正義と経済効率は両立する」か？. 現代思想 31-1: 74-79.
上野千鶴子 2010.『女ぎらい－ニッポンのミソジニー－』. 紀伊國屋書店.
江崎雄治 2006.『首都圏人口の将来像－都心と郊外の人口地理学－』. 専修大学出版局.
江崎雄治 2007. 東京圏郊外における高齢化－国勢調査地域メッシュ統計を用いた将来人口推計－. 統計 58-12: 17-22.
エスピン・アンデルセン, G. 著, 岡沢憲芙・宮本太郎監訳 2001.『福祉資本主義の三つの世界』. ミネルヴァ書房. Espin-Andersen, G. 1990. *The Three Worlds of Welfare Capitalism*. Cambridge: Polity Press.
大江守之・駒井正晶編 2008.『大都市郊外の変容と「協働」－〈弱い専門システム〉の構築に向けて－』. 慶応義塾大学出版会.
大沢真理 1993.『企業中心社会を超えて－現代日本を＜ジェンダー＞で読む－』. 時事通信社.
大沢真理 2000. 非営利・協同セクターをどうとらえるか. 生活協働組合研究 297: 13-17.
大沢真理 2002.『男女共同参画社会をつくる』. 日本放送出版協会.
大沢真理 2003. 日本の福祉国家とジェンダー－小泉改革は「主婦の構造改革」か－. 現代思想 31-1: 80-85.
大沢真理編 2004.『福祉国家とジェンダー 叢書現代の経済・社会とジェンダー（第4巻）』. 明石書店.

大槻奈巳 2006．女性のNPO活動と金銭的報酬．労働社会学研究 7：37-59．
岡本耕平 1995．大都市圏郊外住民の日常活動と都市のデイリー・リズム－埼玉県川越市および愛知県日進市の事例－．地理学評論 68-1：1-26．
岡本耕平 1998．主婦の日常生活への地理学的アプローチ．地理科学 53-3：200-205．
奥田道大 1993．『都市型社会のコミュニティ』．勁草書房．
オークレイ，A.著，岡島茅花訳 1986．『主婦の誕生』．三省堂．Oakley, A. 1974. *Housewife*. London: Deborah Rogers Ltd.
小川信子・真島俊一編 1999．『生活空間論』．光生館．
乙部由子 2004．スーパーで働く既婚女性パートタイマー－「私の人生」を生きる－．現代社会学研究 17：39-55．
落合恵美子 1994．『21世紀家族へ－家族の戦後体制の見かた・超えかた－』．有斐閣．
影山穂波 1994．港北ニュータウンにおける住民主体の地域形成－ジェンダーの視点から－．お茶の水地理 35：23-37．
影山穂波 1998．ジェンダーの視点から見た港北ニュータウンにおける居住空間の形成．地理学評論 71-9：639-660．
影山穂波 2000．郊外居住と地域活動－ジェンダーの視点から－．都市住宅学 30：19-25．
影山穂波 2004．『都市空間とジェンダー』．古今書院．
影山穂波 2006．フェミニスト地理学－ジェンダー概念と地理学－．加藤政洋・大城直樹編『都市空間の地理学』251-262．ミネルヴァ書房．
角野幸博 2000．『郊外の20世紀－テーマを追い求めた住宅地－』．学芸出版社．
神谷浩夫・岡本耕平・荒井良雄・川口太郎 1990．長野県下諏訪町における既婚女性の就業に関する時間地理学的分析．地理学評論 63-11：766-783．
神谷浩夫 1993．大都市圏郊外における有業既婚者の日常生活．椙山女学園大学研究論集 24-1：235-249．
川口太郎・神谷浩夫 1991．都市における生活行動研究の視点．人文地理 43-4：348-367．
川瀬正樹 1997．世帯のライフステージから見た千葉県柏市における既婚女性の通勤行動の変化．地理学評論 70-11：699-723．
河村雷雨 1982．『都市コミュニティ論－機能的コミュニティの研究－』．世界思想社．
菊池美代志・江上 渉 1998．『コミュニティの組織と施設』．多賀出版．
木村オリエ 2006a．郊外地域における男性退職者のコミュニティ活動への参加プロセス－多摩市桜ヶ丘団地の事例－．地理学評論 79-3：111-123．

木村オリエ　2006b．初期リタイアメントコミュニティにおけるボランティア活動の展開－アリゾナ州サンシティの事例－．お茶の水地理46：47-60．

木村オリエ　2008．都市郊外における自治体のアウトソーシングと主婦の起業－多摩ニュータウン南大沢地区S社を事例にして－．人文地理60-4：301-322．

木村オリエ　2009．都市空間をめぐるジェンダー地理学の視点と課題－英語圏諸国と日本の研究動向の検討を通じて－．人間文化創成科学論叢11：431-439．

久木元美琴　2006．大都市都心部における事業所内保育所の意義と課題．経済地理学年報52-2：82-95．

久木元美琴・由井義通・若林芳樹　2014．郊外NPOによる子育て支援施設の役割と可能性－高蔵寺ニュータウンのひろば型拠点を事例として－．都市地理学9：78-87．

久木元美琴　2016．『保育・子育て支援の地理学－福祉サービス需給の「地域差」に着目して－』．明石書店．

久島桃代　2017．「からだ」という空間－フェミニスト地理学の誕生からロビン・ロングハーストまで－．空間・社会・地理思想20：85-96．

葛原生子　2001．女性の社会参画の視座からみたNPO－中国地方5県のNPO法人調査を中心に－．安田女子大学紀要29：213-221．

久場嬉子　2005．経済学とジェンダー－フェミニスト経済学の新展開－．女性労働研究47：162-182．

熊谷圭知　2013．かかわりとしてのフィールドワーク－パプアニューギニアでの試行錯誤的実践から－．E-journal GEO 8-1：15-33．

熊谷圭知　2015．現代日本の社会経済変化と男性/性の変容をめぐる試論－「場所」と「ホーム」の視点から－．ジェンダー研究18：87-98．

倉沢　進　1968．『日本の都市社会』．福村出版．

倉沢　進　1998．『コミュニティ論－地域社会と住民行動－』．放送大学出版．

倉沢　進・小林良二編　2004．『自治・住民・地域社会』．放送大学出版．

京王電鉄株式会社広報部編　1998．『京王電鉄五十年史』．京王電鉄株式会社．

小泉秀樹　2006．コラボレイティブで持続可能な都市再生（特集　ゴーストタウンとニュータウン）．都市問題97-5：58-66．

国土交通省都市地域整備局　2001．『多摩ニュータウン活性化検討調査報告書』．国土交通省．

国土交通省都市地域整備局　2005．『都市・地域レポート』．国土交通省．

国立社会保障・人口問題研究所　2017．『日本の将来推計人口（平成29年推計）』．国

立社会保障・人口問題研究所.

小林佐和子・小泉秀樹・大方潤一郎 2010．子育て環境から見た集合住宅団地の再評価と課題－UR 賃貸住宅の居住者意識調査から－．都市住宅学 71：38-43．

五條　敦 2002．人口減少時代の市町村土地利用計画．都市計画 51-2：25-28．

古谷野　亘 1991．社会的ネットワーク．老年社会科学 13：68-76．

古谷野　亘・西村昌記・矢部拓也ほか 2005．関係の重複が他者との交流に及ぼす影響－都市男性高齢者の社会関係．老年社会科学 27-1：17-23．

財団法人多摩市文化振興財団パルテノン多摩 1998．『多摩ニュータウン開発の軌跡「巨大な実験都市」の誕生と変容』．パルテノン多摩．

坂田期雄 2004．行政の効率化とアウトソーシング（特集　アウトソーシングと地方自治体）．地方議会人 34-11：21-24．

桜井　厚編 2003．『ライフストーリーとジェンダー』．せりか書房．

桜井　厚・小林多寿子編 2005．『ライフストーリー・インタビュー－質的研究入門－』．せりか書房．

桜ヶ丘コミュニティセンター運営協議会 2001．『ゆう桜ヶ丘 10 年のあゆみ』．桜ヶ丘コミュニティセンター運営協議会．

笹川あゆみ 2005．日本における女性の就業観と主婦業観に見られる主体性：都市部の大卒女性のインタビュー結果より．武蔵野大学人間関係学部紀要 2：1-14．

澤登信子・細内信孝・田中尚樹編 1999．『少子高齢化社会を支える市民企業』．日本短波放送．

佐藤郁哉 2006．『フィールドワーク－書を持って街へ出よう－』．新曜社．

佐藤英人・清水千弘 2011．東京大都市圏における持家取得者の住居移動に関する研究．都市計画論文集 46-3：559-564．

渋谷敦司 1996．都市空間のジェンダー的構成と女性政策，女性運動．松本　康・奥田道大・佐藤健二・吉見俊哉・吉原直樹編『都市空間の構想力』234-240．勁草書房．

渋谷敦司 2007．ワーク・ライフ・バランス論をめぐる政策的，理論的課題．家族関係学 26：13-18．

渋谷　望 1999．〈参加〉への封じ込め ネオリベラリズムと主体化する権力．現代思想 27-5：94-105．

渋谷　望 2002．対抗的世代公共圏．現代思想 30-6：164-172．

渋谷　望 2003．『魂の労働－ネオリベラリズムの権力論』．青土社．

渋谷　望 2004．〈参加〉への封じ込めとしてのNPO－市民活動と新自由主義－．都市問題 95-8：35-47．

市民，NPO等による福祉のまちづくり研究勉強会編 2001.『市民，NPO等による福祉のまちづくり研究報告書』. 国土技術研究センター.

ショッパ, L. 著, 野中邦子訳 2007.『最後の社会主義国－日本の苦闘』. 毎日新聞社. Schoppa, L. 2006. *Race for the Exits*. New York: Cornell University Press.

杉浦芳夫・宮澤　仁 2001. 美しが丘の主婦たちは幸せか？－多摩ニュータウン南大沢地区の主婦の生活時間調査から－. 理論地理学ノート 12：1-17.

鈴木　浩・中島明子編 1996.『講座現代居住3　居住空間の再生』. 東京大学出版会.

鈴木　浩 2006. 地域再生の視点から都市計画を問う.（特集　ゴーストタウンとニュータウン）. 都市問題 97-5：42-49.

住田昌二編 1996.『住まい論のフロンティア－新しい住居学の視角－』. ミネルヴァ書房.

関村（木村）オリエ 2010. 郊外コミュニティにおける定年退職男性の〈男性性〉再構築－ライフストーリーからの考察－. 人間文化創成科学論叢 12：335-344.

関村オリエ 2012. 自治体の「協働」における非営利セクターの役割－多摩市の学校跡地活用の事例から－. お茶の水地理 51：17-30.

関村オリエ 2014. 郊外住宅団地の行方. 井上　孝・渡辺真知子編『首都圏の高齢化』73-95. 原書房.

仙田裕子 1993. 高齢者の生活空間－社会関係からの視点－. 地理学評論 66-7：383-400.

ソジャ, W. E. 著, 加藤政洋訳 2005.『第三空間－ポストモダンの空間論的転回』. 青土社. Soja, E. 1996. *Thirdspace: Journeys to Los Angeles and Other Real-and-Imagined Places*. Oxford: Blackwell Publishing Ltd.

袖川芳之・花島ゆかり・森住昌弘 2005.『団塊と団塊ジュニアの家族学－平成拡大家族－』. 電通消費者研究センター.

園田眞理子 1994. 高齢社会の住まいの条件. 伊藤明子・園田眞理子編『高齢社会を住まう－2025年の住まいへの提言－』265-273. 建築資料研究社.

高橋伸夫・谷内　達編 1994.『日本の三大都市圏－その変容と将来像－』. 古今書院.

武石恵美子 2002. 雇用システムの構造変化と女性労働. 経済地理学年報 48-4：323-338.

武川正吾 1999.『社会政策のなかの現代－福祉国家と福祉社会－』. 東京大学出版会.

武川正吾 2007.『連帯と承認－グローバル化と個人化のなかの福祉国家－』. 東京大学出版会.

竹中恵美子 1994. 変貌する経済と労働力の女性化－その日本的特質－. 竹中恵美子・

久場嬉子編『労働力の女性化－21世紀へのパラダイム－』9-17．有斐閣．
竹中恵美子 1999．日本の男女雇用平等政策のいま－「男性稼ぎ手モデル」は転換しうるか－．女性労働研究 47：7-21．
竹信三恵子 2000．ジェンダーに基礎を置かないNPO活動．生活協働組合研究 295：5-10．
田子由紀 1994．工場進出に伴う就業女性の生活変化に関する時間地理学的考察－神奈川県津久井町青野原地区を事例に－．人文地理 46-4：372-395．
橘木俊詔 2005．『企業福祉の終焉－格差の時代にどう対応すべきか－』．中央公論新社．
田中俊之 2009．『男性学の新展開』．青弓社．
谷　謙二 1998．コーホート規模と女性就業から見た日本の大都市圏における通勤流動．人文地理 50-3：1-21．
谷　謙二 2000．東京大都市圏郊外居住者の結婚に伴う職住関係の変化．地理学評論 75-11：623-643．
谷　謙二 2007．人口移動と通勤流動から見た三大都市圏の変化－大正期から現在まで－．日本都市社会学会年報 25：23-36．
田原裕子・荒井良雄・川口太郎 1996．大都市圏郊外地域に居住する高齢者の生活空間と定住意思－埼玉県越谷市の事例－．人文地理 48-3：301-316．
田原裕子・永田淳嗣・荒井良雄 2000．高齢者帰還移動の過程とその影響に関する検討－沖縄県N部落の事例．老年社会科学 22-3：436-448．
田原裕子・神谷浩夫 2002．高齢者の場所への愛着と内側性－岐阜県神岡町の事例－．人文地理 54-3：209-230．
田原裕子・平井　誠・稲田七海・岩垂雅子・長沼佐枝・西　律子・和田康喜 2003．高齢者の地理学－研究動向と今後の課題－．人文地理 55-5：451-473．
多摩市くらしと文化部 2003．『コミュニティセンターの概要2003』．多摩市．
多摩市くらしと文化部 2017．『地域デビュー手引書2017-2018年度版（市民活動団体紹介編）』．多摩市．
多摩市企画政策部 2003．『統計たま』．多摩市．
多摩市桜ヶ丘2丁目住宅地区建築協定運営委員会 2002．『建築協定20年のあゆみ』．多摩市桜ヶ丘2丁目住宅地区建築協定運営委員会．
多摩市史編さん会 1977．『多摩市史－近現代史編－』．多摩市教育委員会．
多摩市都市環境部 2012．『多摩市諏訪・永山地区ニュータウン再生整備事業』．多摩市．
玉野和志・前田大作・野口裕二・中谷陽明・坂田周一・Jersey Liang 1989．日本の高

齢者の社会的ネットワークについて．社会老年学 30：27-36．

手島陸久・冷水　豊 1992．高齢者の余暇活動の測定に関する研究．社会老年学 35：19-31．

東京都産業労働局 2006．『東京の産業と雇用就業 2006』．東京都．

東京都生活文化局 2008．『東京都 NPO 法人認証団体一覧』．東京都．

東京都生活文化局 2017．『特定非営利活動法人ガイドブック（本編）』．東京都．

東京都総務局 2008．『平成 17 年国勢調査東京都区市町村町丁別報告』．東京都．

東京都総務局 2013．『平成 22 年国勢調査東京都区市町村町丁別報告』．東京都．

東京都都市計画局 1989．『東京の都市計画百年』．東京都．

東京都南多摩新都市開発本部 1987．『多摩ニュータウン開発の歩み』．東京都．

東京都都市整備局 2012．『多摩ニュータウン等大規模団地再生ガイドライン』．東京都．

内閣府 2016．『平成 27 年度特定非営利活動法人及び市民の社会貢献に関する実態調査報告書』．内閣府．

中澤高志・由井義通・神谷浩夫 2012．日本人女性の現地採用労働市場の拡大とその背景－2000 年代半ばのシンガポールの事例－．地理科学 67-4：153-172．

中野　卓編 1964．『地域生活の社会学』．有斐閣．

中野　卓・桜井　厚編 1995．『ライフヒストリーの社会学』．弘文堂．

中野敏男 1999．ボランティア動員型市民社会論の陥穽．現代思想 27-5：72-93．

中野麻美 2007．公共サービスのアウトソーシングとワーキング・プア．月刊自治研 49-574：27-34．

長沼佐枝・荒井良雄・江崎雄治 2006．東京大都市圏郊外地域の人口高齢化に関する一考察．人文地理 58-4：399-412．

長沼佐枝・荒井良雄・江崎雄治 2008．地方中核都市の郊外における人口高齢化と住宅地の持続可能性－福岡市の事例－．経済地理学年報 54-4：310-326．

仁平典宏 2003．「ボランティア」とは誰か－参加に関する市民社会論的前提の再検討－．ソシオロジ 48-1：93-109．

成瀬龍夫 1998．民営化・民間委託問題の新段階（特集「アウトソーシング」論と自治体行政の民間委託）．住民と自治 420：12-17．

西川祐子 2000．『近代国家と家族モデル』．吉川弘文館．

西川祐子 2002．ニュータウンにおけるジェンダー変容．TOYONAKA ビジョン 22-5：31-38．

西川祐子 2003．ポスト近代家族とニュータウンの現在．思想 955：237-260．

西澤晃彦 1996．「地域」という神話－都市社会学者は何を見ないのか？－．社会学評

論 47-1：47-62．
西村純子 2001．主婦という違和感／主婦という制度－現代中年女性のライフ・ストーリーから－．家族社会学研究 12-2：223-235．
西村雄一郎 2002．職場におけるジェンダーの地理学－日本での展開にむけて－．地理学評論 75-9：571-590．
似田貝香門・矢澤澄子・吉原直樹編 2006．『越境する都市とガバナンス』．法政大学出版局．
日本住宅公団二十年史刊行委員会編 1981．『日本住宅公団史』．日本住宅公団．
庭野晃子 2007．父親が子どもの「世話役割」へ移行する過程－役割と意識との関係から－．家族社会学研究 18-2：103-114．
蓮見音彦編 1991．『地域社会学　ライブラリ社会学 3』．サイエンス社．
長谷川倫子 1988．定年前後における中高年の余暇活動の変化－東京都内 60 歳代前半層男子の場合－．社会老年学 28：30-44．
朴　姫淑 2007．地域福祉における住民参加の課題－秋田県旧鷹巣町の高齢者福祉政策から－．ソシオロゴス 31：152-169．
八王子市市民活動支援センター 2014．『はちおうじ NPO マニュアル－想いをかたちにする方法－』．八王子市．
八王子市市民活動推進部 2005a．『協働ハンドブック－入門編－』．八王子市．
八王子市市民活動推進部 2005b．『市民企画事業補助金成果報告書』．八王子市．
八王子市市民活動推進部 2006．『八王子市協働事例集 2006』．八王子市．
花形道彦 2006．民営鉄道による住宅地開発の構造－1910 年〜1960 年－．土地総合研究 14-1：13-25．
林　宣嗣 2004．社会保障制度と税財政．都市問題研究 56-1：72-87．
原口　剛 2016．『叫びの都市－寄せ場，釜ヶ崎，流動的下層労働者』．洛北出版．
原田　久 2005．アウトソーシングの組織間管理－公の施設管理を素材として－．地方財政 614：2-9．
ハワード, E. 著，長　素連訳 1968．『明日の田園都市』．鹿島出版会．Howard, E. 1902. *Gaeden Cities of Tomorrow*. London: Faber and Faber.
フレイザー, N. 著，仲正昌樹監訳 2003．『中断された正義－「ポスト社会主義的」条件をめぐる批判的省察－』．御茶の水書房．Fraser, N. 1996. *Justice Interruptus: Critical Reflections on the "Postsocialist" Condition*. London: Routledge.
日笠　端 1983．コミュニティとまちづくり．天野一郎編『コミュニティ－20 周年記念文集－』59-75．地域社会研究所．

樋口民夫・杉浦芳夫・坪本裕之 1998．多摩市桜ヶ丘地区における高齢化の進展と持続的な街づくりの取り組み．理論地理学ノート 11：53-84．

広井良典 2001．『定常型社会－新しい「豊かさ」の構想－』．岩波書店．

藤田弘夫・吉原直樹 1999．『都市社会学』．有斐閣．

福田珠己 2008．「ホーム」の地理学をめぐる最近の展開とその可能性－文化地理学の視点から－．人文地理 60-5：403-422．

福原正弘 1998．『ニュータウンは今－40年目の夢と現実－』．東京新聞出版会．

福原正弘 2001．『甦れニュータウン－交流による再生を求めて－』．古今書院．

星野菜穂子・中里幸聖 2003．人口減少・高齢化の下での地方行政．都市問題 94-1：101-118．

前田尚子 1988．老年期の友人関係－別居子関係との比較検討－．社会老年学 28：58-70．

前田正人・成田昌弘・追川典子 2011．ジェロントロジーにおける脆弱性－住宅地におけるその対応．都市計画 60-4：26-30．

松井三枝 2000．紡績工場の女性寄宿労働者と地域社会との関わり．人文地理 52-5：483-497．

松原 宏 1982．東急多摩田園都市における住宅地形成．地理学評論 55-3：165-183．

松原 宏 2006．少子高齢化時代の地域再編．経済地理学年報 52-4：219-235．

松村暢彦 2012．郊外住宅地における地域活動が地域への態度と生活満足度に与える影響－兵庫県川西市大和地区を事例として－．都市計画論文集 47-3：373-378．

松本久美 2008．地区計画の策定における合意形成－神奈川県大和市千本桜地区を事例に－．経済地理学年報 54-2：133-147．

マッシー，D. 著，富樫幸一・松橋公治監訳 2000．『空間的分業－イギリス経済社会のリストラクチャリング－』．古今書院．Massey, D. 1995. *Spatial Division of Labour: Social Structures and The Geography of Production* (2ed), London : Routledge.

マッシー，D. 著，森 正人・伊澤高志訳 2014．『空間のために』．月曜社．Massey, D. 2005. *For Space*, Los Angeles : SAGE Publications Ltd.

三浦 展 2005．『団塊世代を総括する』．牧野出版．

三浦まり 2003．労働市場規制と福祉国家－国際比較と日本の位置づけ－．埋橋孝文編『比較のなかの福祉国家』109-133．ミネルヴァ書房．

水田健輔 2006．自治体における行政サービスの外部化と留意点．公営企業 38-5：2-13．

水無田気流 2015．『「居場所」のない男，「時間」がない女』．日本経済新聞出版社．

三橋伸夫 2007. コミュニティデザイン・ワークショップにおけるジェンダーの視点. 農村計画学会誌 26-1：7-12.

宮澤　仁 1998. 東京都中野区における保育所へのアクセス可能性に関する時空間制約の分析. 地理学評論 71-12：859-886.

宮澤　仁・阿部　隆 2005. 1990年代後半の東京都心部における人口回復と住民構成の変化－国勢調査小地域集計結果の分析から－. 地理学評論 78-13：893-912.

宮澤　仁 2005.「バリアマップ」で可視化する障壁に満ちた都市空間. 宮澤　仁編『地域と福祉の分析法－地図・GISの応用と実例－』59-79. 古今書院.

宮澤　仁 2006. 過渡期にある大都市圏の郊外ニュータウン－多摩ニュータウンを事例に－. 経済地理学年報 52-4：236-250.

宮脇　淳 2002. グローバル化の中の地方財政. 都市問題研究 54-2：66-77.

村田陽平 2000. 中年シングル男性を疎外する場所. 人文地理 52-6：533-551.

村田陽平 2002. 日本の公共空間における「男性」という性別の意味. 地理学評論 75-13：813-830.

村田陽平 2009.『空間の男性学－ジェンダー地理学の再構築』. 京都大学学術出版会.

森川美絵 2001. 地域福祉における「地域市場」指向の住民参加を支えるネットワーク－熊本県阿蘇郡A町の調査から－. 人文学報 17：99-120.

矢澤澄子・国広陽子・天童睦子編 2003.『都市環境と子育て－少子化・ジェンダー・シティズンシップ－』. 勁草書房.

山内直人 2001. ジェンダーからみた非営利労働市場－主婦はなぜNPOを目指すか？－. 日本労働研究雑誌 43-8：30-41.

山田昌弘 1994.『近代家族のゆくえ－家族と愛情のパラドックス－』. 新曜社.

大和礼子 1996. 中高年男性におけるサポート・ネットワークと「結びつき志向」役割との関係. 社会学評論 47-3：350-365.

矢部拓也・西村昌記・浅川達人 2002. 都市男性高齢者における社会関係の形成－「知り合ったきっかけ」と「その後の経過」－. 老年社会科学 24-3：319-326.

矢部直人 2003. 1990年代後半の東京都心における人口回帰現象－港区における住民アンケート調査の分析を中心にして－. 人文地理 55-3：277-292.

山本正三・奥野隆史・石井英也・手塚　章編 1997.『人文地理学辞典』. 朝倉書店.

由井義通 2003. 母子生活支援施設からみた都市の住宅問題とその地域性. 地理学評論 76-9：668-681.

由井義通・加茂浩靖 2009. 介護サービス業に従事する女性の断片化された就業時間と生活－東広島市の事例－. 地理科学 64-4：211-227.

油川 洋 2003．自治体のアウトソーシングの実態と課題．日本都市学会年報 37：101-105．
吉田容子 1993．女性就業に関する地理学的研究－英語圏諸国の研究動向とわが国における研究課題－．人文地理 45-1：44-67．
吉田容子 1996．欧米におけるフェミニズム地理学の展開．地理学評論 69-4：242-262．
吉田容子 2002．男性主義的な空間への一批判－日本の大都市郊外ニュータウンを事例として－．奈良女子大学文学部研究年報 46：73-90．
吉田容子 2006a．郊外空間のジェンダー化．地理科学 61-3：200-209．
吉田容子 2006b．地理学におけるジェンダー研究－空間に潜むジェンダー関係への着目－．E-journal GEO 1(-0)：22-29．
吉田容子 2007．『地域労働市場と女性就業』．古今書院．
吉田容子 2010．米軍施設と周辺歓楽街をめぐる地域社会の対応－「奈良 RR センター」の場合－．地理科学 65-4：245-265．
吉村臨兵 2007．自治体アウトソーシングの労働問題．市政研究 156：18-26．
ルフェーブル，H. 著，斉藤日出治訳 2000．『空間の生産』．青木書店．Lefebvre, H. 1974. *La Production de l'espace*. Paris : Anthropos.
ローズ，G. 著，吉田容子ほか訳 2001．『フェミニズムと地理学－地理学的知の限界－』．地人書房．Rose, G. 1993. *Feminism and Geography : The Limits of Geographical Knowledge*. Cambridge : Polity Press.
若林芳樹 2004．ライフステージからみた東京圏の働く女性と居住地選択．由井義通・神谷浩夫・若林芳樹・中澤高志編『働く女性の都市空間』76-89．古今書院．
若林幹夫 2007．『郊外の社会学－現代を生きる形－』．筑摩書房．
若林幹夫 2009．郊外の「衰退」？－社会学的視点から考える郊外，郊外住宅地の現在と未来－．日本不動産学会誌 23-1：46-51．
渡辺雅男 2004．福祉資本主義の危機と家族主義の未来．季刊経済理論 41-2：3-14．
Anler, S. 1992. Gender and space : Lesbian and gay men in the city. *International Journal of Urban and Regional Research* 16-1 : 24-34.
Bonnet, A. 1997. Geography, 'race' and whiteness : Inivisible traditions and current challenges. *Area* 29-3 : 193-199.
Berg, L. and Longhurst, R. 2003. Placeing maculinities and geography. *Gender, Place and Culture* 10-4 : 351-360.
Bondi, L. 1991. Gender divisions and gentrification : A critique. *Transactions of the Institute of*

British Geographers, 16-2 : 190-198.

Bondi, L. 1992. Gender and dichotomy. *Progress in Human Geography* 16-1 : 98-104.

Bondi, L. 1998. Gender, class, and urban space : Public and private in contemporary urban landscapes. *Urban Geography* 19-2 : 160-185.

Bondi, L. and Rose, D. 2003. Constructing gender, constructing the urban : A review of Anglo-American feminist urban geography. *Gender, Place and Culture* 10-3 : 229-245.

Bondi, L. 2004. 10th anniversary address for a feminist geography of ambivalence. *Gender, Place and Culture* 11-1 : 3-15.

Browne, K. 2004. Genderism and the bathroom problem : (Re) meterialising sexed site, (re) creating sexed bodies. *Gender, Place and Culture* 11-3 : 331-346.

Brown, M. and Staeheli, L. 2003. 'Are we there yet?' political geographies. *Gender, Place and Culture* 10-3 : 247-255.

Butler, T. and Hamnett, C. 1994. Gentrification, class, and gender : Some comments on Warde's 'Gentrification as consumption'. *Environment and Planning D : Society and Space* 12-4 : 477-493.

Buzar, S., Ogden, P. and Hall, R. 2005. Households matter : The quiet demography of urban transformation. *Progress in Human Geography* 29-4 : 413-436.

Carlson, V. and Persky, J. 1999. Gender and suburban wages. *Economic Geography* 75-3 : 235-253.

Cornwall, A. ed. 2011. *The Participation Reader.* London : Zed Book.

Cox, R. and Narula, R. 2003. Playing happy families : Rules and relationships in au pair employing households in London, England. *Gender, Place and Culture* 10-4 : 333-344.

Domosh, M. 1997. Geograpy and gender : The personal and the political. *Progress in Human Geography* 21-1 : 81-87.

Domosh, M. 1998. Geography and gender : Home, again? *Progress in Human Geography* 22-2 : 276-282.

Domosh, M. 2014. Commentary on "The lives of others :Body work, the production of difference, and labor geographies". *Economic Geography* 91-1 : 25-28.

Dorling, D. and Shaw, M. 2002. Geographies of the agenda : Public policy, the discipline and its (re) 'turn'. *Progress in Human Geography* 26-5 : 629-641.

Duncan, S. 1991. The geography of gender division of labour in Britain. *Transactions of the Institute of British Geographers* 16-4 : 420-439.

Dyck, I. 2005. Feminist geography, the 'everyday', and local-global relations : Hidden spaces of place-making. *The Canadian Geographer* 49-3 : 233-243.

England, K. 1993. Suburban pink collar ghettos : The spatial entrapment of women? *Annals of the Association of American Geographers* 83-2 : 225-242.

Gilbert, M. 1998. "Race", space, and power : The survival strategies of working poor women. *Annals of the Association of American Geographers* 88-4 : 595-621.

Golant, S. M. 1972. The Residential location and spatial behavior of the elderly : A Canadian example. *Research Paper, University of Chicago* 143 : 281-301.

Hanson, S. and Pratt, G. 1988. Reconceptualizing the links between home and work in urban geography. *Economic Geography* 64-4 : 299-321. (ハンソン, S. プラット, G. 著／西村雄一郎訳 1999. 都市地理学における職住関係の再概念化. 空間・社会・地理思想 4 : 74-93.)

Hanson, S. 1992. Geography and feminism : Worlds in collision? *Annals of the Association of American Geographers* 82-4 : 569-586.

Haper, S. and Laws, G. 1995. Rethinking the geography of aging. *Progress in Human Geography*, 19-2 : 199-221.

Hubbard, P. 1998. Sexuality, immorality and the city : Red-light districts and the marginalization of female street prostitutes. *Gender, Place and Culture* 5-1 : 55-76.

Ida, H. 2003. Part-time work in Japan : An approach to explain the inferior status of part-time workers. In *Women In Japan and Sweden : Work and Family In Two Welfare Regimes,* ed. le Grand, C. and Tsukaguchi-le Grand, T., 93-120. Uppsala : Almquiest & Wiksell.

Jackson, P. 1998. Construction of 'whiteness' in the geographical imagination. *Area* 30-2 : 99-106.

Katz, C. 1996. The expeditions of conjurers : Ethnography, power, and pretense. In *Feminist Dilemmas in Fieldwork,* ed. Wolf, D., 170-184. Boulder : Westview Press.

Kern, L. 2005. In place and at home in the city : Connecting privilege, safety and belonging for women for Toronto. *Gender, Place and Culture* 12-3 : 357-377.

Kimura, O. 2008. From housewives to entrepreneurs : Women's activities and the restructuring local communities, a case of suburban Tokyo. *Beyond the Difference : Repositioning Gender and Development in Asian and the Pacific Context—Frontiers of Gender Studies Publication Series* 32:73-84.

Knopp, L. 2007. On the relationship between queer and feminist geographies. *The professional Geographer* 59-1 : 47-55.

Kobayashi, A. 1994. Coloring the field : Gender, "race," and the politics of fieldwork. *The

Professional Geographer 46-1 : 73-80.（コバヤシ, A. 著／大城直樹訳 1997. カラーリング・ザ・フィールド―ジェンダー・「人種」・フィールドワークの政治学―. 空間・社会・地理思想 2 : 98-106.）

Law, R. 1999. Beyond 'women and transport' : Towards new geographies of gender and daily mobility. *Progress in Human Geography* 23-4 : 567-588.

Lee, W. 2002. Gender ideology and the domestic division of labor in middle-class Chinese families in Hong Kong. *Gender, Place and Culture* 9-3 : 245-260.

Listerborn, C. 2013. Suburban women and the 'glocalisation' of the everyday lives : Gender and glocalities in underprivileged areas in Sweden. *Gender, Place and Culture* 20-3:290-312.

Longhurst, R. 2001. Geography and gender : Looking back, looking forward. *Progress in Human Geography* 25-4 : 641-648.

Longhurst, R. 2002. Geography and gender : A 'critical' time? *Progress in Human Geography* 26-4 : 544-552.

Mackenzie, S. 1999. Restructuring the relations of work and life : Women as environmental actors, feminism as geographic analysis. *Gender, Place and Culture* 6-4 : 417-430.

Mattingly, D. and Falconer-Al-Hindi, K. 1995. Should women count? a context for the debate. *The Professional Geographer* 47-4 : 427-435.

McDowell, L. 1991. Life without father and Ford : The new gender order of post-Fordism. *Transactions of the Institute of British Geographers* 16-4 : 400-419.

McDowell, L. 1992. Doing gender : Feminism, feminists and research methods in human geography. *Transactions of the Institute of British Geographers* 17-4 : 399-416.

McDowell, L. 1993a. Space, place and gender relations : Part I. Feminist empiricism and the geography of social relations. *Progress in Human Geography* 17-2 : 157-179.（マクドウェル, L. 著／吉田容子訳 1998. 空間・場所・ジェンダー関係：第 1 部―フェミニスト経験主義と社会的関係についての地理学―. 空間・社会・地理思想 3 : 28-46.）

McDowell, L. 1993b. Space, place and gender relations : Part II. Identity, difference, feminist geometries and geographies. *Progress in Human Geography* 17-3:305-318.（マクドウェル, L. 著／影山穂波訳 1998. 空間・場所・ジェンダー関係：第 2 部―アイデンティティ, 差異, フェミニスト幾何学と地理学―. 空間・社会・地理思想 3 : 47-59.）

McDowell, L. 2003. Feminists rethink the economic : The economics of gender / the gender of economics. In *The Oxford handbook of Economic Geography,* ed. Clark, G., Feldman, M. and Gertler, M., 497-517. Oxford : Oxford University Press.

McDowell, L. 2005. Love, money, and gender divisions of labour : Some critical reflections on welfare-to-work policies. *Journal of Economic Geography* 5-3 : 365-379.

McDowell, L., Ward, K., Fagan, C., Perrsons, D. and Ray, K. 2006. Connecting time and space : The significance of transformations in women in the city. *International Journal of Urban and Regional Research* 30-1 : 141-158.

McDowell, L. 2014. Border crossings : Reflections on women's lives in twentieth-century Britain. *Gender, Place and Culture* 21-2 : 152-173.

McLafferty, S. 1995. Counting for women. *The Professional Geographer* 47-4 : 436-442.

Merrifield, A. 1995. Situated knowledge through exploration : Reflections on Bunge's geographical expeditions. *Antipode* 27-1 : 49-70.

Morrison, Z. 2003. Recognising 'recognition' : Social justice and the place of the cultural in social exclusion policy and practice. *Environment and Planning A:Economy and Space* 35-9 : 1629-1649.

Monk, J. and Hanson, S. 1982. On not excluding half of the human in human geography. *The Professional Geographer* 34-1 : 11-23.

Moss, P. 1995. Embeddedness in practice, numbers in context : The politics of knowing and doing. *The Professional Geographer* 47-4 : 442-449.

Murata, Y. 2005. Gender equality and progress of gender studies in Japan geography : A critical overview. *Progress in Human Geography* 29-3 : 260-275.

Nast, H. 1998. Unsexy geography. *Gender, Place and Culture* 5-2 : 191-206.

Ochiai, E. 1997. *The Japanese Family System in Transition : A Sociological Analysis of Family Change in Postwar Japan.* Tokyo : LTBC International Library Foundation.

Pinch, S. and Storey, A. 1992. Flexibility, gender and part-time work : Evidence from a survey of the economically active. *Transactions of the Institute of British Geographers* 17-2 : 198-214.

Rose, G. 1997. Situating knowledges : Positionality, reflexivities and other tactics. *Progress in Human Geography* 21-3 : 305-320.

Sekimura, O. 2017. Living in suburban new town : Examination from life-stories of 'transfer tribe'. *Bulletin of Gunma Prefectural Women's University* 38 : 32-41.

Tivers, J. 1978. How the other half lives : The geographical study of women. *Area*10-4:302-306.（タイバース, J. 著／吉田雄介訳 1999. 人類の半分はどのように暮らしているのか－女性についての地理学的研究－. 空間・社会・地理思想 4 : 66-73.）

Valentine, G. 1993. (Hetero) sexing space : Lesbian perceptions and experiences of everyday spaces. *Society and space* 11-4 : 395-413.（バレンタイン, G. 著／福田珠已訳 1998.（異）性愛化した空間－日常空間に対するレズビアンの知覚と経験－. 空間・社会・地

理思想 3：77-95.）

Valentine, G. 2007. Theorizing and researching intersectionality: A challenge for feminist geography. *The professional Geographer* 59-1: 10-21.

Walby, S. and Bagguley, P. 1989. Gender restructuring: Five labour-markets compared. *Environment and Planning D: Society and Space* 7-3: 277-292.

Warde, A. 1991. Gentrification as consumption: Issue of class and gender. *Environment and Planning D: Society and Space* 9-2: 223-232.

Warrington, M. 2001. 'I must get out': The geographies of domestic violence. *Transactions of the Institute of British Geographers* 26-3: 365-382.

Wilson, E. 2001. *The Contradictions of Culture: Cities, Culture, Women.* Lodon: Sage Publications Ltd.

Wolf, D. 1996. Situating feminist dilemmas in fieldwork. In *Feminist Dilemmas in Fieldwork.* ed. Wolf, D., 1-55. Boulder: Westview Press.

Yoshida, Y. 2016. Geography of gender and qualitative methods in Japan: Focusing on studies that have analyzed life histories. *Geographical Review of Japan Series B* 89-1: 4-13.

索　引

〔ア　行〕

アイデンティティ　6,10,13,16,21,23,27,29,195
「愛の労働」　19
アウトソーシング　47,48,137,145,146,159,194,195
新しい公共空間　47,198
生きがい　7,45,68,201,202
異性愛　4,22,23,28,29
インフラストラクチャー　36,44,62,139
エスニシティ　10,30
NPO　49,135,136,145,146,154

〔カ　行〕

開発主体　137,139,197
画一的　21,32,36,155
「核家族の容器」　35,42
家計補助　30,133,183,190,195,200
家事　17,19,30,37,38,40
「家族だのみ」　39
家族賃金　22,38,40,191,194
家族の戦後体制　37,42
家族モデル　5,43
「家族を容れるハコ」　35
家庭　3,6,10,15,18,36,38,40
カテゴライズ　9,10

家父長制　20,27,31,41,51,133
関係性　6,21,27,42,58,124,193
起業活動　12,48,158,194,199
「企業戦士」　38
協働　140,145,146,150-153
居住　13,36,138,190,196
均質性　12,30
近代核家族　6,22,135,190
「空間帝国主義」　51
空間的制約　18
空間論理　37,134
グローバル化　7,20,28,190,197,200
ケア　38,40,52,134,137,190
計画空間　35,43,134,190,195
計画的　12,43,48,77,189
建造環境　42,196,202
権力関係　4,10,23,29,31
行為主体　3,124,191
郊外化　132,189
郊外空間　3-7,12,36,37,41-43,198-202
郊外住宅　26,34-37,44
公共サービス　31,47,49,53,182
公的領域　7,15,16,18,21,40,41,45
高度経済成長期　3,33,36,38,42,50,131,189
コスト削減　18,20,50,137,182,183,195,200
子育て　25,60,161,171,172
コミュニティセンター　67,68,80,81

「コミュニティの再発見」 6,7,49
コミュニティビジネス 49,146
雇用機会 51,52,167,189
コンテクスト 16,20,21

〔サ 行〕
サークル活動 59,60,77,78,85,86,122-125
差異 8,10,21-23
再生産活動 27,36,41,158,190
再生産領域 6,7,22,25,132,194
再生産労働 4,8,13,16,20,24,38-40,45,48,126,190,194,199
「再分配」 8,23,30,31,124,125,195,198-201
サラリーマン 35,43,77,190,191,193
ジェンダー規範 11,194
ジェンダー公正 8,198
ジェンダー地理学 9,24,30,31,134,202
ジェンダーの視点 3-5,8,9,189-191
ジェンダー役割 5,6,17,19,42,124,125,183,184,190,193,195,199-201
時間と場所に根ざした知 21
自己実現 7,18,28,50,137,184,195,201
自治会 73,75,122,134,158,192
自治体財政 12,46
実践 3,4,9,12,23,27,29,42,48,191,200,202
私的領域 7,16-18,21,31,40,41
市民 6-8,15,47,184
市民活動 27,199
社会関係 44,58-60,123,126,192,193
社会奉仕 72,73,82,123,182
周縁 18,22
住宅政策 27,42
住民 4-9,35,36,42,48-50

縮小（化） 3,46,131,132,198
主婦 24-27,38,133-135
少子高齢化 42,46,64,132,162,190
「承認」 8,23,30,31,124-126,183,184,193-195,198-201
職住分離 3,5,22,36,38,41,42,46,134,190
職場 18,38-40,44,58,59,166,167,191,192
人口減少 57,132,196
新自由主義（ネオリベラリズム） 7,19,20,50,200
身体 16,22,23,28,29
スケール 21,23,28
正規雇用 19,167,181
生産活動 36,190,191,194,200
生産領域 6,7,22,25,132,194,195
生産労働 4,8,16,24,29,38,40,45,124,126,190,199,200
セクシュアリティ 8,23,30
専業主婦 36,37,39,40,77
選択的な関係 59

〔タ 行〕
退職者 58,59,122-124
大都市圏 33,34,36,44,132,189
宅地化 34,132
宅地開発 33-35,44,61,138,189
他者 4,15,27,29,30,45,126
脱家父長制化 41,52
多様性 4-6,16,20
男性稼ぎ手モデル 37,39,41,42,46,184,194,199
男性中心主義 8,16
地域活動 24,72,134,137,153,182,199

地域コミュニティ　7,26,44,46,48,50,59,126,194,199
地域社会　67,69,122,124,134,163,183,184,193,195
小さな政府　47
知縁　69,81,85,192
地縁　48,60,69,81,192
知の生産　15,16,21
中産階級　18,20-23,36
地理学　4,9,15-17,21,26-29,31
通勤　37,38,43,77,133
定年退職　39,44,58,77,85,122,124,191,199
ディベロッパー　33,35,61,163,165,166,182,185
田園都市　36
動員　6-8,183,201
都市空間　3,4,7,17,20,22,23,27,29,30,38,41,48,50
都市計画　20,36,61,138,139
都心　18,25,36-38,40,131,132
都心回帰　3,42,131,132,163

〔ナ　行〕
二項対立　16,17,19,20,38,42
二重労働　16,27,183,195
日本型雇用慣行　39,46,52,194
ニュータウン　35-37,42,44,132,134,138,139,158,159,162,163
任意団体　47,148,153
ネットワーク　54,78,140,158,159,161-163,165,166,192

〔ハ　行〕
パートタイム労働　17,18,24,52,133,190,195
バイアス　9,10,21
白人　20-23
覇権的　15,22,28
非営利セクター　135,137,145,148,152,153,156,157,181,182,184
非正規雇用　24,46,133,143,153
フェミニスト地理学　4,9,15,16,20-23,30,31
フェミニズム　16,21
福祉国家　6-8,40,41,46
フレイザー　8,198
フレキシブル　7,17,195,203
分析的乖離　23
分断　25,26,31,195
ベッドタウン　36,62,79,132,196
ポジショナリティ　21,31
ポストフォーディズム　17
ボランティア　6,7,85,135,146,147,152,153,181-184,200,201
ホワイトカラー　43-45,77,191

〔マ　行〕
マイノリティ　10,28,31
マクロ　9,10,49
まちづくり　35,47,136,145,150,155,156
ミクロ　10,11,49
民間委託　47,146
無償労働　18,126,158,182,183,195,199,201
持ち家　33-35,50,64

〔ラ 行〕

ライフコース　11,167
ライフステージ　16,28,33,52,133
ライフストーリー　10,12

利害の一致　6,137
リストラクチャリング　17,46,47,137,182,
　195,200
両立　18,19,168,174,175,182

〔著者紹介〕

関村オリエ（せきむら　おりえ）

1976年東京都生まれ。お茶の水女子大学大学院人間文化創成科学研究科博士課程修了。現在，群馬県立女子大学文学部准教授。博士（社会科学）。

主要業績

「都市郊外における自治体のアウトソーシングと主婦の起業－多摩ニュータウン南大沢地区S社を事例にして－」『人文地理』2008年，第60巻第3号，301-322頁

「男性退職者による地域サークル活動への参加プロセス」（神田孝治編『レジャーの空間－諸相とアプローチ－』ナカニシヤ出版，2009年）

「郊外住宅団地の行方」（井上　孝・渡辺真知子編『首都圏の高齢化』原書房，2014年）

書　名	**都市郊外のジェンダー地理学　空間の変容と住民の地域「参加」**
コード	ISBN978-4-7722-5315-4 C3025
発行日	2018（平成30）年2月20日　初版第1刷発行
著　者	**関村オリエ** 　　　Copyright　©2018　Orie SEKIMURA
発行者	株式会社 古今書院　橋本寿資
印刷所	株式会社　理想社
製本所	渡邉製本株式会社
発行所	**古今書院** 〒101-0062　東京都千代田区神田駿河台2-10
電　話	03-3291-2757
FAX	03-3233-0303
振　替	00100-8-35340
ホームページ	http://www.kokon.co.jp/

検印省略・Printed in Japan